현장에서
바로 써먹는

SQL *With*
PostgreSQL

김임용 지음

현장 전문가가 실무 예제로 설명하는 SQL 기초+실전 활용법

심통

현장에서 바로 써먹는 SQL with PostgreSQL

초판 1쇄 발행 2024년 1월 25일
초판 2쇄 발행 2024년 12월 5일

지은이   김임용
펴낸이   방세근
펴낸곳   도서출판 심통
출판등록   2003년 3월 24일
주소   경기도 의정부시 전좌로 204, 203호
전화 번호   070-7397-0492
팩스 번호   031-624-4830
이메일   basaebasae@naver.com
인쇄/제본   미래 피앤피
디자인   디박스

가격   37,000원
ISBN   979-11-93247-05-1 13000

머리말

제가 SQL(Structured Query Language)을 처음 접한 것은 해군 전산병으로 복무할 때였습니다. 당시 해군사관학교 홈페이지 관리를 담당하면서 자연스레 데이터베이스를 배울 수 있었습니다. 벌써 20년이 다 되어갑니다. 재미있는 것은 그때 배웠던 SQL을 지금도 잘 쓰고 있다는 것입니다.

이것은 매우 중요한 부분입니다. 다른 프로그래밍 언어와 달리, SQL은 한 번 제대로 배우면 20년은 충분히 써먹을 수 있다는 이야기입니다. 아마도 관계형 데이터베이스 영역에서 보다 혁신적인 데이터 관리 시스템이 발명되지 않는 이상 앞으로도 SQL은 계속 쓰일 것입니다.

게다가 처음보는 데이터베이스 관리 시스템(DBMS)이더라도 SQL 문법체계는 동일합니다. 즉, Oracle을 사용하든, PostgreSQL을 사용하든 SQL은 동일하다는 뜻입니다.

그리고 SQL은 쉽습니다. SQL을 사용하는 주된 목적이 그저 내가 원하는 데이터를 데이터베이스로부터 가져오기 위함이기 때문입니다. 따라서 매우 직관적이며 논리적인 언어입니다.

SQL 사용 능력은 제게 많은 기회를 가져다주었고, 자연스레 데이터 과학자로 성장할 수 있는 길을 열어주었습니다. SQL을 잘 다루게 되면 원하는 데이터를 신속하게 취득할 수 있기 때문에 업무 처리 속도가 빨라지고, 데이터 구조에 대한 이해가 높아져 현상을 체계적으로 파악할 수 있는 능력을 갖추게 됩니다. 이런 점은 꼭 데이터 관련 직무가 아니더라도 소위 일 잘하는 직장인으로 인정받을 수 있는 좋은 무기가 됩니다.

이 책은 다양한 가상의 데이터를 통해 기본적인 SQL 사용법뿐만 아니라 목적에 따른 테이블의 형태 그리고 테이블 간의 데이터 연결에 대한 이해까지 함께 고민할 수 있게 구성했습니다. 부디 이 책이 여러분의 인생에 조금이라도 도움이 되기를 바랍니다.

벌써 "현장에서 바로 써먹는" 시리즈 3번째 책이 나왔네요. 부족한 제게 책을 쓸 수 있는 기회를 주신 도서출판 심통의 방세근 대표님께 감사드리며, 언제나 저를 응원해 주고 도와주는 선후배, 동료, 친구들에게 늘 고맙습니다. 마지막으로 사랑하는 아내 김지영, 딸 김다인에게 감사의 말을 전합니다.

김임용

베타 테스터의 한마디

이 책을 읽으면서 갓 입사해서 아무것도 할 줄 모르던 6년전의 제 모습이 생각났습니다. 업무환경 구성을 위한 SW 설치와 데이터베이스 연결조차 어떻게 하는지 몰라서 안절부절하며 여러 서적과 인터넷을 찾아보던 때입니다. 그 때가 생각났던 이유는, 이 책은 데이터베이스를 이해하기 위한 기초개념부터 데이터베이스의 설치와 데이터를 이용하기 위해 꼭 필요한 예제를 꼼꼼하게 서술하고 있기 때문입니다. 특히, 모든 실습 부분에서 데이터베이스를 처음 접해보는 사람에게 사소한 것 하나하나 자세하게 설명해주는 저자의 노력이 친절하게 절 이해시켜주려던 회사 선배의 모습을 떠오르게 했습니다. 중간중간 저자가 그동안 어려움들을 풀어나가며 터득한 노하우와 어떻게 해야 멋진 데이터 관리자로 성장할 수 있는지에 관한 꿀팁들을 풀어주어 제가 공부할 때 이 서적이 있었으면 '여러 서적을 찾아보지 않아도 됐을 텐데…' 하는 아쉬움도 남았습니다. 그렇기에 처음 데이터 관리에 대한 공부를 시작하는 모든 이에게 이 책을 추천합니다. 이 책은 데이터 전문가가 되기 위한 꿈을 갖고 있는 이에게는 어떤 방법으로 공부하면 꿈을 실현할 수 있는지 길라잡이가 되어줄 것으로 확신합니다.

—— 김성현 | 한전KDN

인류 문명의 역사는 정보 즉 지식의 생성과 체득, 그리고 그러한 지식의 개선과 발전을 통해 진화되어 왔습니다. 과거에는 수많은 정보들이 개인의 머릿속이나 도서관에 머물러 있었지만 현대사회에서는 그러한 정보가 데이터화되어 데이터베이스에서 자신을 선택하고 사용해 주기를 기다리고 있습니다. 이미 "현장에서 바로 써먹는" 시리즈를 통해 이러한 데이터 분석에 대해 이야기한 저자의 신작인 『현장에서 바로 써먹는 SQL with PostgreSQL』은 데이터 분석의 가장 기초가 되는 데이터의 취득에 대해 다루고 있습니다.

금번 저자의 신작을 통해 매일 회사나 기관에서 쏟아져 나오는 수많은 데이터 중에 자신에게 필요한 정보를 제대로 취득하고, 가치를 부여할 수 있게 될 것으로 기대합니다.

—— 김동진 | 동국제강

데이터 분석의 이론적 배경부터 SQL의 실습까지 기초를 익히는데 누구나 쉽게 학습할 수 있는 구성으로 되어 있어서 인상깊었습니다. 특히 실무에 가깝게 구성된 실습 부분은 수험생뿐만 아니라 현장을 처음 접하는 사회 초년생들에게 큰 도움이 되는 내용입니다. 일반적인 SQL 책은 이론에 너무 치중되거나, Language 학습에 치중되어 실무와 동떨어진 경향이 있는데, 이 책은 이론과 실무, 두 마리 토끼를 잡은 아주 좋은 구성으로 이루어져 있습니다. 이런 좋은 구성이 만들어질 수 있는 이유는 저자의 오래된 실무경험에서 나온 인사이트 덕분일 것이라고 생각됩니다.

SQL은 빅데이터 분석뿐만 아니라 어플리케이션 개발에서도 필수로 사용되는 언어이므로 관련 직군으로 진입하고자 하는 분들께서는 반드시 숙지해야 합니다. IT 및 데이터 분석 직군에 꿈을 가지고 계신 분들은 이 책을 기본서로 하여 이론과 실무에 대한 기초를 만드셨으면 좋겠습니다.

———————————————————————————————— **전종명 | 정보관리기술사, LG CNS**

이 책은 SQL을 배우는데 있어 다른 책들과는 달리 군더더기 없이 꼭 필요한 내용이 실습과 함께 담겨 있습니다. 프로그래밍 언어와 더불어 IT 학습의 가장 기본인 SQL을 처음 배우는 분들에게 딱 맞는 책이라고 생각합니다. 현재 가장 인기있는 프리웨어 RDB인 Postgre DB로 구성되어 있어 추후 현장에서 활용하기에도 더없이 좋은 예제가 될 것입니다. 머신러닝, 딥 러닝, Gen.AI 등 4차산업 기술의 쌀이자 혈액인 데이터, 그 데이터를 다루는 기본중의 기본인 SQL을 이 책과 함께 공략하시기 바랍니다.

—— **민경환 | 삼성SDS**

저자는 그동안 R과 파이썬으로 "현장에서 바로 써먹는 데이터분석" 시리즈 책을 써오고, 블로그도 운영하면서 대중에게 데이터 분석을 쉽게 알려왔습니다. 현장의 많은 경험을 혼자만의 지식으로 갖고 있지 않고, 안내자 역할을 자처하여 비전공자들에게 입문의 기회를 주어 감사함을 느낍니다. 이번에는 SQL로 다시 찾아왔습니다. 이 책은 간단한 조회부터 인덱스, 관계 등 기초와 실전을 넘나들며 독자를 이끌어 갑니다. SQL에 익숙하지 않은 사람도 저자와 함께 한다면 데이터에 한 걸음씩 다가가고, 내 손안의 데이터를 즐기는 순간이 머지않아 올 것이라 생각됩니다.

자, 이제 데이터에서 답을 찾으러 갑시다.

———————————————————————————————————— **김영진 | 한국동서발전**

예제 소스 다운로드 & 활용법

저자 블로그   https://datawithnosense.tistory.com

저자 GitHub   https://github.com/datawithnosense/SQL

GitHub에서   ① Code 버튼을 클릭한 후
② Download ZIP을 클릭하면 모든 파일을 다운로드받을 수 있으며
해당 압축 파일을 해제하면 모든 실습 데이터 셋과 스크립트가 포함되어 있습니다

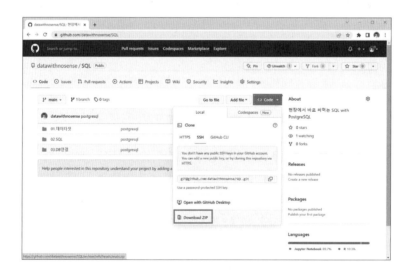

목차

Chapter 1

데이터베이스와 SQL —————— 014

Chapter 4

데이터 조회하기(고급) ── 138

Chapter

7

사례 기반 실습 ─────── 206

Chapter

8

데이터베이스 구조와 수행 ─────── 226

- 데이터의 정의와 형태에 대해서 이해할 수 있습니다.
- 빅데이터라는 용어가 생겨난 배경과 그로 인한 변화에 대해서 이해하고
  설명할 수 있습니다.
- 데이터베이스의 종류와 특징에 대해서 설명할 수 있습니다.
- SQL이 무엇인지 설명할 수 있습니다.

데이터베이스와
SQL

데이터가 무엇인지, 빅데이터가 무엇인지, 데이터베이스와 SQL은 무엇인지 등

데이터에 관한 이론적인 부분을 이해하기 쉽게 정리했습니다.

Structured Query Language

01 데이터란?

1-1 데이터의 정의

등장한 지 겨우 5일 만에 100만 명의 가입자를 돌파해 세계를 놀라게 한 ChatGPT 서비스도 결국은 데이터에서 비롯되었습니다. 4차 산업혁명 시대를 살아가는 우리는 데이터(data)에 둘러싸여 있습니다. 정확히 말하면 수많은 행동들이 데이터화되고 있는 세상에 살고 있습니다. 기업들은 고객들이 온라인 쇼핑을 할 때에는 어떤 제품을 얼마나 자주 사는지, SNS를 할 때에는 어떤 주제를 해시태그(#)하고 좋아요(♡)를 누르는지, 심지어 게임을 할 때에도 다른 유저들에 비해 캐릭터 레벨 업 속도가 빠른지 느린지를 조사해 데이터화시키고 있습니다. 기업들은 이 데이터를 통해 나보다 나를 더 잘 알고 있습니다. 이처럼 데이터는 '객관적 사실(fact)'을 뜻하며, 어떤 이론(예: 30대 남성은 주말보다 평일에 인터넷 쇼핑을 많이 한다.)을 세우는 데 '근거(basis)'가

구분	형태	예시
정성적 데이터 (Qualitative Data)	언어, 문자 등	SNS의 글, 보고서 내용 등
정량적 데이터 (Quantitative Data)	수치, 기호 등	몸무게, 온도, 풍속 등

표 1-1 | 데이터의 유형

되기도 합니다. 객관적 사실로서의 데이터는 표 1-1과 같이 크게 2가지 유형으로 구분합니다. 또한 표 1-2와 같이 데이터의 형태에 따라 3가지 유형으로도 구분합니다.

구분	특징	예시
정형 데이터 (Structured Data)	연산 가능	RDB, 엑셀(Excel), CSV 등
반정형 데이터 (Semi-Structured Data)	연산 불가	HTML, XML, JSON 등
비정형 데이터 (Unstructured Data)	연산 불가	SNS, 영상, 이미지, 음성, 텍스트 등

표 1-2 | 형태에 따른 데이터의 유형

1 정형 데이터

정형 데이터는 수치로 되어 있어 합계, 평균, 최솟값 등의 연산이 가능하며 주로 엑셀이나 일반적인 관계형 데이터베이스(RDB, Relational Database)에 저장되는 데이터 형태로 가장 쉽게 접할 수 있는 데이터 형태입니다.

	A	B	C	D	E	F	G	H
1	HOUR_TIME	LOC_NAMS	SO2	O3	NO2	CO	PM10	PM25
2	2019010101	송정동	0.006	0.003	0.023	0.9	59	39
3	2019010102	송정동	0.006	0.003	0.022	0.9	55	36
4	2019010103	송정동	0.005	0.003	0.019	0.8	59	40
5	2019010104	송정동	0.005	0.003	0.018	0.8	54	36
6	2019010105	송정동	0.006	0.003	0.019	0.9	52	36
7	2019010106	송정동	0.006	0.003	0.02	0.8	51	38
8	2019010107	송정동	0.006	0.003	0.02	0.9	53	43
9	2019010108	송정동	0.006	0.003	0.02	1	52	41
10	2019010109	송정동	0.006	0.003	0.016	0.9	52	43
11	2019010110	송정동	0.006	0.004	0.015	0.8	57	47
12	2019010111	송정동	0.006	0.016	0.013	0.5	64	48
13	2019010112	송정동	0.006	0.022	0.011	0.4	44	29
14	2019010113	송정동	0.006	0.022	0.011	0.5	41	25
15	2019010114	송정동	0.006	0.025	0.011	0.5	38	25

그림 1-1 | 정형 데이터 - 충청북도_대기질 정보 엑셀 파일(출처 : http://here.chungbuk.go.kr)

❷ 반정형 데이터

반정형 데이터는 웹에서 주로 접하는 HTML, XML, JSON 파일 형태의 데이터로 연산이 불가하며 활용하기 위해서는 별도의 데이터 처리 기술(파싱, Parsing)이 요구됩니다. 특히 XML이나 JSON 파일 형태의 경우 공공데이터포털(data.go.kr)의 오픈 API(Application Programming Interface)에서 쉽게 찾아볼 수 있습니다. 주로 애플리케이션을 만들 때 활용합니다.

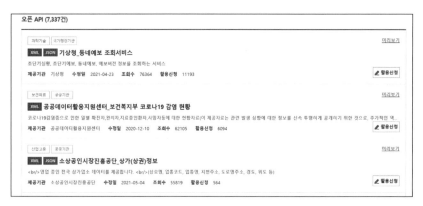

그림 1-2 | 반정형 데이터 - 공공데이터포털 오픈 API

그림 1-3 | 반정형 데이터 활용 사례 - 미세미세 모바일 앱

JSON과 파싱(Parsing)

◆ JSON

JSON(JavaScript Object Notation, 자바스크립트 객체 표기법)은 "키-값 쌍"으로 이루어진 데이터 오브젝트를 전달하기 위해 인간이 읽을 수 있는 텍스트를 사용하는 개방형 표준 포맷을 말합니다. 말이 조금 어렵지만 다음 예시와 같은 데이터 형태라고 이해하면 됩니다.

예제 [편집]

다음은 한 사람에 관한 정보를 갖는 JSON 객체이다.

키-값 쌍(이름:값)의 패턴으로 표현된다.

```
1  {
2      "이름": "홍길동",
3      "나이": 25,
4      "성별": "여",
5      "주소": "서울특별시 양천구 목동",
6      "특기": ["농구", "도술"],
7      "가족관계": {"#": 2, "아버지": "홍판서", "어머니": "춘섬"},
8      "회사": "경기 수원시 팔달구 우만동"
9  }
```

그림 1-4 | JSON 객체 예시(출처 : wikipedia)

◆ 파싱

파싱(Parsing)은 XML이나 JSON과 같은 객체에서 원하는 데이터를 특정 패턴으로 추출해 가공하는 것을 말합니다. 다음 사이트(https://jsonformatter.org/)에 가면 왼쪽의 JSON 객체를 파싱해 오른쪽에 결과를 보여줍니다. 직접 해보면 이해가 훨씬 잘됩니다.

그림 1-5 | JSON 파싱 예시

③ 비정형 데이터

비정형 데이터는 말 그대로 연산이 되지 않는 음성, 이미지, 텍스트, 영상 등의 데이터 형태를 말합니다. 음성의 경우 인공지능 스피커, 이미지의 경우 머신비전 검사(부적합 제품을 육안 대신 카메라와 인공지능 알고리즘으로 찾아내는 방법), 텍스트의 경우 신문 기사 웹 크롤링(crawling)을 통한 워드 클라우드(Word Cloud) 분석(8장에서 자세히 설명) 등으로 활용됩니다.

그림 1-6 | 비정형 데이터 - YouTube 영상

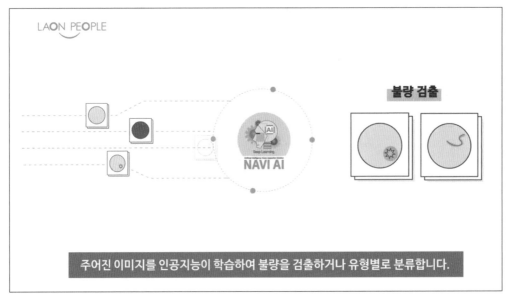

그림 1-7 | 비정형 데이터 활용 사례 - 라온피플의 머신비전 솔루션

1-2 데이터, 정보, 지식, 지혜

데이터는 객관적 사실이기 때문에 그 자체로는 그다지 중요하지 않습니다. 그보다는 데이터를 어떻게 가공하고 활용해 어떤 가치를 창출할 것인가가 더 중요합니다. 유명한 오성과 한음의 설화로 설명하겠습니다.

오성은 글공부가 너무 하기 싫어서 매일 놀기만 하다 결국 아버지께 크게 혼이 났습니다. 아버지는 오성에게 하루 동안에 창고 안에 있는 쌀의 개수를 모두 세라는 벌을 내렸습니다. 그럼에도 불구하고 오성은 하루 종일 놀고만 있었습니다. 사람들은 모두 오성이 포기했다고 생각했습니다. 하지만 저녁 무렵이 되자 오성은 창고 안의 쌀을 그릇으로 퍼서 쌀알을 세기 시작했습니다. 3번 정도 그릇 속의 쌀알의 수를 세어 보니 평균 500개가 나왔습니다. 그래서 한 되에 몇 그릇이 들어가는지 해보았더니 160그릇이 들어갔으며, 쌀 한 가마에는 총 50되가 들어간다는 사실을 알게 되었습니다. 창고에는 쌀 20가마가 있었기 때문에 쌀알은 총 500 x 160 x 50 x 20 = 80,000,000(알)이 들어 있음을 계산할 수 있었습니다. 오성은 그릇 속의 쌀알만 세어 20가마의 쌀알 수를 추정했습니다.

쌀 그릇	쌀 한 되	쌀 한 가마	쌀 20 가마
쌀알 500개	쌀 그릇 160개 쌀알 80,000개	쌀 되 50개 쌀 그릇 8,000개 쌀알 4,000,000개	쌀 가마 20개 쌀 되 1,000개 쌀 그릇 160,000개 쌀알 80,000,000개

만일 오성이 보통의 아이였다면 아버지께 혼이 나지 않기 위해 하루 종일 창고의 쌀알을 세고 있었을 것입니다. 물론, 그렇다 하더라도 혼자서 하루 만에 20가마의 쌀알을 일일이 세는 일은 불가능합니다. 아버지는 불가능한 것을 알기에 이런 벌을 내린 것입니다.

하지만 오성은 어린 나이에도 뛰어난 데이터 분석가(?)였기 때문에 불가능한 일을 포기하지 않고, 주어진 환경에서 데이터에 기반한 논리적인 답변을 내놓았습니다.

먼저 쌀알의 개수를 데이터(data)화시켰습니다. 그래서 3번의 시행을 통해 그릇에는 평균 500개의 쌀알이 들어간다는 정보(information)를 얻을 수 있었습니다. 그 정보를 토대로 한 되에 들어가는 그릇의 개수를 구했고, 한 되에 약 8만 개의 쌀알이 있을 것이라고 추정할 수 있었습니다. 한 되에 쌀알이 8만 개 정도 들어간다는 지식(knowledge)을 얻게 된 것입니다. 이후 이런 지식을 확장해 창고 안에 있는 20가마의 쌀알이 8천만 개 정도일 것이라는 지혜(wisdom)로운 답변을 내놓을 수 있었습니다.

앞서의 이야기에서 확인할 수 있듯이 "그릇 속 쌀알의 개수"라는 데이터 자체는 얻고자 하는 결과에 크게 미치지 못하지만 이를 정보화시키고 다른 지식들과 접목해 활용하면 최소한의 자원만 투입해 원하는 결과를 얻을 수도 있습니다. 실제로 데이터 분석 프로젝트를 진행하다 보면 이런 개념적인 부분이 생각보다 중요하기 때문에 이야기를 통해 설명했습니다.

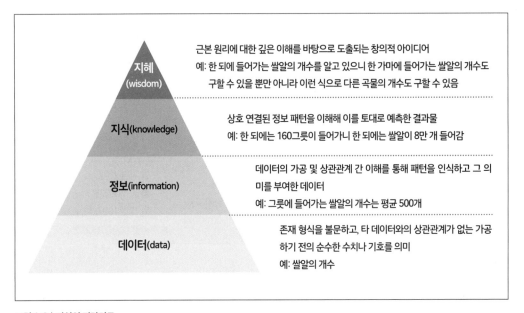

그림 1-8 | 지식의 피라미드

1-3 빅데이터의 등장

스마트폰과 태블릿 그리고 사물 인터넷(IoT, Internet on Things) 등이 등장하면서 기존의 PC 기반 세상 대비 데이터량이 기하급수적으로 증가하기 시작했습니다.

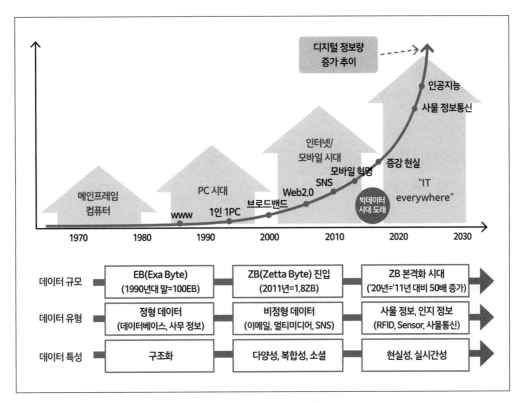

그림 1-9 | 전 세계 정보량 증가 추이(출처 : NIA - 새로운 미래를 여는 빅데이터 시대)

게다가 데이터의 형태도 기존의 정형 데이터뿐만 아니라 텍스트, 이미지, 영상 등의 비정형 데이터량이 급증하게 되었습니다. 이에 따라 기업들은 엄청나게 많은 양(Volume)의 데이터, 다양한 형태(Variety)의 데이터, 지금 이 순간에도 엄청난 속도(Velocity)로 생성되고 있는 데이터를 수집하고 처리해 활용할 방법을 고민하기 시작했습니다. 그렇게 등장한 용어가 바로 "빅데이터"입니다.

빅데이터에 대한 정의는 매우 다양합니다.

"빅데이터는 일반적인 데이터베이스 소프트웨어로 저장, 관리, 분석할 수 있는 범위를 초과하는 규모의 데이터이다." (McKinsey, 2011)

"빅데이터는 다양한 종류의 대규모 데이터로부터 저렴한 비용으로 가치를 추출하고 데이터의 초고속 수집 · 발굴 · 분석을 지원하도록 고안된 차세대 기술 및 아키텍처이다." (IDC, 2011)

"빅데이터란 대용량 데이터를 활용해 작은 용량에서는 얻을 수 없었던 새로운 통찰이나 가치를 추출해내는 일이다. 나아가 이를 활용해 시장, 기업 및 시민과 정부의 관계 등 많은 분야에 변화를 가져오는 일이다." (Mayer-Schonberger&Cukier, 2013)

하지만 보편적으로 통용되는 의미는 가트너(Gartner) 그룹의 더그 레이니(Doug Raney)가 3V 모델로 표 1-3과 같이 정의했습니다.

양(Volume)	다양성(Variety)	속도(Velocity)
데이터의 규모 측면	데이터의 유형과 소스 측면	데이터의 발생 속도 측면, 데이터의 수집과 처리 측면

표 1-3 | 빅데이터의 정의 - 3V

1-4 빅데이터가 만들어 내는 변화

빅데이터가 등장할 수 있었던 배경에는 다양한 IT 기기와 인터넷의 발달, 클라우드(Cloud) 컴퓨팅, 저장장치 비용 하락 등이 있습니다. 과거에는 이와 같은 환경이 마련되지 않았기 때문에 데이터를 수집하는 행위 자체가 힘들었습니다. 물론, 지금도 특정 데이터(예: 신약 임상시험 데이터)는 수집하기가 매우 어렵지만 이런 특수 사례를 제외한다면 데이터를 수집하는 환경은 과거보다 훨씬 나아졌습니다.

과거에는 전체 데이터를 모두 수집하기 위해서는 막대한 인력과 자본이 투입되었기 때문에 주로 전체 데이터(모집단)에서 표본(sample)을 추출해 전체 데이터의 특성을 추정해야만 했습니다. 이를 표본조사(Sampling Survey)라고 합니다.

하지만 빅데이터 시대에는 표본이 아닌 모집단 전체 데이터를 수집하는 데도 과거보다 비용이 아주 저렴해졌습니다. 따라서 기존에는 비용 때문에 수집하지 않던 데이터도 수집하기 시작했습니다. 왜냐하면 거기에서 어떤 패턴이나 규칙을 발견해 새로운 가치를 창출할 수도 있다고 생각했기 때문입니다.

과거에는 데이터의 질(quality)에 집중했다면 이제는 양(quantity)에 더 초점을 맞추고 있습니다. 결국, 절대적인 데이터량이 많아지면 양질의 데이터도 자연스럽게 증가하기 때문입니다. 이제는 원인 x와 결과 y를 이론적으로 설명하는 인과관계(causation)보다 단순히 x와 y의 관계를 수치화시켜 알려주는 상관관계(correlation)를 더 중요시하고 있습니다. 굳이 발생하는 모든 일의 원인을 알 필요가 없기 때문입니다.

표 1-4에 그 내용을 간략하게 정리했습니다. 사례를 보면 이해가 더 쉬울 것입니다.

빅데이터 전	빅데이터 후	사례
사전처리	사후처리	구글(Google)은 대부분이 쓸모 없을 것이라 생각했던 웹로그(Weblog) 데이터를 분석해 광고에 매칭했고, 세계 최고의 인터넷 기업으로 성장했음
표본조사	전수조사	웹사이트에 접속할 경우 접속자마다 웹로그가 남게 되는데 이는 표본이 아닌 전체 데이터임
질(quality)	양(quantity)	IBM은 자동 번역 시스템 구축을 위해 정교하게 번역된 양질의 데이터 수백만 건으로 데이터베이스를 구축했지만, 구글은 잘 번역된 데이터 외에도 오역이 있는 웹사이트 데이터까지 모두 포함해 수십억 건의 데이터베이스를 구축해 IBM이 실패한 프로젝트를 성공시켰음
인과관계 (causation)	상관관계 (correlation)	영국의 보험회사 아비바(Aviva)는 혈액 및 소변검사를 하지 않고도 고혈압, 당뇨와 같은 질병에 걸릴 확률을 취미, TV 시청 습관 등의 소비자 마케팅 데이터만으로 예측해 병원 검사 비용을 없앨 수 있었음

표 1-4 | 빅데이터가 만들어 내는 4가지 변화

1-5 빅데이터의 활용

빅데이터는 다양한 분야에 활용되고 있습니다. 산업별로 활용하는 목적은 다르지만 분명한 것은 모든 산업에서 더 많은 데이터를 수집하고, 이를 활용하는 데 초점을 맞추고 있다는 사실입니다.

산업별로 보면 빅데이터는 주로 인터넷, 금융 서비스, 헬스케어, 보험 분야에서 널리 활용되고 있습니다. 실제 빅데이터 활용 사례를 검색해 보더라도 구글, 아마존, 애플, 유튜브, 유나이티드헬스케어, 아비바 등의 사례를 쉽게 찾아볼 수 있습니다. 표 1-5에 산업별로 빅데이터의 활용 분야를 간략하게 정리했으니 참고하기를 바랍니다.

산업	활용 분야
인터넷 및 게임	타깃 광고, 고객 맞춤형 서비스 개발, 고객 세분화, 고객 이탈률 최소화, 부정 행위 탐지(Fraud Detection) 등
금융 및 보험	사기 및 부정 행위 탐지(Fraud Detection), 고객 맞춤형 서비스 개발, 고객 세분화, 리스크 최소화 등
유통 및 소매	물류 비용 최소화, 상품 진열 최적화, 재고 관리 최적화 등
의료 및 제약	환자 상태 진단, 영상(MRI, CT) 판독, 신약 개발 등
제조업	설비 이상 감지(Anomaly Detection), 생산성 향상, 원가 절감, 부적합(불량) 감지, 안전사고 예방 등
에너지	설비 이상 감지(Anomaly Detection), 신재생 발전량 예측, 전력 수요 예측, 설비 정비 및 부품 교체 주기 최적화, 안전사고 예방 등
통신	네트워크 최적화, 고객 이탈률 분석, 신규 서비스 개발 등
교육	학습 능률 향상, 학생 수준별 맞춤 수업 제공 등
정부	CCTV 설치 위치 선정, 범죄 예방, 교통량 최적화, 전기차 충전소 설치 위치 선정 등

표 1-5 | 산업별 빅데이터 활용 분야

1-6 데이터 분야 직무 정보

빅데이터의 등장에 따라 데이터 분야 직무도 세분화되어 일반적으로 데이터 엔지니어(Data Engineer), 데이터 분석가(Data Analyst), 데이터 과학자(Data Scientist) 등의 직무 분야로 구분됩니다. 주요 기업들의 직무 기술서(Job Description) 비교를 통해 해당 직무에 대해서 알아보겠습니다.

요구 사항	데이터 엔지니어 (Data Engineer)	데이터 분석가 (Data Analyst)	데이터 과학자 (Data Scientist)
학력	학사 이상	학사 이상	석사 이상
전공	컴퓨터과학, 컴퓨터공학 등	수학, 통계, 산업공학, 컴퓨터공학 등	수학, 통계, 컴퓨터과학, 데이 터과학 등
경력	-	-	5년 이상
사용 가능 언어	SQL, Python, Java	SQL, R, Python	SQL, R, Python, Java
기타	• 데이터 파이프라인 개발 및 운영 경험 • AWS와 같은 Public Cloud 사용 경험	Power BI, Tableau와 같은 BI 도구 활용 경험	• Hadoop, Hbase, Kafka, Spark 등과 같은 대용량 데 이터 처리 프레임 워크 경험 • Tensorflow, PyTorch와 같은 딥 러닝 프레임워크 사 용 경험

표 1-6 | 데이터 분야 직무

표 1-6을 기반으로 3개 직무에 대해서 간단히 설명하자면 데이터 엔지니어는 동료들이 데이터를 더 잘 활용할 수 있도록 데이터를 수집하고, 관리하는 환경을 구축하는 업무를 한다고 이해하면 큰 무리가 없습니다. 데이터 분석가는 데이터 엔지니어가 구축한 환경을 이용해 현업에서 주어진 문제를 분석하고 시각화하는 업무를 수행하며, 데이터 과학자는 데이터 분석가보다 상대적으로 더 능동적으로 실험적인 업무를 수행합니다. 주도적으로 프로젝트를 기획해 데이터 엔지니어 및 데이터 분석가와 함께 협업해 데이터 수집부터 저장, 분석, 시스템화까지 구현하는 업무를 합니다. 이 3가지 직무 모두 SQL 사용 능력을 필수적으로 요구합니다.

이렇게 데이터 분야 직무 외에도 데이터베이스를 전문적으로 다루는 직무 분야까지 본다면 전통적으로 IT 분야의 고급 인력으로 평가받는 데이터 설계자(DA, Data Architect)와 데이터베이스 운용자(DBA, Database Administrator)가 있습니다. 물론, 해당 직무도 SQL 사용 능력은 필수입니다.

02 데이터베이스와 SQL

2-1 데이터베이스의 정의

데이터베이스라는 용어는 많이 들어보았지만 실제 접해 보지 않으면 개념이 다소 생소할 수 있습니다. 저 또한 대학시절 수업을 통해 개념만 알던 수준이었는데 입대해 실제로 데이터베이스를 다루어 보니 그 갭이 매우 컸습니다. Oracle에서는 다음과 같이 데이터베이스를 정의하고 있습니다.

> 데이터베이스는 구조화된 정보 또는 데이터의 조직화된 모음으로 일반적으로 컴퓨터 시스템에 전자적으로 저장됩니다. 데이터베이스는 일반적으로 데이터베이스 관리 시스템(DBMS)에 의해 제어됩니다. 연결된 애플리케이션과 함께 데이터와 DBMS를 하나로 묶어 데이터베이스 시스템이라고 하는데 줄여서 데이터베이스라고도 합니다.
> 오늘날 운영되고 있는 가장 일반적인 유형의 데이터베이스에서 데이터는 일반적으로 처리 및 데이터 쿼리를 효율적으로 수행하기 위해 일련의 테이블에서 행과 열로 모델링됩니다. 그러면 데이터에 쉽게 액세스하고 관리, 수정, 업데이트, 제어 및 구성할 수 있습니다. 대부분의 데이터베이스는 데이터 작성 및 쿼리에 SQL(Structured Query Language)을 사용합니다.
>
> (출처 : https://www.oracle.com/kr/database/what-is-database/)

설명이 장황해 이해가 어렵습니다. 결국은 첫 줄이 핵심으로 데이터베이스는 "데이터의 조직화된 모음"을 뜻합니다. 그냥 모은 것이 아니라 조직화된 모음이라는 표현이 중요합니다. 조직화된 (또는 구조화된)이라는 표현은 일반적으로 엑셀의 시트와 같이 데이터를 행과 열의 형태를 가진 테이블에 저장하는 것을 뜻합니다. 우리가 일반적으로 데이터를 다룰 때 워드 프로세서나 파워포인트보다는 엑셀을 이용하는데 그 이유가 바로 데이터가 행과 열로 구조화된 형태이기 때문입니다. 데이터가 구조화되어 있어야 입력, 수정, 시각화 등의 활용이 편리합니다. 이런 의미에서 본다면 엑셀의 경우도 데이터베이스라고 볼 수 있을 것 같지만 데이터베이스의 특징을 충족하지 못하기 때문에 스프레드시트(Spreadsheets)라는 프로그램으로 분류합니다. 데이터베이스의 특징은 표 1-7과 같습니다.

특징	설명
실시간 접근성 (Real Time Accessibility)	사용자의 질의에 대해서 즉시 처리해 응답하는 특징을 가짐
계속적인 진화 (Continuous Evolution)	삽입, 삭제, 갱신을 통해 항상 최근의 정확한 데이터를 동적으로 유지하는 특징이 있음
동시 공유 (Concurrent Sharing)	여러 사용자가 동시에 원하는 데이터를 공유할 수 있는 특징을 가짐
내용에 의한 참조 (Content Reference)	데이터베이스에 있는 데이터를 참조할 때 데이터의 주소나 위치가 아닌 사용자가 요구하는 데이터 내용을 찾음
데이터의 논리적 독립성 (Independence)	응용 프로그램과 데이터베이스를 독립시킴으로써 데이터의 논리적 구조를 변경시키더라도 응용 프로그램은 변경되지 않는 특징을 가짐

표 1-7 | 데이터베이스의 특징(출처 : 네이버&형설출판사 학문명백과)

엑셀은 위 특징 중 특히 실시간 접근성과 동시 공유를 만족시키지 못합니다. 예를 들어, 엑셀로 만든 파일이 있다면 이 파일을 동시에 여러 명이 접근해 편집할 수 없어서 한 명씩 순차적으로 작업해야 합니다. 이렇게 스프레드시트는 원래 한 명의 사용자를 위해 설계된 프로그램이기 때문에 다수 인원이 실시간으로 접속해 복잡하고 방대한 데이터를 조작하기 위해 만들어진 데이터베이스와 사용 목적이 다릅니다.

DBMS(Database Management System)는 데이터베이스를 관리하고 운영하는 소프트웨어를 말합니다. 앞서 Oracle에서 내린 정의처럼 DBMS를 데이터베이스라고 인식해도 큰 문제는 없습니다.

2-2 데이터베이스의 종류와 테이블 구조

데이터베이스는 일반적으로 관계형 데이터베이스(RDB, Relational Database)가 가장 널리 사용되며, 특정 산업군의 목적에 따라 NoSQL(Not only SQL)과 RTDB(Real-Time Database)가 사용됩니다. 각각의 데이터베이스에 대한 설명은 표 1-8과 같습니다.

종류	목적 및 사용처	DBMS
RDB	가장 일반적인 테이블 형태로 엑셀의 시트와 같이 행과 열로 이루어져 있어 정형 데이터에 적합하며 모든 산업군에서 널리 사용됨	Oracle, MySQL, MariaDB, MS-SQL, PostgreSQL, Tibero 등
NoSQL	기존 RDB의 단점을 보완해 응답 속도나 처리 효율에 있어서 매우 뛰어난 성능을 보이며 Key-Value, Wide Column, Document, Graph 형태가 존재하며 인스타그램, 넷플릭스 등의 SNS, OTT 산업군에 사용됨	MongoDB, HBase, Casandra, Redis, Neo4J 등
RTDB	산업 현장의 센서에서 발생되는 온도, 압력, 진동 등의 방대한 데이터를 초고속으로 처리하기 위해 개발되어 시계열 트렌드를 실시간으로 모니터링하는 데 적합하며 발전사, 정유사, 철강사 등 장치 산업군에 사용됨	OSI PI System, dataPARC, Honeywell PHD, GE Historian 등

표 1-8 | 데이터베이스의 종류

이 중 상대적으로 널리 사용되는 RDB와 NoSQL에 대해서 좀 더 자세히 알아보겠습니다. RDB는 일반적으로 목적에 따라 여러 개의 테이블을 만들고, 고유한 값을 이용해 테이블을 연결할 수 있는 형태로 구성합니다. 예를 들어, 그림 1-10의 좌측과 같이 users라는 사용자의 기본 데이터를 저장하는 테이블이 존재하고, hobby라는 사용자의 취미 데이터를 저장하는 테이블이 존재합니다. 이 경우 id라는 고유한 값을 이용해 사용자의 기본 데이터와 취미 데이터를 연결해 한번에 조회할 수 있습니다. 따라서 각각의 테이블을 체계적이고 효율적으로 구성하는 일이 중요합니다.

NoSQL의 경우 document 형태를 예로 들어 설명하면 그림 1-10의 우측과 같이 key에 따른 document가 존재하고, document에 JSON 형태로 데이터가 입력됩니다. document를 하나의 테이블로 생각한다면 key에 따라 테이블이 존재하겠지만 테이블들을 연결할 수 있는 고유한 값이 존재하지 않는 형태이므로 테이블 간의 관계를 정의할 수 없습니다. 이런 형태는 체계가 없어 보일 수 있지만 개별 document에 새로운 필드를 추가하는 일이 신규 열을 추가해야 하는 RDB에 비하면 성능 향상에 매우 유리합니다. 예를 들어, 사용자들의 취미를 하나 더 입력받을 수 있게 만들기 위해서는 RDB의 경우 그림 1-10의 좌측처럼 hobby 테이블에서 hobby2라는 열을 하나 더 만들어야 합니다. 하지만 NoSQL은 hobby에 값만 하나 더 추가하는 형태로 만들 수 있습니다. 그리고 RDB의 경우 hobby2열에 데이터를 입력하지 않으면 죽은 공간이 생기는 반면에 NoSQL은 죽은 공간이 없습니다. 이런 점 때문에 SNS나 블로그, OTT와 같은 콘텐츠 기반 서비스의 대용량 데이터 저장에 적합합니다.

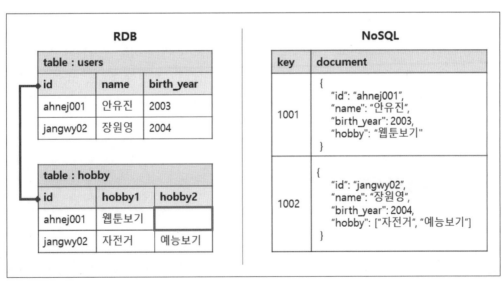

그림 1-10 | RDB와 NoSQL의 구조 차이

이 외에도 현재는 거의 쓰이지 않고 있는 초창기의 데이터베이스 형태로 계층형 데이터베이스(Hierarchical Database)와 네트워크형 데이터베이스(Network Database)가 있습니다.

앞으로 본격적으로 실습할 PostgreSQL이 RDB이기 때문에 RDB의 테이블 구조에 대해서 좀 더 알아보겠습니다.

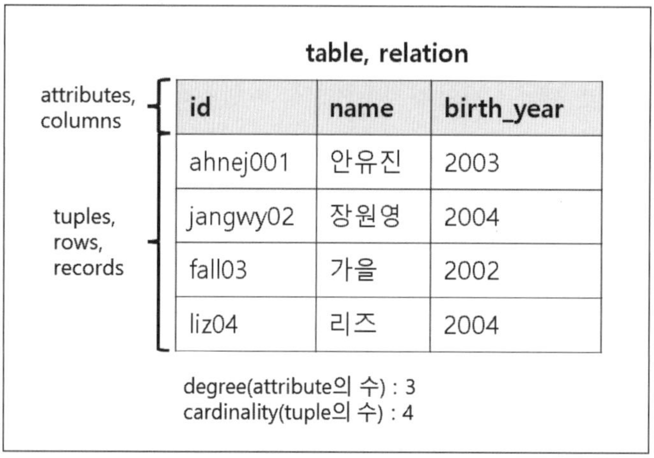

그림 1-11 | RDB의 테이블 구조와 구성 요소

RDB의 테이블 (또는 릴레이션)은 그림 1-11과 같이 행과 열로 이루어진 구조입니다. 따라서 행(row)은 tuple이나 record라고도 부르고, 열(column)은 attribute라고도 부릅니다. attribute의 수를 degree라고 하는데 그림 1-11의 경우 열이 3개이기 때문에 3이고, tuple의 수를 cardinality라고 하는데 그림 1-11의 경우 행이 4개이기 때문에 4입니다.

2-3 SQL이란?

RDB에서 데이터를 수집하기 위해서는 SQL(Structured Query Language)이라는 언어를 다룰 수 있어야 합니다. SQL은 "구조화된 질의 언어"로 RDB에서 원하는 데이터를 불러오거나 수정하는 일 등에 사용합니다. SQL은 용도에 따라 표 1-9와 같이 DDL(Data Definition Language), DML(Data Manipulation Language), DCL(Data Control Language), TCL(Transaction Control Language)

의 총 4가지 종류로 구분됩니다. 데이터 수집을 위해 테이블에서 데이터를 검색하는 데 사용하는 명령어는 "SELECT"입니다.

종류	용도	명령어
DDL	테이블이나 관계의 구조 생성	CREATE, DROP, ALTER, TRUNCATE
DML	데이터 검색, 삽입, 수정, 삭제	SELECT, INSERT, UPDATE, DELETE
DCL	데이터의 사용 권한 관리	GRANT, REVOKE
TCL	트랜잭션 제어	COMMIT, ROLLBACK

표 1-9 | SQL의 문법 종류

SQL의 경우 C나 Java와 같은 프로그래밍 언어와 달리, 문법체계가 표준화되어 있어 DBMS의 종류(Oracle, MS-SQL, PostgreSQL, Tibero 등)가 다르더라도 사용 가능합니다.

SQL을 이용해 데이터베이스의 테이블에 존재하는 데이터를 조회하기 위해서는 관리 도구가 필요합니다. 기본적으로 제공해 주는 관리 도구도 있지만 편의성을 위해 여러 가지 데이터베이스에 접속할 수 있는 범용 도구를 사용하기도 합니다. 대표적인 RDBMS와 DB 관리 도구의 종류는 그림 1-12와 같습니다.

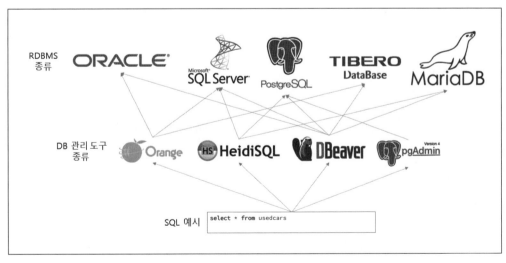

그림 1-12 | 대표적인 RDBMS와 DB 관리 도구

2-4 데이터 관리 시스템

이제까지 데이터베이스에 대해 알아보았는데 추가적으로 데이터베이스 외의 데이터 관리 시스템에 대해서 간단히 설명하겠습니다.

데이터를 수집하고 관리하는 방법은 주어진 환경과 데이터의 형태에 따라 달라집니다. 예를 들어, TV를 생산하는 전자회사가 있다고 가정해 보겠습니다. 이 회사가 하루에 TV를 30대만 생산한다면 굳이 제조 실행 시스템(MES, Manufacturing Execution System)이나 전사적 자원 관리(ERP, Enterprise Resource Planning)와 같은 정보 관리 시스템을 도입하지 않을 것입니다. 대신에 엑셀(Excel)을 이용해 Microsoft사의 One Drive와 같은 클라우드(Cloud)로 생산 데이터를 관리하거나 구글(Google)의 스프레드시트(Spreadsheets)를 이용해 공용 문서로 생산 관리를 할 것입니다.

하지만 하루에 TV를 1만 대 생산한다면 MES나 ERP 없이는 제대로 데이터 관리를 할 수 없을 것입니다. 데이터 관리를 못해 발생하는 품질비용, 재고비용 등의 손실보다 정보 관리 시스템을 운영하는 비용이 저렴하다면 당연히 정보 관리 시스템을 도입할 것입니다. 그러면 각종 운영 시스템의 데이터가 데이터베이스에 저장되고, 데이터 웨어하우스(DW, Data Warehouse)가 구축되어 사용자들이 목적에 맞는 데이터 마트(DM, Data Mart)를 이용해 데이터에 쉽게 접근하고 분석할 수 있는 환경을 구축할 것입니다. 그리고 이런 데이터를 BI(Business Intelligence)를 통해 단순 표 형태가 아닌 각종 차트나 이미지, 지도 등으로 표현해 효율적인 의사결정이 가능하도록 만들 것입니다.

용어	설명
데이터 웨어하우스	다양한 시스템의 데이터베이스에 축적된 데이터를 공통의 형식으로 변환해 주제 영역으로 관리하는 데이터베이스
데이터 마트	데이터 웨어하우스를 이용해 부서 단위 또는 주제 중심으로 특정 목적을 달성하기 위해 세분화된 데이터베이스 또는 데이터 셋
BI	기업에서 데이터를 활용해 효율적인 의사결정을 할 수 있게 돕는 애플리케이션과 기술로 각종 차트와 표를 이용해 대시보드로 표현

표 1-10 | 데이터 관리 시스템 용어

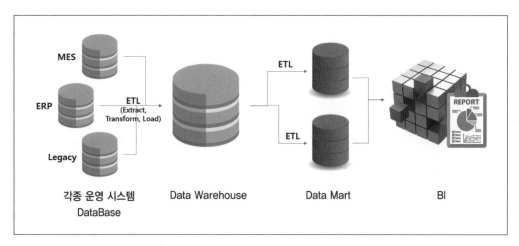

그림 1-13 | 데이터 관리 시스템 구조 예시

| 핵 | 심 | 요 | 약 |

1 데이터의 형태

- 정형(Structured) 데이터는 엑셀이나 관계형 데이터베이스에 저장된 형태
- 반정형(Semi-Structured) 데이터는 주로 웹에서 API를 통해 JSON, XML로 제공되는 형태
- 비정형(Unstructured) 데이터는 문자, 이미지, 음성, 영상 등의 형태

2 데이터, 정보, 지식, 지혜

- 데이터(data)는 가공하기 전의 순수한 수치나 기호를 의미
- 정보(information)는 데이터의 가공을 통해 의미를 부여한 것
- 지식(knowledge)은 상호 연결된 정보 패턴을 이해해 이를 토대로 예측한 결과물
- 지혜(wisdom)는 근본 원리에 대한 깊은 이해를 바탕으로 도출되는 창의적 아이디어

3 빅데이터의 정의

빅데이터는 데이터의 양(Volume), 다양성(Variety) 그리고 속도(Velocity), 즉 3V로 정의됨

4 데이터베이스의 종류와 특징

데이터베이스의 종류에는 RDB, NoSQL, RTDB 등이 있음. RDB는 행과 열을 가진 테이블 형태로 가장 보편적으로 사용되고, NoSQL은 스키마(Scheme)가 없는 구조로 확장성이 뛰어나고 속도가 빠르며 대용량 데이터에 적합함

5 SQL의 정의와 특징

SQL(Structured Query Language)은 구조화된 질의 언어로 데이터베이스에서 데이터를 조회하거나 수정할 때 사용하며, DBMS가 달라도 문법체계가 표준화되어 있어 동일하게 사용할 수 있음

| 연 | 습 | 문 | 제 |

1 JSON, XML 파일과 같은 데이터 형태를 무엇이라고 하나요?

2 데이터와 정보의 차이점에 대해서 설명해 보세요.

3 빅데이터의 정의 중 3V에 해당하지 <u>않는</u> 것은 무엇인가요?

① Variety   ② Volume

③ Velocity   ④ Value

4 빅데이터가 등장할 수 있었던 배경에 대해서 설명해 보세요.

5 데이터 관련 직무 중 데이터 수집 및 관리를 담당하고, 동료들이 데이터를 잘 활용할 수 있도록 데이터 파이프라인을 구축하는 업무를 하는 직무는 무엇인가요?

6 다음 중 관계형 데이터베이스의 특징으로 옳은 것은 무엇인가요? (2개)

① 행과 열로 구성되어 있음

② 스키마가 존재하지 않음

③ NoSQL에 비해 속도가 빠르고, 대용량 데이터 저장에 적합함

④ 고유한 값을 이용해 테이블과 테이블을 연결할 수 있음

7 다음 중 RDBMS 종류가 <u>아닌</u> 것은 무엇인가요?

① Oracle

② MongoDB

③ PostgreSQL

④ Tibero

2

학습목표

- PostgreSQL을 설치할 수 있습니다.
- pgAdmin을 이용해 데이터베이스에 접속할 수 있습니다.
- PostgreSQL의 데이터 타입에 대해서 설명할 수 있습니다.
- 기본 키와 외래 키의 관계에 대해서 설명할 수 있습니다.
- 테이블을 생성할 수 있습니다.
- 테이블에 데이터를 입력할 수 있습니다.

데이터베이스
설치하기

PostgreSQL이라는 관계형 데이터베이스에 대해서 알아보고
설치해 본 후 pgAdmin이라는 관리 도구를 이용해
데이터베이스를 직접 다루어 보도록 하겠습니다.

Structured Query Language

01 PostgreSQL 설치하기

1-1 PostgreSQL

관계형 데이터베이스의 가장 대표적인 DBMS는 Oracle입니다. Oracle은 IT 분야에 큰 관심이 없는 사람도 대부분 들어보았을 정도로 인지도가 높습니다. 그에 반해 PostgreSQL은 다소 생소합니다. 하지만 PostgreSQL은 현재 전 세계적으로 가장 인기 있는 DBMS 중 하나입니다. DB-Engines Ranking에 따르면 그림 2-1과 같이 PostgreSQL은 4번째로 인기 있는 DBMS로 10위권 이내에서 스코어가 가장 크게 증가하고 있음을 확인할 수 있습니다.

Rank			DBMS	Database Model	Score		
Dec 2023	Nov 2023	Dec 2022			Dec 2023	Nov 2023	Dec 2022
1.	1.	1.	Oracle ➕	Relational, Multi-model 🛈	1257.41	-19.62	+7.10
2.	2.	2.	MySQL ➕	Relational, Multi-model 🛈	1126.64	+11.40	-72.76
3.	3.	3.	Microsoft SQL Server ➕	Relational, Multi-model 🛈	903.83	-7.59	-20.52
4.	4.	4.	PostgreSQL ➕	Relational, Multi-model 🛈	650.90	+14.05	+32.93
5.	5.	5.	MongoDB ➕	Document, Multi-model 🛈	419.15	-9.40	-50.18
6.	6.	6.	Redis ➕	Key-value, Multi-model 🛈	158.35	-1.66	-24.22
7.	7.	↑8.	Elasticsearch	Search engine, Multi-model 🛈	137.75	-1.87	-7.18
8.	8.	↓7.	IBM Db2	Relational, Multi-model 🛈	134.60	-1.40	-12.02
9.	↑10.	9.	Microsoft Access	Relational	121.75	-2.74	-12.08
10.	↑11.	↑11.	Snowflake ➕	Relational	119.88	-1.12	+5.11

417 systems in ranking, December 2023

그림 2-1 | DB-Engines Ranking(출처 : https://db-engines.com/en/ranking)

PostgreSQL은 객체-관계형(object-relational) 데이터베이스로 캘리포니아 대학교 버클리(UC Berkeley, University of California at Berkeley)에서 1986년 POSTGRES 프로젝트의 일부분에서 비롯되었습니다. 35년 이상 개발되어 오면서 입증된 아키텍처(architecture), 신뢰성(reliability), 데이터 무결성(integrity), 확장성(extensibility)에서 강력한 명성을 얻었으며, Windows 외에도 MacOS, Linux 등 다양한 OS에서 사용할 수 있습니다.

그림 2-2 | PostgreSQL 로고

PostgreSQL은 오픈 소스(Open Source) 라이선스이기 때문에 비용이 들지 않습니다. 상용 DBMS인 Oracle의 경우 안정성이 뛰어나지만 라이선스 비용이 엄청나기 때문에 대기업조차도 비용 절감을 위해 상대적으로 저렴한 DBMS로 전환하는 사례가 늘고 있습니다. PostgreSQL은 Oracle과 같은 상용 DBMS와 비견될 정도로 기능과 성능이 우수하기 때문에 인기가 계속해서 올라가고 있습니다.

1-2 PostgreSQL 다운로드 및 설치하기(Windows 기반)

01 구글(Google)에서 "postgresql download"라는 키워드로 검색하거나 직접 사이트(https://www. postgresql.org/download/)에 접속하면 PostgreSQL 설치 파일을 다운로드받을 수 있습니다. Windows 기반으로 실습을 진행할 예정이므로 Windows를 선택합니다.

그림 2-3 | PostgreSQL 다운로드 사이트

02 그림 2-4와 같이 Windows installers 전용 페이지로 이동해 현재 제공되고 있는 PostgreSQL 버전과 지원되는 Windows 버전에 대해서 확인합니다. 여기서 "Download the installer" 텍스트를 클릭하면 다운로드 사이트로 이동합니다.

그림 2-4 | Windows installers 전용 페이지

03 다운로드 사이트에서 책을 최종 수정하고 있는 2023년 12월 10일 기준으로 가장 최신바로 전 버전인 15.5버전에서 Windows x86-64 버전을 클릭해 다운로드받습니다.

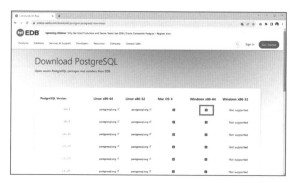

그림 2-5 | installer 다운로드 사이트

04 다운로드가 완료되었으면 install 파일을 클릭해 설치를 시작합니다.

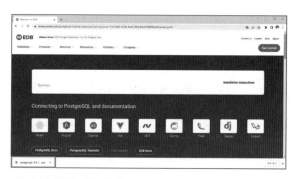

그림 2-6 | 다운로드 완료 화면

05 설치 프로그램을 실행하면 그림 2-7과 같이 설치 프로세스가 진행됩니다. "Next" 버튼을 클릭해 다음으로 넘어갑니다. 설치 경로(Installation Directory)는 기본 설치 경로 그대로 설치하겠습니다.

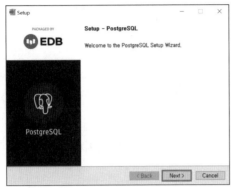 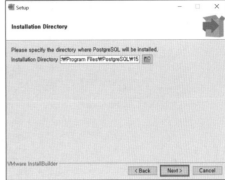

그림 2-7 | PostgreSQL 설치 화면 1

06 컴포넌트와 데이터 디렉토리도 기본값으로 두고 설치를 위해 "Next" 버튼을 클릭합니다.

 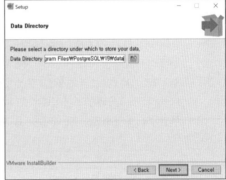

그림 2-8 | PostgreSQL 설치 화면 2

07 이제 중요한 부분입니다. superuser의 Password(비밀번호)를 설정하는 부분으로 실습에서는 편의상 "1111"로 하겠습니다. Retype password에 동일하게 한 번 더 "1111"을 입력합니다. 그리고 포트 (Port) 번호는 기본값인 5432를 그대로 둔 상태로 "Next" 버튼을 클릭합니다.

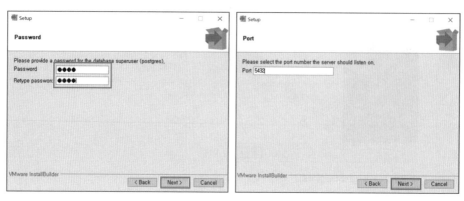

그림 2-9 | PostgreSQL 설치 화면 3

포트 번호

포트(Port) 번호는 네트워크 서비스나 특정 프로세스를 식별하는 논리 단위입니다. 포트 번호는 IP 주소와 함께 쓰여 해당하는 프로토콜에 의해 사용되며 0~65535의 범위를 가집니다. 쉽게 설명하자면 IP 주소가 집 주소라면, 포트 번호는 방 번호라고 할 수 있습니다. 예를 들어, 192.168.1.1이라는 IP 주소를 가진 서버의 PostgreSQL 데이터베이스에 접속하려면 서버 IP 주소와 PostgreSQL 서비스 포트 번호(기본값 : 5432) 모두 알아야 접속할 수 있습니다. 아래는 주요 DBMS의 기본 포트 번호입니다.

DBMS	포트 번호
Oracle	1521
MS-SQL	1433
MySQL	3306

08 Advanced Options, Pre Installation Summary 모두 "Next" 버튼을 클릭합니다.

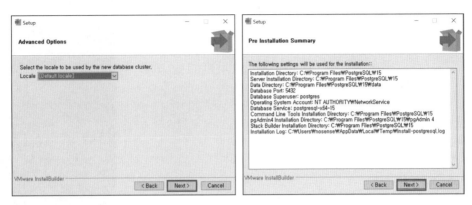

그림 2-10 | PostgreSQL 설치 화면 4

09 마지막 단계로 Ready to Install에서 "Next" 버튼을 클릭하면 설치가 시작됩니다. 설치가 마무리
되면 그림 2-11의 우측과 같이 추가로 프로그램이나 드라이버를 설치할 수 있게 도와주는 Stack
Builder를 실행할 것인지 물어봅니다. 지금은 추가로 설치할 것이 없기 때문에 체크 박스의 체크
를 해제한 후 "Finish" 버튼을 클릭하면 설치가 완료됩니다. (6장에서 Stack Builder를 이용해 추가 프로
그램을 설치하고 실습할 예정입니다.)

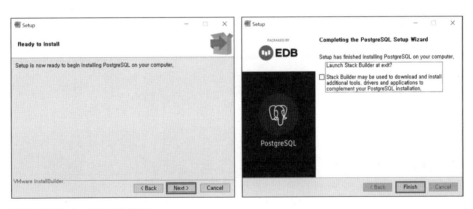

그림 2-11 | PostgreSQL 설치 화면 5

10 설치된 프로그램은 Windows 시작 버튼을 클릭해
PostgreSQL 폴더에서 확인할 수 있습니다.

그림 2-12 | 윈도우 시작의 PostgreSQL
15 설치 현황

02 pgAdmin

2-1 데이터베이스 접속하기

pgAdmin은 Oracle의 SQL Developer, MySQL의 WorkBench, Tibero의 tbAdmin과 같이 DBMS 제작사에서 제공해 주는 기본 데이터베이스 관리 도구입니다. 이 툴을 이용해 데이터베이스에 접속해 SQL을 작성하고 실행할 수 있습니다. PostgreSQL과 함께 자동으로 설치된 pgAdmin 4 프로그램을 실행시켜 데이터베이스에 접속해 보도록 하겠습니다. pgAdmin을 실행하면 그림 2-13과 같이 master password를 입력하라고 나옵니다. 여기에 설치 시 입력했던 비밀번호 "1111"을 입력합니다. 혹시나 다른 비밀번호를 설정한 후 잊어버렸어도 괜찮습니다. 아래에 있는 "Reset Master Password" 버튼을 클릭하면 다시 설정할 수 있습니다.

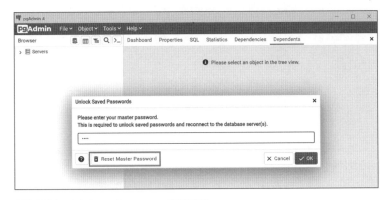

그림 2-13 | pgAdmin master password 입력 화면

master password를 입력하고 들어가면 다소 허전하게 좌측 상단에 Servers라는 아이콘만 보입니다. 해당 아이콘의 좌측 화살표(>)를 클릭하면 그림 2-14와 같이 아래에 트리 구조로 PostgreSQL 15가 표시됩니다. 클릭하면 비밀번호를 입력하라는 창이 표시되는데 앞서 입력했던 master password를 입력해 주고, 다음에 또다시 비밀번호를 입력하지 않도록 "Save Password"에 체크한 후 "OK" 버튼을 클릭합니다.

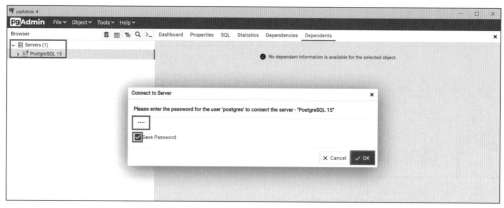

그림 2-14 | PostgreSQL 15 서버 접속

접속이 정상적으로 되었으면 그림 2-15와 같이 Databases 아이콘이 표시되는데 이전과 마찬가지로 화살표(>) 버튼을 클릭해 트리를 열어줍니다. postgres라는 데이터베이스가 표시되면 다시 화살표(>) 버튼을 클릭해 postgres 데이터베이스에 대해서 살펴보도록 하겠습니다.

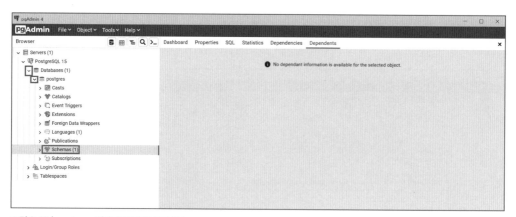

그림 2-15 | postgres 데이터베이스의 구성 요소

하부에는 Casts, Catalogs, Event Triggers 등 다양한 구성 요소들이 존재합니다. 여기서 가장 중요한 것은 스키마(Schemas)입니다. 한국정보통신기술협회의 정보통신용어사전에서 스키마의 정의를 찾아보면 다음과 같습니다.

> 데이터 시스템 언어 회의(CODASYL) 데이터베이스를 기술하기 위해 사용하기 시작한 개념으로 데이터베이스의 구조에 관해서 이용자가 보았을 때의 논리 구조와 컴퓨터가 보았을 때의 물리 구조에 대해서 기술하고 있다. 데이터 전체의 구조를 정의하는 개념인 스키마에는 실제로 이용자가 취급하는 데이터 구조를 정의하는 외부 스키마와 데이터 구조의 형식을 구체적으로 정의하는 내부 스키마가 있다.
>
> (출처 : http://word.tta.or.kr/dictionary/dictionaryView.do?word_seq=054891-1)

즉, 스키마는 데이터의 구조를 뜻하는 용어로 하나의 데이터베이스에 여러 개의 스키마를 만들 수 있습니다. 쉽게 생각해 컴퓨터의 디렉토리 개념으로 받아들여도 됩니다. 테이블이 파일이고, 스키마는 파일이 들어 있는 디렉토리라고 생각하면 됩니다.

스키마 아이콘의 좌측 화살표(>)를 클릭하면 public이라는 기본 스키마가 표시되고 또 한 번 좌측 화살표(>)를 클릭하면 그림 2-16과 같이 해당 스키마의 세부 구성 요소들이 표시됩니다.

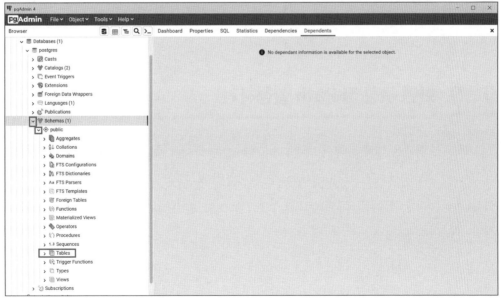

그림 2-16 | public 스키마의 세부 구성 요소

스키마에서는 테이블(Tables)이 가장 중요한 요소로 여기에 데이터를 저장하게 됩니다. 참고로 public 스키마에는 테이블이 존재하지 않습니다.

데이터베이스 접속 후 테이블까지 확인해 보았습니다. PostgreSQL에서 앞서 접속했던 구조를 도식화하면 그림 2-17과 같으며 이해를 돕기 위해 파일 시스템과 계층 구조를 비교해 보았습니다.

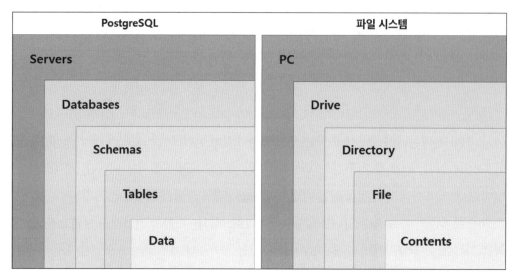

그림 2-17 | PostgreSQL과 파일 시스템의 계층 구조 비교

2-2 화면 구성 및 Path 설정하기

pgAdmin의 화면은 크게 좌측의 브라우저(Browser)와 우측의 패널(Panel)로 구성되어 있습니다. 우측의 패널에서 대시보드(Dashboard)를 선택하면 대시보드가 출력되고, 메뉴의 Tools에서 Query Tool을 선택하면 그림 2-18과 같이 Query를 입력하고 결과가 출력되는 패널로 변경됩니다.

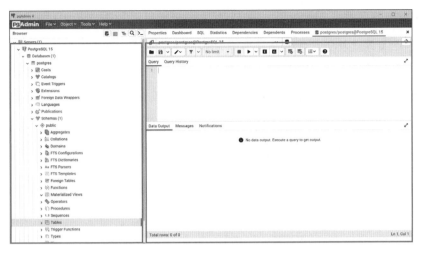

그림 2-18 | pgAdmin의 화면 구성

이런 레이아웃 구성은 마우스로 드래그&드롭(Drag&Drop)해 조정할 수 있습니다. 예를 들어, 브라우저 창을 우측에 위치하도록 변경하고 싶을 경우 Browser 이름 옆의 빈 공간에 마우스를 위치시켜 사방위 화살표가 표시되면 클릭 후 드래그해 우측으로 옮기면 반투명 파란색으로 창이 붙을 공간이 표시됩니다. 이때 마우스를 드롭하면 그림 2-19와 같이 해당 위치로 브라우저 창이 옮겨지게 됩니다.

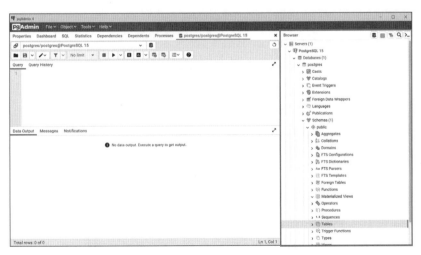

그림 2-19 | 브라우저 창을 우측으로 옮긴 모습

pgAdmin의 다양한 기능들을 사용하기 위해서는 상단 메뉴의 File에서 Preferences를 선택한 후 Paths 항목의 Binary paths에서 PostgreSQL Binary Path의 기본 위치를 PostgreSQL을 설치한 곳의 bin 디렉토리(설치 시 별도로 경로를 수정하지 않았다면 C:₩Program Files₩PostgreSQL₩15₩bin)로 지정해 주어야 합니다. 이 부분은 이전 버전에서는 불필요했으나 책을 집필하고 있는 시점에 사용하고 있는 버전(6.14)에서는 지정해야 하는 부분으로 추후 개선되어 지정하지 않아도 될 수 있음을 참고하기 바랍니다.

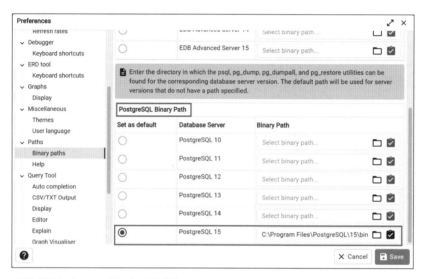

그림 2-20 | Preferences의 Paths 지정 화면

2-3 데이터 타입

테이블을 생성할 경우 열(Column)의 데이터 타입을 지정해야 하는데 PostgreSQL의 경우 데이터 타입이 매우 다양합니다. 데이터 타입에 대한 상세한 정보는 공식 홈페이지(https://www.postgresql.org/docs/current/datatype.html)에서 확인할 수 있습니다. 모든 데이터 타입을 다 활용할 필요는 없기 때문에 주로 사용하는 데이터 타입에 대해서만 설명하겠습니다.

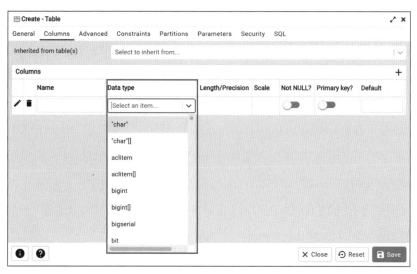

그림 2-21 | 테이블 생성 시 지정할 수 있는 열의 데이터 타입

1 수치형

이름	크기	설명	예시
smallint	2bytes	정수형	32767
integer	4bytes		-2147483648
bigint	8bytes		9223372036854775807
numeric(Length,Scale)	variable	정밀한 숫자	15.00001
real	4bytes	부동 소수점	15.00000001
double precision	8bytes		15.000000000000001

표 2-1 | 수치형 데이터 타입

수치형(numeric) 데이터 타입에서 정수형(integer)의 경우 크기에 따라 저장할 수 있는 숫자의 범위가 다릅니다. smallint의 경우에는 -32768부터 +32767까지 저장할 수 있고, integer의 경우에는 -2147483648부터 +2147483647까지 저장할 수 있습니다. bigint의 경우에는 범위

가 -9223372036854775808부터 +9223372036854775807까지로 매우 넓습니다.

정수형은 소수점을 저장할 수 없기 때문에 소수점이 들어가는 실수(Real Number)라면 numeric(Length,Scale) 타입을 지정해야 하는데 소수점을 입력받기 위해서는 열 생성 시 Length와 Scale을 추가로 입력해야 합니다. Length는 숫자 전체의 길이를 뜻하고, Scale은 소수점 길이를 뜻합니다. 예를 들어, 15.00001이라는 숫자를 저장하고 싶다면 numeric(7,5)로 열의 데이터 타입이 지정되어야 하는 것입니다. 만일 numeric(7,5)로 지정된 열에 15.000001로 데이터를 입력하게 되면 소수점이 6자리로 열에 지정된 자릿수를 초과하기 때문에 6번째 자리에서 반올림한 15.00000으로 저장됩니다. numeric 타입에서 소수점 앞 부분은 131,072자리, 소수점 이후는 16,383자리까지 입력할 수 있습니다.

부동 소수점(Floating Point)은 프로그램이 익숙하지 않은 분들에게는 다소 생소한 용어입니다. 부동 소수점 방식은 실수를 표현할 때 소수점의 위치를 고정하지 않고, 가수와 지수를 사용해 실수를 표현하는 방법입니다. 여기서 가수는 유효 숫자를 나타내고, 지수는 소수점의 위치를 나타냅니다. 즉, 부동 소수점은 $(가수) \times (밑수)^{(지수)}$와 같은 곱셈 형태로 표현됩니다. 예를 들어, 15.001이라는 숫자는 15001×10^{-3}으로 표현할 수 있으며 이때 유효 숫자인 가수는 15001, 밑수는 10, 지수는 -3인 것입니다. 그런데 컴퓨터는 10진수를 쓰지 않고, 2진수를 쓰기 때문에 밑수로 2를 사용합니다. 여기서 부동 소수점의 오차 문제가 발생합니다.

예를 들어, 10진수 0.1을 2진수로 변환하게 되면 0.00011001100110011…으로 무한히 반복되는 수가 되는데 이 때문에 특정 범위까지 반올림 처리해 나머지는 잘라냅니다. 이로 인해 부동 소수점은 매우 작은 오차가 발생할 수밖에 없습니다. 그런데 대부분의 프로그래밍 언어에서 실수를 표현하는 방법으로 부동 소수점을 사용하기 때문에 이런 오차가 있다는 것을 알고 대응하는 것이 중요합니다. 엑셀을 이용해 10진수에서 2진수로 변환해 본 사례와 실수 뺄셈 계산에서 발생한 오차를 표시해 보았으니 확인해 보기를 바랍니다.

DEC2BIN() 함수 이용 10진수 → 2진수 변환

10진수	2진수
1	1
10	1010
100	1100100
0.1	0

(15.1 - 15.0) = 0.1이 아니라고?!

A	B	A-B
15.1	15.0	0.0999999999999996

그림 2-22 │ 10진수에서 2진수 변환, 실수 계산 시 발생하는 오차 사례

② 날짜/시간형

이름	크기	설명	예시
date	4bytes	날짜	2022-10-18
time	4bytes	시간	12:12:12
timestamp without time zone	8bytes	날짜와 시간	2022-10-18 12:12:12

표 2-2 | 날짜/시간형 데이터 타입

데이터베이스에는 날짜나 시간 데이터를 저장할 경우가 많습니다. date 타입은 날짜만, time 타입은 시간만 저장할 때 사용하며 timestamp without time zone 타입은 날짜와 시간 데이터 모두를 저장할 수 있습니다. 시간대 정보를 반영하고자 할 경우에는 with time zone으로 된 타입을 지정하면 됩니다.

③ 문자형

이름	설명
character varying(n)	가변 길이 문자형, 문자 길이≤n : 그대로 저장
character(n)	고정 길이 문자형, 문자 길이≤n : 공백 추가해 길이 n으로 저장
text	제한 없는 가변 길이 문자형

표 2-3 | 문자형 데이터 타입

일반적으로 데이터베이스에서 VARCHAR라고 불리는 데이터 타입이 PostgreSQL에서는 character varying으로 문자열 길이 n을 지정해도 길이가 n보다 짧거나 같으면 해당 길이만 큼만 문자열이 저장됩니다. 즉, 길이를 n으로 설정했음에도 변할 수 있기 때문에 가변 길이 문자형이라고 합니다. character는 고정 길이 문자형으로 문자열 길이 n을 지정했는데 그보 다 문자열 길이가 짧으면 공백을 추가해 길이를 n으로 맞춥니다. 예를 들어, 문자열 길이 n을

7로 지정하고 "hello"라는 문자를 입력하면 character varying 타입의 경우에는 "hello" 그대로 저장되어 문자열 길이가 5가 되고, character 타입의 경우에는 "hello "로 공백이 2칸 추가되어 문자열 길이가 7이 됩니다.

이런 특징 때문에 character 타입은 주민등록번호, 우편번호와 같이 길이가 고정된 데이터를 저장할 때 주로 사용하고, 그 외에는 대부분 character varying 타입을 사용합니다. text 타입은 길이에 상관없이 긴 문자열을 저장할 때 사용합니다.

앞서 설명한 숫자형, 날짜/시간형, 문자형 데이터 타입 외에도 논리형(Boolean), 화폐형(Monetary), 이산형(Binary), 배열(Arrays), JSON 등도 존재합니다. 특히 배열의 경우 대부분의 데이터 타입에서 끝에 [ ] 표시를 통해 배열 형태로 열을 지정할 수 있습니다. 이런 배열과 JSON 타입을 지원하는 것이 PostgreSQL만의 차별 요소입니다.

PostgreSQL의 모든 데이터 타입은 공식 홈페이지(https://www.postgresql.org/docs/15/datatype.html)에 자세히 설명되어있으니 참고하기 바랍니다.

2-4 데이터 무결성과 제약 조건

데이터 무결성(integrity)은 데이터베이스의 필수적인 기능 요소로 데이터가 저장, 처리, 전송되는 모든 과정에서 변경되거나 손상되지 않고, 정확성과 일관성을 유지함을 보증하는 특성을 말합니다. 즉, 데이터에 결함이 없음을 보장하는 것인데 이를 위해 열의 제약 조건(constraint)이 필요합니다.

예를 들어, 쇼핑몰의 회원가입 정보를 저장하는 테이블을 만든다고 한다면 기본적으로 이름, 주민등록번호, 전화번호, ID 등의 회원정보 데이터를 저장해야 할 것입니다. 이런 경우 회원 ID가 중복된다면 쇼핑몰에 심각한 오류를 불러올 수 있습니다. 그리고 주민등록번호는 13자리인데 10자만 입력해도 저장되거나 주민등록번호 체계에 맞지 않는 아무런 숫자를 입력해도 저장된다면 쇼핑몰을 통해 사기를 치는 사람이 생길 수도 있을 것입니다. 이런 유형의 데이터로 인한 결함을 미리 방지하기 위해 데이터베이스에는 제약 조건을 설정할 수 있는 기능이 있는 것입니다.

PostgreSQL에서는 6가지의 제약 조건들이 존재하며 Not NULL 제약 조건을 제외한 5가지는 Primary Key, Foreign Key, Check, Unique, Exclude입니다. NULL에 대해서 간단히 설명하겠습니다. NULL은 아무것도 없음을 뜻하며 NULL값이라고 부릅니다. 값이 없다고 해서 0이라고 생각할 수 있지만 0은 아닙니다. 정말로 값이 없이 그냥 비어 있는 것을 NULL이라고 합니다. 예를 들어, SNS 사이트에 회원가입을 할 때 취미 항목이 있고, 이 값이 필수가 아닌 선택일 수 있습니다. 이때에는 취미가 없다면 굳이 입력할 필요가 없습니다. 이렇게 값을 입력하지 않으면 NULL이 생기는 것입니다. 이제 나머지 제약 조건들에 대해서 알아보겠습니다.

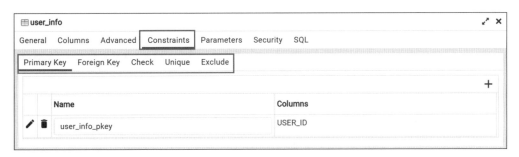

그림 2-23 | PostgreSQL의 테이블에서 설정할 수 있는 제약 조건들(Constraints)

1 Primary Key

Primary Key는 기본 키라고 부르며 줄여서 PK라고도 합니다. 기본 키는 테이블에서 주식별자로 지정하며 해당 열에 동일한 값이 없어야(UNIQUE) 하고, 빈 값(NULL)을 허용하지 않습니다. 이런 기본 키의 특징을 개체 무결성(Entity Integrity)이라고 합니다. 계속해서 쇼핑몰을 예로 들어 설명하면 ID나 주민등록번호, 전화번호처럼 유일하고, 반드시 입력해야 하는 열이 기본 키로 지정될 수 있습니다.

기본 키는 한 테이블에 여러 개를 지정할 수도 있지만 뒤에 설명할 외래 키와 연관시키기 위해서는 테이블에 반드시 하나만 지정해야 합니다.

간단하게 postgres 테이블의 기본 스키마인 public에 실습용 쇼핑몰 회원정보 테이블(user_info)을 직접 만들어서 회원 ID를 기본 키로 지정해 보겠습니다. 그림 2-24와 같이 Tables에서 마우스를 우클릭한 후 Create → Table...을 선택합니다.

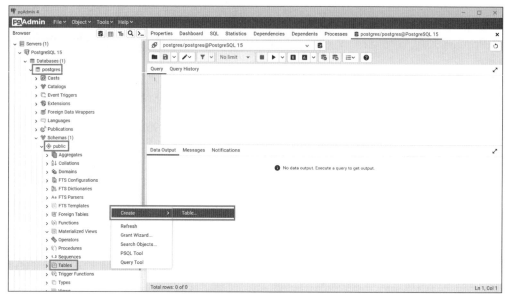

그림 2-24 | 테이블 아이콘에서 우클릭을 통한 테이블 생성 방법

새 창이 출력되면서 새로 만들 테이블의 기본 정보와 열 정보 등을 입력할 수 있습니다. 그림 2-25와 같이 General 탭에서 Name에 user_info라고 입력한 후 Columns 탭을 클릭해 이동합니다.

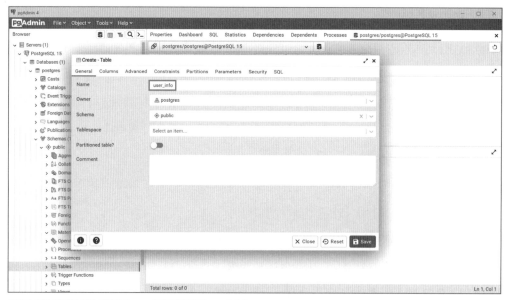

그림 2-25 | 테이블 생성 화면의 General 탭(테이블명 : user_info)

그림 2-26과 같이 Columns 탭에서 우측 상단의 "+" 버튼을 이용해 열을 추가할 수 있습니다. 생성할 열은 회원ID(user_id), 회원이름(user_name), 주민등록번호(res_reg_no), 통신사(tel_co), 전화번호(tel_no)의 총 5가지로 "+" 버튼을 5번 클릭합니다.

그림 2-26 | 테이블 생성 화면의 Columns 탭

이제 그림 2-27과 같이 열 이름(Name), 데이터 타입(Data type), 길이(Length), Not NULL?, Primary key? 항목을 입력해 줍니다. 여기서 회원 ID를 기본 키로 지정할 것이기 때문에 Primary Key는 user_id만 활성화시킵니다.

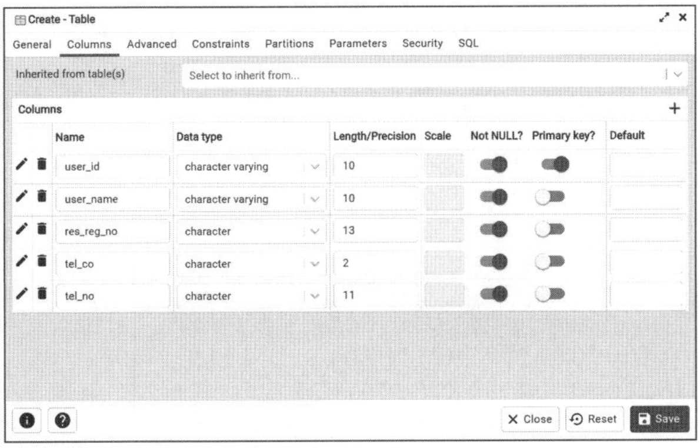

그림 2-27 | 테이블 생성 화면에서 열 정보 입력(user_info 테이블)

그런 다음 Constraints 탭을 클릭해 이동하면 그림 2-28과 같이 user_id가 열 설정에 따라 자동으로 Primary Key로 등록된 것을 확인할 수 있습니다. "Save" 버튼을 클릭해 테이블 생성을 마치겠습니다.

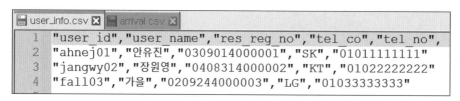

그림 2-28 | 테이블 생성 화면의 Constraints 탭의 Primary Key 부분

이제 user_info 테이블에 3건의 데이터를 집어넣겠습니다. 아직 SQL에서 insert 쿼리를 배우지 않았기 때문에 Import/Export Data… 기능을 이용해 csv 파일을 Import시키도록 하겠습니다. 참고로 csv(comma-separated values) 파일은 콤마(,)로 열이 구분되는 텍스트 파일로 가장 일반적으로 사용되는 데이터 파일 형태입니다.

실습용 데이터 셋을 저자의 블로그(https://datawithnosense.tistory.com)나 깃허브(https://github.com/datawithnosense/SQL)에서 미리 다운로드받아 C:\SQL-study 폴더에 저장해 놓습니다. user_info.csv 파일을 열어보면 그림 2-29와 같이 1번째 행에는 열 이름이 표시되고, 2~4번째 행에는 총 3건의 데이터가 들어 있음을 확인할 수 있습니다. 각각의 열은 콤마(,)로 구분되고, 각각의 데이터는 큰따옴표("")로 인용되어 있습니다.

```
  user_info.csv     arrival.csv
1   "user_id","user_name","res_reg_no","tel_co","tel_no",
2   "ahnej01","안유진","0309014000001","SK","01011111111"
3   "jangwy02","장원영","0408314000002","KT","01022222222"
4   "fall03","가을","0209244000003","LG","01033333333"
```

그림 2-29 | user_info.csv 파일의 데이터 형태

이 파일을 쿼리를 이용하지 않고 테이블에 집어넣기 위해 그림 2-30과 같이 생성된 user_info 테이블 위에서 마우스를 우클릭한 후 Import/Export Data…를 선택합니다.

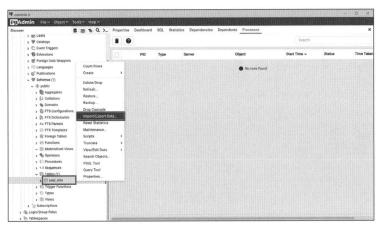

그림 2-30 | 테이블에서 마우스 우클릭 시 실행할 수 있는 다양한 기능들

그림 2-31과 같이 Import/Export data 화면의 General 탭에서 Import를 선택하고, 파일 불러오기 버튼을 클릭해 실습용 user_info.csv 파일을 선택해 줍니다. Format은 csv, Encoding은 user_name의 값으로 한글이 포함되어 있기 때문에 UTF8로 지정합니다.

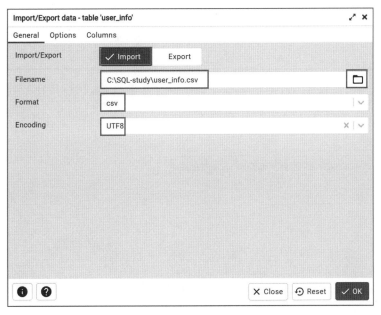

그림 2-31 | Import/Export data 화면의 General 탭(user_info.csv 파일 지정)

Options 탭을 클릭해 이동한 후 csv 파일의 옵션을 지정합니다. 해당 파일의 경우 그림 2-32 와 같이 1번째 행이 데이터가 아닌 열 이름으로 시작하기 때문에 Header가 존재함을 활성화 해 주고, Delimiter(구분 기호)로 콤마(,)를 선택해 줍니다. 그리고 Quote(인용 기호)로 큰따옴표(")를 선택한 후 "OK" 버튼을 클릭해 Import시킵니다.

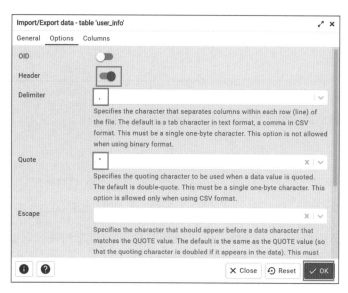

그림 2-32 | Import/Export data 화면의 Options 탭

Import가 정상적으로 수행되었으면 그림 2-33과 같이 녹색 배경의 "Process completed" 메시지가 출력됩니다.

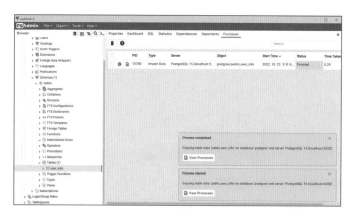

그림 2-33 | 성공적으로 csv 파일이 Import된 상태

데이터가 제대로 저장되었는지 확인하기 위해 그림 2-34와 같이 user_info 테이블 위에서 마우스를 우클릭한 후 View/Edit Data에서 "All Rows"를 선택합니다.

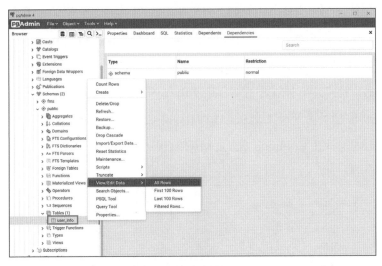

그림 2-34 | 테이블의 데이터 확인 방법(user_info 테이블)

그림 2-35와 같이 자동으로 Query Tool이 패널에 열림과 동시에 전체 데이터를 조회하는 쿼리문을 실행시켜 패널 하단부 Data Output에 데이터가 표시됩니다. csv 파일의 데이터 그대로 테이블에 잘 들어왔음을 확인할 수 있습니다.

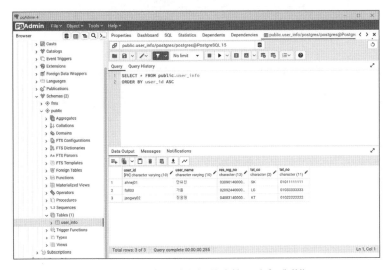

그림 2-35 | View/Edit Data 기능을 이용한 데이터 조회 결과(user_info 테이블)

② Foreign Key

Foreign Key는 외래 키라고 부르며 줄여서 FK라고도 합니다. 외래 키는 기본 키를 참조하는 열이기 때문에 기본 키와 동일하거나 NULL값만 허용됩니다. 이런 특성을 참조 무결성 (Referential Integrity)이라고 합니다. 이해를 돕기 위해 배송지(arrival) 테이블을 하나 더 만들어 설명해 보겠습니다.

앞서 user_info 테이블을 만든 것과 동일한 방법으로 Tables에서 마우스를 우클릭한 후 Create → Table...을 선택해 테이블 생성 화면으로 들어갑니다. 그림 2-36과 같이 General 탭에서 Name을 arrival로 지정하고, Columns 탭으로 이동합니다.

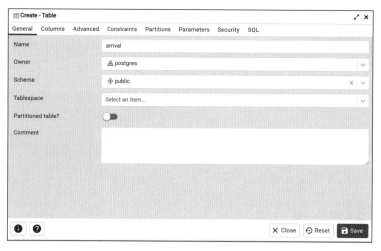

그림 2-36 | 테이블 생성 화면의 General 탭(테이블명 : arrival)

id, 배송지명(adr_name), 배송지 주소(adr)의 3개 열을 만들기 위해 "+" 버튼을 3번 클릭한 후 그림 2-37과 같이 항목들을 입력합니다.

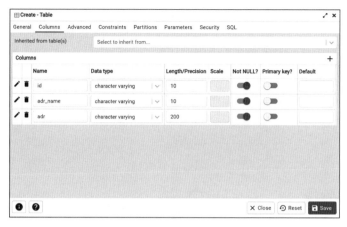

그림 2-37 | 테이블 생성 화면의 열 정보 입력(arrival 테이블)

여기서 ID를 외래 키로 지정할 예정이므로 배송지(arrival)가 자녀 테이블이 되고, 회원정보 (user_info)가 부모 테이블이 되어 배송지의 ID에는 회원정보의 회원 ID(user_id)만 입력 가능 하게 됩니다. 이런 제약 조건 때문에 배송지 테이블에 회원이 아닌 ID가 입력될 수 없으므로 배송지 테이블의 데이터 무결성 확보가 가능합니다. 이렇게 외래 키를 지정해 부모-자녀 간 의 테이블 관계로 참조할 수 없는 값을 저장할 수 없도록 만드는 것을 참조 무결성(Referential Integrity)이라고 합니다.

이제 Constraints 탭으로 이동해 외래 키를 지정하겠습니다. 그림 2-38과 같이 Primary Key 옆의 Foreign Key 탭을 선택한 후 우측 상단의 "+" 버튼을 클릭해 행을 추가해 줍니다. 그리 고 추가된 행의 좌측에서 펜 모양의 아이콘을 클릭해 행을 편집(Edit row)합니다.

그림 2-38 | 테이블 생성 화면의 Constraints 탭의 Foreign Key 부분

행 편집 창이 그림 2-39와 같이 펼쳐지면 Columns 탭으로 이동해 Local column에서는 현재 테이블에서 외래 키로 지정할 열의 ID를 지정합니다. References에서는 참조할 테이블인 회원정보(user_info) 테이블을 지정하고, Referencing에서는 참조할 테이블의 PK이면서 참조할 열인 회원 ID(user_id)를 선택한 후 "Add" 버튼을 클릭해 추가합니다.

그림 2-39 | 테이블 생성 화면의 Constraints 탭의 Foreign Key 추가 방법

그림 2-40과 같이 외래 키가 정상적으로 추가되었음을 확인할 수 있습니다. Name은 지정하지 않으면 자동으로 생성되기 때문에 별도 입력하지 않고, "Save" 버튼을 클릭해 테이블 생성을 완료하겠습니다. 만일 "Save" 버튼을 클릭했는데 에러가 발생한다면 외래 키 제약 조건의 규칙을 만족하지 못한 것으로 참조하는 테이블의 기본 키를 잘못 지정했거나 2개 이상의 기본 키가 존재하는 등 다양한 원인에 의한 것일 수 있습니다.

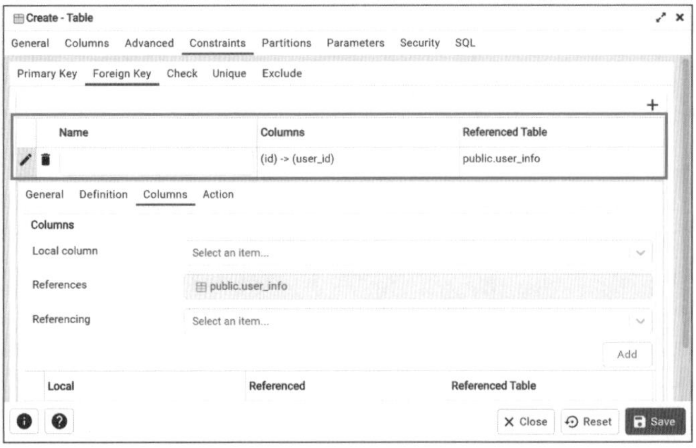

그림 2-40 | 테이블 생성 화면의 Constraints 탭의 Foreign Key 추가된 모습

배송지(arrival) 테이블 생성이 완료되었습니다. 생성된 테이블의 속성(Properties)을 확인해 외래 키가 제대로 설정되었는지 다시 확인해 보겠습니다. arrival 테이블 위에서 마우스를 우클릭한 후 Properties...를 선택하면 해당 테이블의 속성을 확인할 수 있으며 테이블 이름, 열 이름, 데이터 타입 등 다양한 정보를 확인하고 수정할 수 있습니다. 여기서 Constraints 탭으로 이동하면 그림 2-41과 같이 외래 키 지정 현황을 확인할 수 있습니다.

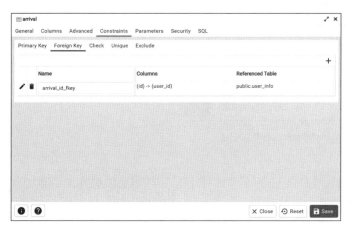

그림 2-41 | 테이블 속성 화면의 Constraints 탭의 Foreign Key 지정 현황

이제 배송지 테이블에 데이터를 입력하도록 하겠습니다. 이에 앞서 실습용 arrival.csv 파일을 살펴보겠습니다. 그림 2-42와 같이 1번째 행에는 열 이름이 표시되고, 2~6번째 행에는 총 5건의 데이터가 저장되어 있는 것을 확인할 수 있습니다.

```
  1  "id","adr_name","adr"
  2  "ahnej01","회사","서울시 강남구"
  3  "ahnej01","집","대전시 서구"
  4  "jangwy02","집","서울시 송파구"
  5  "fall03","회사","서울시 강남구"
  6  "fall03","집","대구시 수성구"
```

그림 2-42 | arrival.csv 파일의 데이터 형태

별도 쿼리 작성 없이 arrival 테이블 위에서 마우스를 우클릭한 후 Import/Export Data... 기능을 이용해 그림 2-43과 같이 실습용 폴더(C:₩SQL-study)에 위치한 arrival.csv 파일을 Import시키겠습니다.

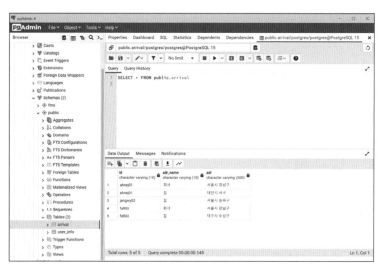

그림 2-43 | Import/Export data 화면의 General 탭(arrival.csv 파일 지정)

csv 파일의 옵션은 이전과 동일하게 Header는 활성화시키고, 구분 기호는 콤마(,), 인용 기호
는 큰따옴표(")로 지정한 후 "OK" 버튼을 클릭해 데이터 입력을 완료하겠습니다.

arrival 테이블 위에서 마우스를 우클릭한 후 View/Edit Data에서 "All Rows"를 선택해 데이
터를 확인해 본 결과, 그림 2-44와 같이 정상적으로 5건이 입력되었음을 확인할 수 있습니다.

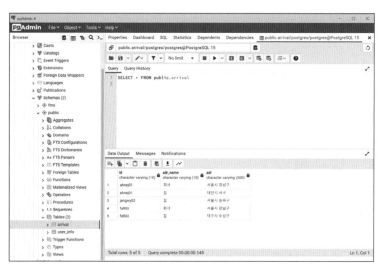

그림 2-44 | View/Edit Data 기능을 이용한 데이터 조회 결과(arrival 테이블)

이렇게 만들어진 회원정보(user_info) 테이블과 배송지(arrival) 테이블의 관계는 그림 2-45와 같습니다. 외래 키 지정을 위해 일부러 부모 테이블인 user_info를 먼저 생성했고, 자녀 테이블의 외래 키(ID)를 만들 때 부모 테이블의 기본 키와 동일한 데이터 타입으로 지정했습니다. 데이터를 통해 테이블의 관계에 대해서 좀 더 살펴보면 회원정보 테이블에는 3명의 회원정보가 저장되어 있고, 배송지 테이블에는 5건의 배송지 정보가 저장되어 있습니다. 안유진 회원의 사례처럼 배송지로 회사와 집을 각각 등록해 2곳이 있을 수도 있기 때문입니다. 이와 같이 기본 키(PK)와 외래 키(FK)는 1:N 구조를 가지는 사례가 많습니다.

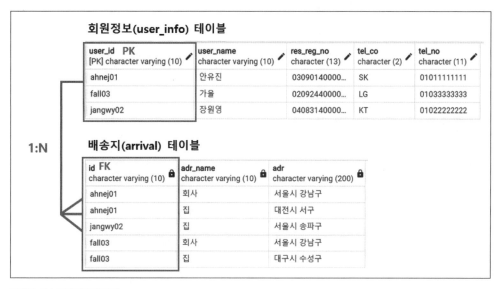

그림 2-45 | 기본 키와 외래 키

❸ Check

Check는 가장 일반적인 제약 조건으로 예를 들어, 주민등록번호의 경우 13자리인데 13자리가 아닌 데이터가 입력되면 저장되지 않도록 설정할 수 있는 조건입니다. 이런 특성을 도메인 무결성(Domain Integrity)이라고 부릅니다. 해당 사례를 그대로 적용해 보기 위해 회원정보(user_info) 테이블 위에서 마우스를 우클릭한 후 Properties...를 선택해 Constraints 탭으로 이동한 다음 Check 탭에서 행을 추가하고, 주민등록번호 열인 res_reg_no의 길이가 13자리인지 Check하는 조건문을 다음과 같이 작성해 추가합니다. length() 함수는 텍스트의 길이를 출력하는 함수로 PostgreSQL에서 열을 구분하는 기호는 큰따옴표(" ")를 쓰기 때문에 length(res_reg_no)로 입력하면 주민등록번호의 글자 수가 출력됩니다. 이때 이 값이 13과 같은지 등호(=)를 통해 지정하면 True일 경우에는 데이터가 저장되고, False일 경우에는 오류가 발생하는 Check 제약 조건이 적용됩니다.

그림 2-46 | 테이블 속성에서 Constraints의 Check 추가 방법

이제 회원정보(user_info) 테이블의 주민등록번호(res_reg_no) 열에 13자리가 안 되는 데이터가 들어가지 않는지 확인해 보도록 하겠습니다. 쿼리(Query)를 이용해 테이블에 데이터를 입력(insert)하는 것은 아직 배우지 않았지만 제약 조건을 확인하기 위해 간단한 데이터를 입력해야 하므로 단순히 Query Tool에서 다음과 같이 쿼리를 입력한 후 실행(Execute, ▶ 아이콘, F5)해 보기를 바랍니다. 참고로 Query Tool은 상단 메뉴의 Tools에서 실행할 수 있습니다.

 코딩 실습

```
INSERT INTO public.user_info VALUES ('liz04','리즈','041121400000',
'SK','01044444444');
```

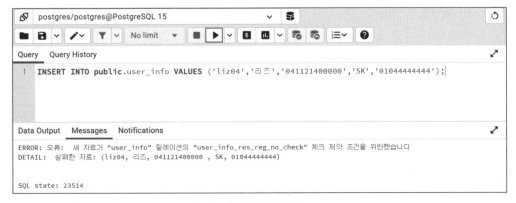

그림 2-47 | 주민등록번호를 12자리만 지정해 데이터 입력 쿼리를 실행해 본 결과

주민등록번호를 13자리가 아닌 12자리(041121400000)만 입력했더니 ERROR가 발생하면
서 user_info_res_reg_no_check 체크 제약 조건을 위반했다는 메시지가 출력되었습니
다. Check 제약 조건이 정상적으로 잘 반영된 것 같습니다. 이제 주민등록번호를 13자리
(0411214000004)로 바꿔서 insert 쿼리를 실행해 보겠습니다.

그림 2-48 | 주민등록번호를 13자리로 지정해 데이터 입력 쿼리를 실행해 본 결과

Query returned successfully라는 메시지와 함께 정상적으로 데이터가 입력되었습니다. View/Edit Data 기능을 이용해 입력된 데이터를 확인해 보면 그림 2-49와 같이 정상적으로 데이터가 입력되었음을 확인할 수 있습니다.

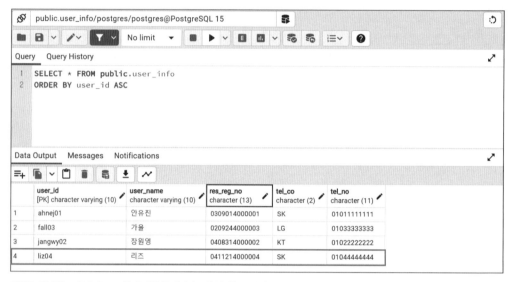

그림 2-49 | View/Edit Data 기능을 이용한 데이터 조회 결과(user_info 테이블)

추가적으로 Unique 제약 조건의 경우 데이터의 특성에 따라 동일한 값이 저장되지 않도록 테이블 생성 시 해당되는 열을 추가해 쉽게 조건을 걸 수 있습니다. 마지막으로 Exclude 제약 조건의 경우 특정 열에서 두 행을 비교할 때 연산자 비교 중 하나 이상이 거짓 또는 NULL 을 반환하도록 설정하는 것으로 상대적으로 활용도가 적습니다.

Structured Query Language

03 실습 환경 만들기

3-1 실습용 데이터 셋

실습에 사용할 데이터 셋(csv)은 저자의 블로그(https://datawithnosense.tistory.com/) 또는 깃허브 (https://github.com/datawithnosense/SQL)에서 다운받을 수 있습니다. 이제부터 가상의 기업을 운영하는 김 대표가 되어 업무에서 SQL을 활용해 보도록 하겠습니다.

김 대표는 글로벌 축산기업을 만들겠다는 원대한 꿈을 안고 양계산업에 뛰어들었습니다. 대학에서 경영학을 전공하고, 누구나 선망하는 대기업 경영전략실에서 5년간 근무했지만 언젠간 본인의 사업을 하겠다는 꿈이 있었기에 회사를 박차고 나와 양계농장을 차렸습니다. 회사를 다니면서 양계산업의 규모, 성장 가능성, 경쟁사 현황 분석 등 철저한 준비를 마쳤기 때문에 자신감이 넘쳤고, 이제부터 자신만의 회사를 성장시킬 생각에 가슴이 벅차올랐습니다. 김 대표는 데이터 기반의 육계생산을 위해 자체적으로 FMS(Farm Management System)라는 농장관리시스템을 구축해 데이터를 수집하고 있습니다.

실습용 데이터 셋은 그림 2-50과 같이 총 7개로 하나의 데이터 셋이 하나의 테이블입니다.

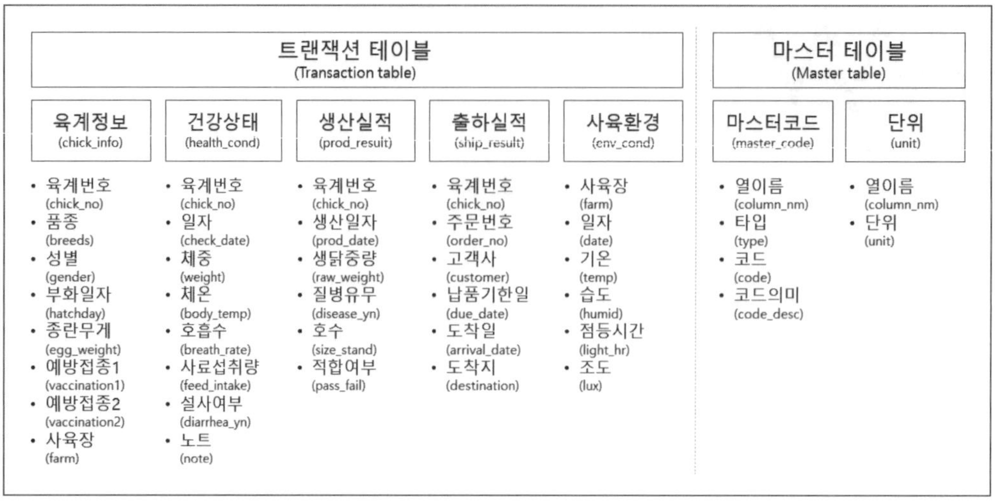

그림 2-50 | 실습용 데이터 셋 개요

테이블은 크게 트랜잭션(Transaction)과 마스터(Master) 2종류로 구분됩니다. 트랜잭션 테이블은 시간의 개념이 포함되어 값이 자주 변경되는 데이터가 저장되는 테이블을 뜻하고, 마스터 테이블은 트랜잭션 테이블에서 참조하는 테이블로 상대적으로 자주 변경되지 않고 시간과는 무관한 값이 저장되는 테이블입니다.

1 육계정보(chick_info)

육계정보 테이블은 현재 사육하고 있는 닭의 기본적인 데이터가 저장되고 있는 테이블로 육계번호(chick_no)에 따른 품종(breeds), 성별(gender), 부화일자(hatchday), 종란(태어난 달걀)무게(egg_weight), 예방접종(vaccination) 여부 등을 확인할 수 있습니다. 육계번호(chick_no)의 경우 "사육장+부화 연도+성별+태어난 순서"가 포함되어 있으며 8자리로 이루어져 있습니다. 예를 들어, 육계번호가 A2310001이라면 A사육장에서 2023년도에 1번째로 태어난 병아리로 성별은 수컷(넷째 자리, 1)을 뜻합니다. 품종은 Cornish, Cochin, Brahma, Dorking의 총 4가지로 각각 C1, C2, B1, D1으로 코드화되어 저장되어 있습니다.

chick_no	breeds	gender	hatchday	egg_weight	vaccination1	vaccination2	farm
A2310001	C1	M	2023-01-01	65	1	1	A
A2310002	C1	M	2023-01-01	62	1	1	A
A2310003	C1	M	2023-01-01	67	1	1	A
A2300004	C1	F	2023-01-01	69	1	1	A
A2300005	C1	F	2023-01-01	70	1	1	A

그림 2-51 | 육계정보(chick_info) 테이블의 일부 데이터

② 건강상태(health_cond)

건강상태 테이블에는 닭을 사육하는 30일 동안 3차례 실시한 건강검진 데이터가 저장되어 있습니다. 체중(weight), 체온(body_temp), 호흡수(1분당 횟수, breath_rate), 사료섭취량(g/day, feed_intake), 설사여부(diarrhea_yn)를 확인할 수 있으며, 특이점이 있을 경우 노트(note)를 입력할 수도 있습니다.

chick_no	check_date	weight	body_temp	breath_rate	feed_intake	diarrhea_yn	note
B2310016	2023-01-30	1886	41.3	64	106	N	
B2310017	2023-01-30	1877	40.9	61	108	N	
B2310018	2023-01-30	1820	41.4	65	108	N	
B2310019	2023-01-30	1711	45.2	81	83	Y	체온이 45도를 넘어가고, 호흡수가 빠르며 사료 섭취량이 20% 가량 줄었음
B2300020	2023-01-30	1804	41.7	65	108	N	

그림 2-52 | 건강상태(health_cond) 테이블의 일부 데이터

③ 생산실적(prod_result)

생산실적 테이블에는 사육기간이 끝난 후 생닭으로 가공된 결과가 저장됩니다. 생산일자(prod_date), 생닭중량(raw_weight), 질병유무(disease_yn), 호수(size_stand), 적합여부(pass_fail)를 확인할 수 있습니다. 질병에 걸렸거나 호수가 충족되지 못할 경우 부적합으로 판정될 수 있습니다.

chick_no	prod_date	raw_weight	disease_yn	size_stand	pass_fail
A2310001	2023-01-31	1136	N	11	P
A2310002	2023-01-31	1173	N	12	P
A2310003	2023-01-31	1167	N	12	P
A2300004	2023-01-31	1154	N	12	P
A2300005	2023-01-31	1160	N	12	P

그림 2-53 | 생산실적(prod_result) 테이블의 일부 데이터

④ 출하실적(ship_result)

출하실적 테이블에는 고객사로 납품되는 데이터가 저장되어 있습니다. 주문번호(order_no), 고객사(customer), 납품기한일(due_date), 도착일(arrival_date), 도착지(destination)를 확인할 수 있습니다.

chick_no	order_no	customer	due_date	arrival_date	destination
A2310001	B001	BBQUEEN	2023-02-05	2023-02-05	부산
A2310002	M002	MAXCANA	2023-02-05	2023-02-04	당진
A2310003	M002	MAXCANA	2023-02-05	2023-02-04	당진
A2300004	M001	MAXCANA	2023-02-05	2023-02-05	대전
A2300005	M001	MAXCANA	2023-02-05	2023-02-05	대전

그림 2-54 | 출하실적(ship_result) 테이블의 일부 데이터

⑤ 사육환경(env_cond)

사육환경 테이블에는 사육장별로 사육기간 동안 매일의 기온(temp), 습도(humid), 점등시간(light_hr), 조도(빛의 양, lux) 등의 데이터가 저장되어 있습니다.

farm	date	temp	humid	light_hr	lux
A	2023-01-01	35	60	23	15
A	2023-01-02	35	60	23	15
A	2023-01-03	34	60	23	15
A	2023-01-04	33	60	23	15
A	2023-01-05	33	60	14	10

그림 2-55 | 사육환경(env_cond) 테이블의 일부 데이터

6 마스터코드(master_code)

마스터코드 테이블은 코드화되어 있는 데이터를 설명해 주는 테이블입니다.

column_nm	type	code	code_desc
breeds	txt	C1	Cornish
breeds	txt	C2	Cochin
breeds	txt	B1	Brahma
breeds	txt	D1	Dorking
gender	txt	M	Male
gender	txt	F	Female
vaccination1	binary	0	미접종
vaccination1	binary	1	접종

그림 2-56 | 마스터코드(master_code) 테이블의 데이터

7 단위(unit)

단위 테이블은 정확한 데이터 제공을 위해 측정값이 저장된 열의 단위를 입력해 놓은 테이블입니다.

column_nm	unit
egg_weight	g
weight	g
body_temp	℃
breath_rate	cnt/min
feed_intake	g/day
temp	℃
humid	%
light_hr	hr/day
lux	lx

그림 2-57 | 단위(unit) 테이블의 데이터

3-2 테이블 명세서

테이블을 만들기 전에 데이터 셋을 이용해 테이블 명세서를 작성해야 합니다. 테이블 명세서는 테이블과 열에 관한 정보를 나타낸 표로 열의 데이터 타입, NULL 허용 여부, 기본 키(PK) 여부 등을 정리한 것입니다. 테이블을 만들기 전에 이런 제약 조건을 제대로 정하지 않으면 데이터 길이가 맞지 않아 데이터 저장이 안 될 수도 있고, 중복된 데이터가 입력될 수도 있습니다. 그리고 테이블과 열 이름은 주로 축약된 영어 단어로 만들기 때문에 우리말로 무엇을

뜻하는지 설명(Comment)을 입력해야 이후에 다른 사람이 보더라도 이해가 쉽습니다. 테이블 명세서 양식은 정형화된 것은 없으나 주로 그림 2-58과 같은 형태와 항목을 담고 있습니다.

TABLE_NAME	TABLE_COMMENT	COLUMN_NAME	COLUMN_COMMENT	NULL허용불가	PK	FK	TYPE
chick_info	육계정보	chick_no	육계번호	Not NULL	O		character(8)
chick_info	육계정보	breeds	품종	Not NULL			character(2)
chick_info	육계정보	gender	성별	Not NULL			character(1)
chick_info	육계정보	hatchday	부화일자	Not NULL			date
chick_info	육계정보	egg_weight	종란무게	Not NULL			smallint
chick_info	육계정보	vaccination1	예방접종1	NULL			smallint
chick_info	육계정보	vaccination2	예방접종2	NULL			smallint
chick_info	육계정보	farm	사육장	Not NULL			character(1)
health_cond	건강상태	chick_no	육계번호	Not NULL		O	character(8)
health_cond	건강상태	check_date	검사일자	Not NULL			date
health_cond	건강상태	weight	체중	Not NULL			smallint
health_cond	건강상태	body_temp	체온	Not NULL			numeric(3,1)
health_cond	건강상태	breath_rate	호흡수	Not NULL			smallint
health_cond	건강상태	feed_intake	사료섭취량	Not NULL			smallint
health_cond	건강상태	diarrhea_yn	설사여부	Not NULL			character(1)

그림 2-58 | 테이블 명세서 예시

3-3 실습용 테이블 만들기

데이터 셋과 테이블 명세서 준비가 완료되었으니 테이블을 만들어 보겠습니다. Database 는 postgres를 그대로 사용하고, Schema를 하나 더 생성해 그 안에 테이블을 생성하겠습니다. postgres의 Schemas 위에서 마우스를 우클릭해 새로운 Schema를 생성(create)합니다.

그림 2-59와 같이 스키마의 이름은 "fms"로 하고, Comment에는 "농장관리시스템(Farm Management System) DB" 라고 입력합니다. 그런 다음 "Save" 버튼을 클릭해 스키마를 생성합니다.

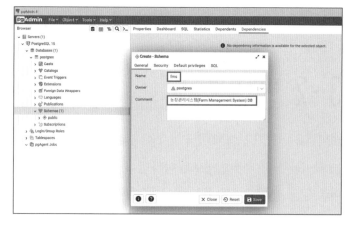

그림 2-59 | Schema 생성

fms 스키마에 7개의 테이블을 생성하겠습니다. 기본 키(PK)가 존재하는 육계정보(chick_info) 테이블을 가장 먼저 만들어 줍니다. Tables에서 마우스를 우클릭한 후 테이블을 생성합니다. 그림 2-60과 같이 General 탭에서 테이블 이름에는 "chick_info", Comment에는 "육계정보"를 입력합니다.

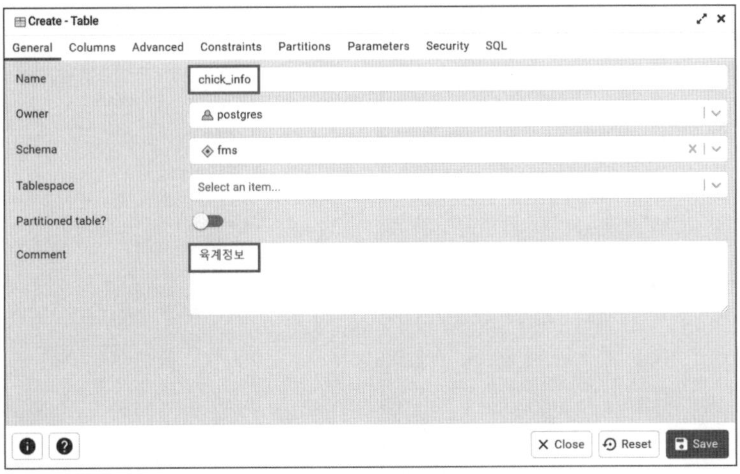

그림 2-60 | 육계정보(chick_info) 테이블의 General 탭

그림 2-61과 같이 Columns 탭으로 이동해 테이블 명세서에 따라 열 이름(Name)을 입력하고, 데이터 타입(Data type), 길이(Length), Not NULL?, Primary key?를 설정합니다.

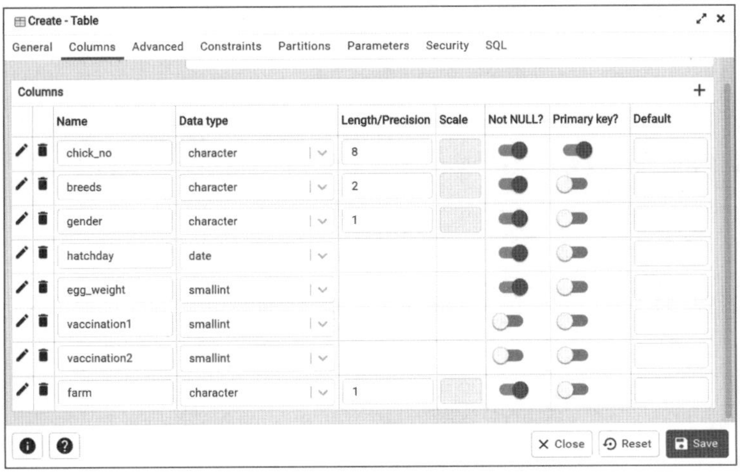

그림 2-61 | 육계정보(chick_info) 테이블의 Columns 탭

열 정보까지 설정이 완료되었으면 "Save" 버튼을 클릭해 육계정보 테이블을 생성합니다. 이제 만들어진 테이블에 데이터를 집어넣겠습니다. chick_info 테이블 위에서 마우스를 우클릭한 후 Import/Export Data…를 선택합니다. 그리고 그림 2-26와 같이 미리 받아놓은 위치 (C:₩SQL-study)의 데이터 셋 파일(chick_info.csv)을 지정합니다.

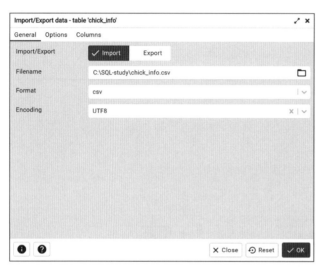

그림 2-62 | 육계정보(chick_info) 테이블 Import/Export data 화면의 General 탭

Options 탭으로 이동해 Header가 존재함을 체크하고, 그림 2-63과 같이 옵션을 지정합니다.

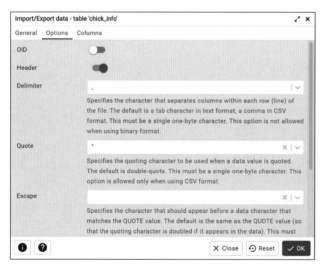

그림 2-63 | 육계정보(chick_info) 테이블 Import/Export data 화면의 Options 탭

그런 다음 "OK" 버튼을 클릭하면 그림 2-64와 같이 csv 파일의 데이터 셋이 chick_info 테이블로 Import됩니다.

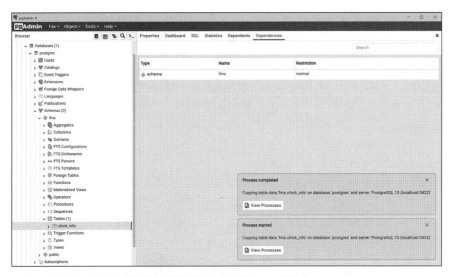

그림 2-64 | 육계정보(chick_info) 테이블에 성공적으로 데이터가 Import된 결과

chick_info 테이블 위에서 마우스를 우클릭한 후 View/Edit Data에서 "All Rows"를 선택해 데이터를 확인해 본 결과, 그림 2-65와 같이 잘 들어간 것을 확인할 수 있습니다.

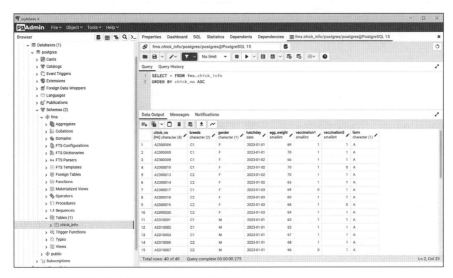

그림 2-65 | 육계정보(chick_info) 테이블의 데이터 조회 결과

이와 동일한 방법으로 건강상태(health_cond) 테이블을 생성하고, 데이터를 Import시켜 보도록 하겠습니다. 그림 2-66과 같이 "health_cond"라는 이름으로 테이블을 만들고, Comment 에는 "건강상태"를 입력합니다.

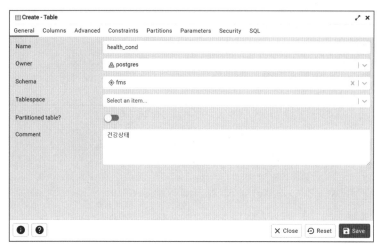

그림 2-66 │ 건강상태(health_cond) 테이블의 General 탭

열은 테이블 명세서를 참고해 그림 2-67과 같이 입력하고 설정합니다.

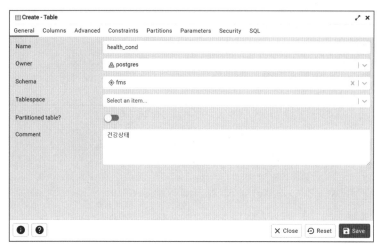

그림 2-67 │ 건강상태(health_cond) 테이블의 Columns 탭

이제 Constraints 탭으로 이동해 chick_no를 외래 키(FK)로 설정합니다.

그림 2-68 | 건강상태(health_cond) 테이블 Constraints 탭의 FK 지정 1

References는 chick_info 테이블이고, Referencing은 chick_no입니다. 지정 후 "Add" 버튼을 클릭하면 그림 2-69와 같이 추가됩니다.

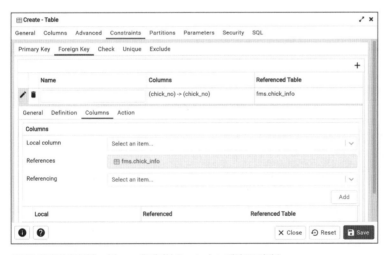

그림 2-69 | 건강상태(health_cond) 테이블 Constraints 탭의 FK 지정 2

외래 키까지 설정이 완료되었으니 "Save" 버튼을 클릭해 테이블 생성을 마치고 이전과 동일한 방법으로 데이터 셋 파일(health_cond.csv)을 Import시킵니다.

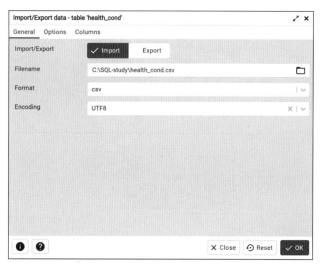

그림 2-70 | 건강상태(health_cond) 테이블 Import/Export data 화면의 General 탭

Options 탭의 경우 이전 정보가 자동으로 남아 있기 때문에 "OK" 버튼을 클릭하면 Import가 완료됩니다. health_cond 테이블의 데이터를 조회해 본 결과, 그림 2-71과 같이 정상적으로 들어 있음을 확인할 수 있습니다.

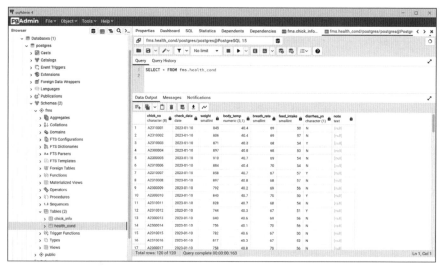

그림 2-71 | 건강상태(health_cond) 테이블의 데이터 조회 결과

이와 동일한 방법으로 나머지 5개 테이블도 생성하고, 데이터 셋 파일을 Import시키면 실습 준비가 마무리됩니다. 그림 2-72~그림 2-76의 열 설정 이미지를 참고해 직접 만들어 보기를 바랍니다.

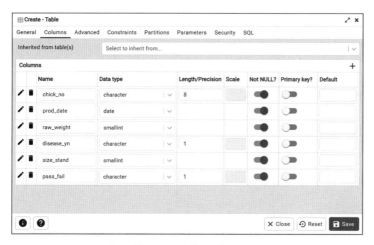

그림 2-72 | 생산실적(prod_result) 테이블의 Columns 탭

그림 2-73 | 출하실적(ship_result) 테이블의 Columns 탭

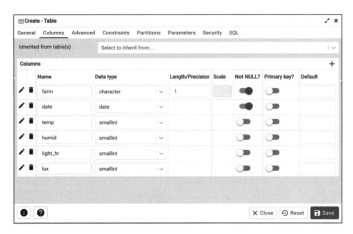

그림 2-74 | 사육환경(env_cond) 테이블의 Columns 탭

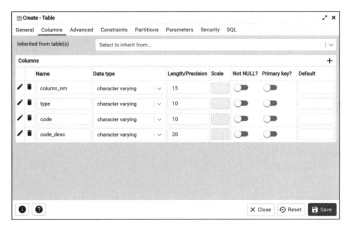

그림 2-75 | 마스터코드(master_code) 테이블의 Columns 탭

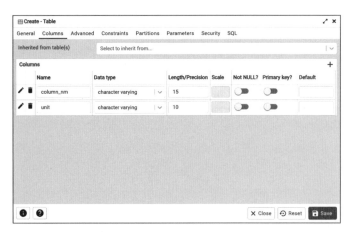

그림 2-76 | 단위(unit) 테이블의 Columns 탭

추가로 열별로 코멘트(Comment)를 입력하는 방법을 설명하겠습니다. 코멘트는 약어나 별도의 네이밍 규칙으로 열 이름을 생성할 경우 해당 열이 어떤 의미인지 확인하기 위해 입력합니다. 모든 열을 대상으로 하나씩 다 입력해야 하기 때문에 하나만 설명하고, 나머지는 직접 해보기를 바랍니다. 그림 2-77과 같이 육계정보(chick_info) 테이블의 Columns의 chick_no열에서 마우스를 우클릭한 후 Properties...를 선택합니다.

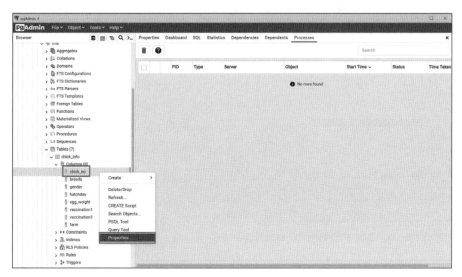

그림 2-77 | 열 속성(Properties...)

chick_no는 육계번호이기 때문에 General 탭의 Comment에 "육계번호"라고 입력한 후 "Save" 버튼을 클릭하면 코멘트가 저장됩니다.

그림 2-78 | chick_no열의 General 탭

이렇게 pgAdmin을 이용해 GUI(Graphic User Interface) 기반에서 실습용 테이블을 만들고, 코멘트를 입력했습니다. 만일 누군가가 이렇게 테이블을 만들어 놓았다면 다른 사람들은 Scripts를 이용해 쿼리로 한번에 바로 만들 수도 있습니다. 육계정보(chick_info) 테이블 위에서 마우스를 우클릭한 후 Scripts를 선택하면 5가지 스크립트를 선택할 수 있는데 여기서 가장 위의 "CREATE Script"를 클릭합니다.

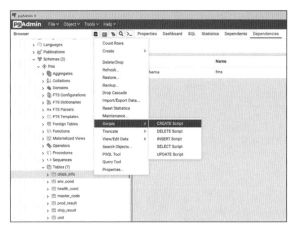

그림 2-79 | 육계정보(chick_info) 테이블에서 Scripts의 CREATE Script

우측 패널에 그림 2-80과 같이 자동으로 육계정보(chick_info) 테이블을 만들어 주는 쿼리가 생성됩니다. 열별 데이터 타입 및 제약 조건까지 알아서 다 만들어 주기 때문에 쿼리만 실행하면 쉽고 빠르게 동일한 테이블 생성이 가능합니다.

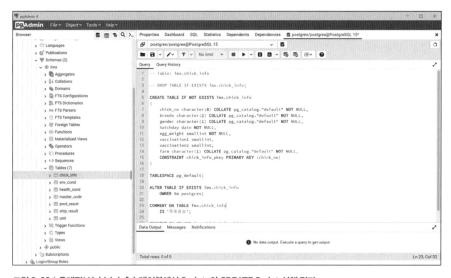

그림 2-80 | 육계정보(chick_info) 테이블에서 Scripts의 CREATE Script 실행 결과

아직 학습하지는 않았지만 실습용 테이블 생성의 편의를 위해 테이블별 CREATE Script SQL 문을 순서대로 정리했으며 블로그에도 업로드했으니 이용해 보기를 바랍니다.

1 육계정보(chick_info)

```
CREATE TABLE IF NOT EXISTS fms.chick_info
(
    chick_no character(8) COLLATE pg_catalog."default" NOT NULL,
    breeds character(2) COLLATE pg_catalog."default" NOT NULL,
    gender character(1) COLLATE pg_catalog."default" NOT NULL,
    hatchday date NOT NULL,
    egg_weight smallint NOT NULL,
    vaccination1 smallint,
    vaccination2 smallint,
    farm character(1) COLLATE pg_catalog."default" NOT NULL,
    CONSTRAINT chick_info_pkey PRIMARY KEY (chick_no)
)

TABLESPACE pg_default;

ALTER TABLE IF EXISTS fms.chick_info
    OWNER to postgres;

COMMENT ON TABLE fms.chick_info
    IS '육계정보';

COMMENT ON COLUMN fms.chick_info.chick_no
    IS '육계번호';

COMMENT ON COLUMN fms.chick_info.breeds
    IS '품종';

COMMENT ON COLUMN fms.chick_info.gender
```

        IS '성별';

    COMMENT ON COLUMN fms.chick_info.hatchday
        IS '부화일자';

    COMMENT ON COLUMN fms.chick_info.egg_weight
        IS '종란무게';

    COMMENT ON COLUMN fms.chick_info.vaccination1
        IS '예방접종1';

    COMMENT ON COLUMN fms.chick_info.vaccination2
        IS '예방접종2';

    COMMENT ON COLUMN fms.chick_info.farm
        IS '사육장';

2 건강상태(health_cond)

```
CREATE TABLE IF NOT EXISTS fms.health_cond
(
    chick_no character(8) COLLATE pg_catalog."default" NOT NULL,
    check_date date NOT NULL,
    weight smallint NOT NULL,
    body_temp numeric(3,1) NOT NULL,
    breath_rate smallint NOT NULL,
    feed_intake smallint NOT NULL,
    diarrhea_yn character(1) COLLATE pg_catalog."default" NOT NULL,
    note text COLLATE pg_catalog."default",
    CONSTRAINT health_cond_chick_no_fkey FOREIGN KEY (chick_no)
        REFERENCES fms.chick_info (chick_no) MATCH SIMPLE
```

```
        ON UPDATE NO ACTION
        ON DELETE NO ACTION
)

TABLESPACE pg_default;

ALTER TABLE IF EXISTS fms.health_cond
    OWNER to postgres;

COMMENT ON TABLE fms.health_cond
    IS '건강상태';

COMMENT ON COLUMN fms.health_cond.chick_no
    IS '육계번호';

COMMENT ON COLUMN fms.health_cond.check_date
    IS '검사일자';

COMMENT ON COLUMN fms.health_cond.weight
    IS '체중';

COMMENT ON COLUMN fms.health_cond.body_temp
    IS '체온';

COMMENT ON COLUMN fms.health_cond.breath_rate
    IS '호흡수';

COMMENT ON COLUMN fms.health_cond.feed_intake
    IS '사료섭취량';

COMMENT ON COLUMN fms.health_cond.diarrhea_yn
    IS '설사여부';

COMMENT ON COLUMN fms.health_cond.note
    IS '노트';
```

❸ 생산실적(prod_result)

```
CREATE TABLE IF NOT EXISTS fms.prod_result
(
    chick_no character(8) COLLATE pg_catalog."default" NOT NULL,
    prod_date date NOT NULL,
    raw_weight smallint NOT NULL,
    disease_yn character(1) COLLATE pg_catalog."default" NOT NULL,
    size_stand smallint NOT NULL,
    pass_fail character(1) COLLATE pg_catalog."default" NOT NULL,
    CONSTRAINT prod_result_chick_no_fkey FOREIGN KEY (chick_no)
        REFERENCES fms.chick_info (chick_no) MATCH SIMPLE
        ON UPDATE NO ACTION
        ON DELETE NO ACTION
)

TABLESPACE pg_default;

ALTER TABLE IF EXISTS fms.prod_result
    OWNER to postgres;

COMMENT ON TABLE fms.prod_result
    IS '생산실적';

COMMENT ON COLUMN fms.prod_result.chick_no
    IS '육계번호';

COMMENT ON COLUMN fms.prod_result.prod_date
    IS '생산일자';

COMMENT ON COLUMN fms.prod_result.raw_weight
    IS '생닭중량';
```

```
COMMENT ON COLUMN fms.prod_result.disease_yn
    IS '질병유무';


COMMENT ON COLUMN fms.prod_result.size_stand
    IS '호수';


COMMENT ON COLUMN fms.prod_result.pass_fail
    IS '적합여부';
```

4 출하실적(ship_result)

```
CREATE TABLE IF NOT EXISTS fms.ship_result
(
    chick_no character(8) COLLATE pg_catalog."default" NOT NULL,
    order_no character(4) COLLATE pg_catalog."default" NOT NULL,
    customer character varying(20) COLLATE pg_catalog."default" NOT NULL,
    due_date date NOT NULL,
    arrival_date date,
    destination character varying(10) COLLATE pg_catalog."default" NOT NULL,
    CONSTRAINT ship_result_chick_no_fkey FOREIGN KEY (chick_no)
        REFERENCES fms.chick_info (chick_no) MATCH SIMPLE
        ON UPDATE NO ACTION
        ON DELETE NO ACTION
)

TABLESPACE pg_default;

ALTER TABLE IF EXISTS fms.ship_result
    OWNER to postgres;
```

```
COMMENT ON TABLE fms.ship_result
    IS '출하실적';


COMMENT ON COLUMN fms.ship_result.chick_no
    IS '육계번호';


COMMENT ON COLUMN fms.ship_result.order_no
    IS '주문번호';


COMMENT ON COLUMN fms.ship_result.customer
    IS '고객사';


COMMENT ON COLUMN fms.ship_result.due_date
    IS '납품기한일';


COMMENT ON COLUMN fms.ship_result.arrival_date
    IS '도착일';


COMMENT ON COLUMN fms.ship_result.destination
    IS '도착지';
```

5 사육환경(env_cond)

```
CREATE TABLE IF NOT EXISTS fms.env_cond
(
    farm character(1) COLLATE pg_catalog."default" NOT NULL,
    date date NOT NULL,
    temp smallint,
    humid smallint,
    light_hr smallint,
```

```
    lux smallint
)

TABLESPACE pg_default;

ALTER TABLE IF EXISTS fms.env_cond
    OWNER to postgres;

COMMENT ON TABLE fms.env_cond
    IS '사육환경';

COMMENT ON COLUMN fms.env_cond.farm
    IS '사육장';

COMMENT ON COLUMN fms.env_cond.date
    IS '일자';

COMMENT ON COLUMN fms.env_cond.temp
    IS '기온';

COMMENT ON COLUMN fms.env_cond.humid
    IS '습도';

COMMENT ON COLUMN fms.env_cond.light_hr
    IS '점등시간';

COMMENT ON COLUMN fms.env_cond.lux
    IS '조도';
```

6 마스터코드(master_code)

```
CREATE TABLE IF NOT EXISTS fms.master_code
(
    column_nm character varying(15) COLLATE pg_catalog."default",
    type character varying(10) COLLATE pg_catalog."default",
    code character varying(10) COLLATE pg_catalog."default",
    code_desc character varying(20) COLLATE pg_catalog."default"
)

TABLESPACE pg_default;

ALTER TABLE IF EXISTS fms.master_code
    OWNER to postgres;

COMMENT ON TABLE fms.master_code
    IS '마스터코드';

COMMENT ON COLUMN fms.master_code.column_nm
    IS '열이름';

COMMENT ON COLUMN fms.master_code.type
    IS '타입';

COMMENT ON COLUMN fms.master_code.code
    IS '코드';

COMMENT ON COLUMN fms.master_code.code_desc
    IS '코드의미';
```

7 단위(unit)

```
CREATE TABLE IF NOT EXISTS fms.unit
(
    column_nm character varying(15) COLLATE pg_catalog."default",
    unit character varying(10) COLLATE pg_catalog."default"
)

TABLESPACE pg_default;

ALTER TABLE IF EXISTS fms.unit
    OWNER to postgres;

COMMENT ON TABLE fms.unit
    IS '단위';

COMMENT ON COLUMN fms.unit.column_nm
    IS '열이름';

COMMENT ON COLUMN fms.unit.unit
    IS '단위';
```

| 핵 | 심 | 요 | 약 |

1 PostgreSQL의 계층 구조

Servers > Databases > Schemas > Tables > Data

2 PostgreSQL의 주요 데이터 타입

구분	이름	크기	설명
수치형	smallint	2bytes	정수형
	integer	4bytes	
	bigint	8bytes	
	numeric(Length,Scale)	variable	정밀한 숫자
	real	4bytes	부동 소수점
	double precision	8bytes	
날짜/시간형	date	4bytes	날짜
	time	4bytes	시간
	timestamp without time zone	8bytes	날짜와 시간
문자형	character varying(n)	-	가변 길이 문자형, 문자 길이≤n : 그대로 저장
	character(n)	-	고정 길이 문자형, 문자 길이≤n : 공백 추가해 길이 n으로 저장
	text	-	제한 없는 가변 길이 문자형

3 기본 키(PK)와 외래 키(FK)

- 기본 키(Primary Key)는 테이블에서 주식별자로 지정하며 해당 열에 동일한 값이 없어야(UNIQUE) 하고, 빈 값(NULL)을 허용하지 않음(개체 무결성)
- 외래 키(Foreign Key)는 기본 키를 참조하는 열로 NULL값과 중복값을 허용함

| 연 | 습 | 문 | 제 |

1 다음 중 PostgreSQL 데이터베이스에 접속할 수 있는 도구가 <u>아닌</u> 것은 무엇인가요?

① pgAdmin   ② DBeaver
③ SQL Developer   ④ HeidiSQL

2 다음 중 대표적인 DBMS와 기본 포트 번호가 올바르게 연결된 것은 무엇인가요?

① PostgreSQL – 5432   ② MS-SQL – 1521
③ Oracle – 3306   ④ MySQL – 1433

3 다음 중 PostgreSQL에서 제공하는 데이터 타입이 <u>아닌</u> 것은 무엇인가요?

① real   ② inet   ③ html   ④ json

4 PostgreSQL의 대표적인 제약 조건이 <u>아닌</u> 것은 무엇인가요?

① Primary Key   ② Foreign Key
③ Check   ④ Include

5 외래 키 값이 기본 키와 동일하거나 NULL값을 가진다는 특성을 무엇이라고 하나요?

3

학습목표

- 데이터를 조회하고, 정렬할 수 있습니다.
- 원하는 데이터만 필터링해 조회할 수 있습니다.
- 데이터를 집계할 수 있습니다.
- 데이터의 타입을 변환할 수 있습니다.
- 조건문을 사용할 수 있습니다.

데이터
조회하기(기초)

실습용 테이블을 이용해 본격적으로 SQL에 대해서 알아보고,

가장 많이 사용하는 SELECT문을 이용해 자유자재로 데이터를

조회할 수 있도록 실습해 보겠습니다.

Structured Query Language

01 데이터 조회 및 정렬

1-1 주석과 쿼리 실행하기

다른 프로그래밍 언어와 마찬가지로 SQL에서도 주석은 매우 중요합니다. 테이블에 열이 많거나 여러 테이블이 복잡하게 조인(join)되어 있을 경우 주석이 없다면 쿼리를 이해하는 데 오랜 시간이 소요될 수밖에 없기 때문입니다.

SQL에서 한 줄의 주석을 적용할 경우에는 "- -"와 같이 하이픈(-) 기호를 2개 연속으로 붙여 주석 앞에 붙입니다.

```
-- 육계정보 테이블의 전체 데이터 조회
SELECT * FROM fms.chick_info;
```

주석이 여러 줄일 경우에는 "/ * 주석 */"와 같이 주석의 처음과 끝에 슬래시(/)와 별표(*) 기호를 붙여주면 됩니다.

```
/* 건강상태 테이블의
전체 데이터 조회 */
SELECT * FROM fms.health_cond;
```

Tools 메뉴의 Query Tool에서 쿼리를 입력하고 실행시키려면 F5를 누르거나 Query Tool
의 실행 아이콘(Execute/Refresh, ▶)을 클릭하면 됩니다.

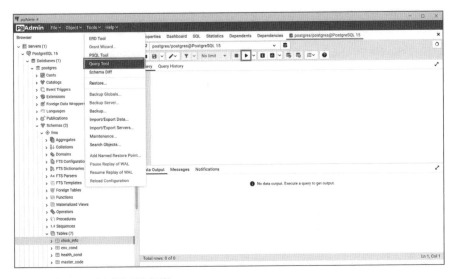

그림 3-1 | Query Tool과 쿼리 실행 아이콘

만일 쿼리가 정상적으로 실행되지 않고 릴레이션(relation)이 없다는 에러가 발생하면 다른 데
이터베이스로 접속된 것일 수 있습니다. Query Tool 상단의 연결(connection) 기능을 이용해
postgres 데이터베이스(postgres/postgres@PostgreSQL 15)에 정상적으로 연결되어 있는지 확인
한 후 그렇지 않다면 다시 연결해야 합니다.

1-2 전체 데이터 조회하기

쿼리는 데이터를 조회하는 데 가장 자주 사용하며 명령어는 SELECT로 시작합니다. 이런 SELECT절(clause)의 가장 기본적인 형식은 다음과 같습니다.

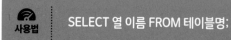 **사용법** | SELECT 열 이름 FROM 테이블명;

말 그대로 특정 테이블에서 특정 열만 선택해 데이터를 조회한다고 생각하면 됩니다. 여기서 열 이름에 *(별표)를 입력하면 FROM에 해당되는 테이블의 모든 열의 데이터를 조회한다는 뜻입니다. 육계정보(chick_info) 테이블의 모든 데이터를 조회한다면 다음과 같이 쿼리를 입력하고 실행(F5)하면 됩니다.

⚙️ **코딩 실습** | SELECT * FROM fms.chick_info;

	chick_no [PK] character (8)	breeds character (2)	gender character (1)	hatchday date	egg_weight smallint	vaccination1 smallint	vaccination2 smallint	farm character (1)
1	A2310001	C1	M	2023-01-01	65	1	1	A
2	A2310002	C1	M	2023-01-01	62	1	1	A
3	A2310003	C1	M	2023-01-01	67	1	1	A
4	A2300004	C1	F	2023-01-01	69	1	1	A
5	A2300005	C1	F	2023-01-01	70	1	1	A
6	A2310006	C2	M	2023-01-01	68	1	1	A
7	A2310007	C2	M	2023-01-01	66	0	1	A
8	A2310008	C2	M	2023-01-01	69	1	0	A
9	A2300009	C1	F	2023-01-02	66	1	1	A
10	A2300010	C1	F	2023-01-02	70	1	0	A
11	A2310011	C2	M	2023-01-02	69	1	1	A

Total rows: 40 of 40   Query complete 00:00:00.072

그림 3-2 | 육계정보(chick_info) 테이블의 전체 데이터 조회 쿼리 실행 결과

1-3 전체 데이터 개수 출력하기

데이터를 조회하다 보면 데이터 개수(행수)가 얼마나 되는지 확인해야 할 경우가 있습니다. 이때에는 다음과 같이 SELECT절의 열 이름 부분에 count() 함수만 추가하면 됩니다.

사용법 SELECT count(열 이름) FROM 테이블명;

육계정보 테이블의 경우 닭 40마리의 데이터가 입력되어 있는데 정말로 40마리 데이터가 존재하는지 쿼리로 알아보겠습니다.

코딩 실습 SELECT count(*) FROM fms.chick_info;

Data Output	Messages	Notifications

	count bigint 🔒
1	40

Total rows: 1 of 1   Query complete 00:00:00.075

그림 3-3 | 육계정보(chick_info) 테이블의 전체 데이터 개수 조회 쿼리 실행 결과

쿼리 실행 결과, count가 40개로 출력됨을 확인할 수 있습니다. 실습용 데이터 셋의 경우에는 데이터량이 많지 않으나 실무에서 수십만 건의 데이터를 조회할 경우에는 SELECT만으로는 시간이 오래 걸리고, 화면의 스크롤을 한참 내려야 전체 데이터가 표시되기 때문에 count() 함수를 이용해 데이터 개수를 조회하는 방법을 꼭 알아야 합니다.

1-4 원하는 열만 조회하기

모든 열의 데이터를 조회할 경우도 있지만 특정 열의 데이터만 조회할 경우도 있습니다. 테이블에 열이 몇 개 없으면 다 조회해도 무관하지만 수십 개가 존재한다면 원하는 열만 추려서 볼 필요가 있습니다. 이때에는 다음과 같이 콤마로 구분해 원하는 열을 적어주면 됩니다.

 사용법 | SELECT 열 이름1, 열 이름2, 열 이름3, ⋯ FROM 테이블명;

육계정보 테이블에는 총 8개의 열이 존재하는데 여기서는 육계번호(chick_no), 부화일자(hatchday), 종란무게(egg_weight)의 3개 열 데이터만 조회해 보겠습니다.

 코딩 실습 | SELECT chick_no, hatchday, egg_weight FROM fms.chick_info;

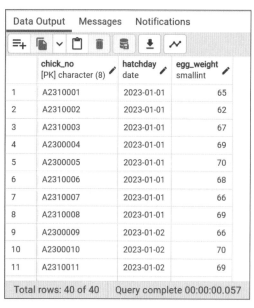

그림 3-4 | 육계정보(chick_info) 테이블의 특정 3개 열 조회 쿼리 실행 결과

1-5 열 이름 바꿔 조회하기

데이터를 조회하다 보면 열 이름을 변경해야 할 경우가 있습니다. 예를 들어, 영어로 된 열 이름을 알아보기 편하게 한글로 변환한다든가, 열 이름이 너무 길 경우 약자로 표현할 수도 있을 것입니다. 이런 때에는 다음과 같이 열 이름을 변경하면 됩니다.

 사용법

SELECT 열 이름 as 새 이름 FROM 테이블명;
SELECT 열 이름 "새 이름" FROM 테이블명;

위와 같이 방식은 2가지입니다. 여기서는 육계정보 테이블의 chick_no의 열 이름을 줄여서 cn으로 만들고, hatchday의 열 이름은 한글인 "부화일자"로 표시될 수 있도록 변환해 데이터를 조회해 보겠습니다.

 코딩 실습

SELECT chick_no as cn, hatchday "부화일자" FROM fms.chick_info;

Data Output Messages Notifications

cn character (8) 🔒	부화일자 date 🔒
1	A2310001	2023-01-01
2	A2310002	2023-01-01
3	A2310003	2023-01-01
4	A2300004	2023-01-01
5	A2300005	2023-01-01
6	A2310006	2023-01-01
7	A2310007	2023-01-01
8	A2310008	2023-01-01
9	A2300009	2023-01-02
10	A2300010	2023-01-02
11	A2310011	2023-01-02

Total rows: 40 of 40   Query complete 00:00:00.083

그림 3-5 | 육계정보(chick_info) 테이블의 특정 열 이름 변경 쿼리 실행 결과

1-6 데이터 정렬하기(ORDER BY)

데이터를 조회할 때 특정 열을 기준으로 정렬하기 위해서는 ORDER BY절을 이용하며 형식은 다음과 같습니다.

사용법
> 오름차순 : SELECT 열 이름 FROM 테이블명 ORDER BY 정렬 기준 열 이름;
> 내림차순 : SELECT 열 이름 FROM 테이블명 ORDER BY 정렬 기준 열 이름 DESC;

ORDER BY절의 기본값은 오름차순 정렬이며 ASC를 추가해도 무방합니다. 끝에 ASC 대신 DESC를 추가하면 내림차순으로 정렬합니다. 육계정보 테이블에서 egg_weight열을 기준으로 먼저 오름차순을 실시해 보겠습니다.

코딩 실습
```
SELECT chick_no, hatchday, egg_weight FROM fms.chick_info ORDER BY
egg_weight;
```

Data Output | Messages | Notifications

	chick_no [PK] character (8)	hatchday date	egg_weight smallint
1	B2300012	2023-01-02	61
2	A2310012	2023-01-02	62
3	B2300014	2023-01-02	62
4	A2310002	2023-01-01	62
5	A2300014	2023-01-02	63
6	A2300017	2023-01-03	65
7	B2310002	2023-01-01	65
8	B2310017	2023-01-03	65
9	A2310001	2023-01-01	65
10	B2310018	2023-01-03	65

Total rows: 40 of 40   Query complete 00:00:00.077

그림 3-6 | 육계정보(chick_info) 테이블의 특정 열 기준 오름차순 정렬 쿼리 실행 결과

이제 egg_weight열을 기준으로 내림차순을 실시해 보겠습니다.

코딩
실습   SELECT chick_no, hatchday, egg_weight FROM fms.chick_info ORDER BY
      egg_weight DESC;

	chick_no [PK] character (8)	hatchday date	egg_weight smallint
1	A2300005	2023-01-01	70
2	A2300013	2023-01-02	70
3	A2300010	2023-01-02	70
4	A2310016	2023-01-03	70
5	B2300008	2023-01-01	70
6	A2310011	2023-01-02	69
7	B2310015	2023-01-03	69
8	A2300020	2023-01-03	69
9	B2310003	2023-01-01	69
10	A2300004	2023-01-01	69

Total rows: 40 of 40   Query complete 00:00:00.060

그림 3-7 | 육계정보(chick_info) 테이블의 특정 열 기준 내림차순 정렬 쿼리 실행 결과

정렬 기준 열이 여러 개일 경우에는 다음과 같이 ORDER BY 뒤에 정렬 우선순위를 기준으로
정렬의 기준이 되는 열을 순서대로 지정하면 됩니다.

사용법   **SELECT 열 이름 FROM 테이블명 ORDER BY 정렬 기준 열 이름1, 정렬 기준 열 이름2;**

육계정보 테이블에서 먼저 egg_weight열을 내림차순으로 정렬하고, 다음으로 hatchday열
을 오름차순으로 정렬하고, 마지막에 chick_no열을 오름차순으로 정렬하고자 한다면 다음
과 같이 쿼리를 작성하고 실행하면 됩니다.

코딩
실습   SELECT chick_no, hatchday, egg_weight FROM fms.chick_info
      ORDER BY egg_weight DESC, hatchday ASC, chick_no ASC;

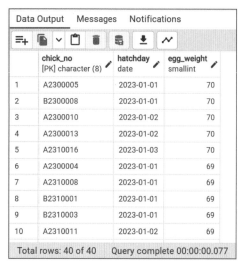

	chick_no [PK] character (8)	hatchday date	egg_weight smallint
1	A2300005	2023-01-01	70
2	B2300008	2023-01-01	70
3	A2300010	2023-01-02	70
4	A2300013	2023-01-02	70
5	A2310016	2023-01-03	70
6	A2300004	2023-01-01	69
7	A2310008	2023-01-01	69
8	B2310001	2023-01-01	69
9	B2310003	2023-01-01	69
10	A2310011	2023-01-02	69

Total rows: 40 of 40   Query complete 00:00:00.077

그림 3-8 | 육계정보(chick_info) 테이블의 여러 열 기준 정렬 쿼리 실행 결과

1-7 원하는 개수의 데이터만 조회하기(LIMIT, OFFSET)

데이터를 정렬하는 경우 상위 몇 건의 데이터만 조회할 때가 있을 수 있습니다. 이때에는 다음과 같이 LIMIT 명령어에 조회하고자 하는 만큼의 숫자를 지정하면 됩니다.

 사용법 SELECT 열 이름 FROM 테이블명 ORDER BY 정렬 기준 열 이름 LIMIT 숫자;

육계정보 테이블의 egg_weight열에서 무거운 순서대로 상위 5건만 조회해 보겠습니다.

 코딩
실습

```
SELECT chick_no, hatchday, egg_weight FROM fms.chick_info
ORDER BY egg_weight DESC, hatchday ASC, chick_no ASC
LIMIT 5;
```

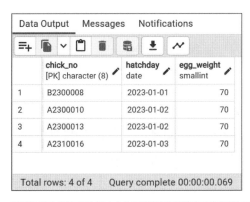

그림 3-9 | 육계정보(chick_info) 테이블의 정렬 후 상위 5개 데이터 조회 쿼리 실행 결과

그런데 처음부터 5번째가 아니라 2번째부터 5번째까지 총 4개만 조회하고 싶다면 다음과 같이 OFFSET이라는 명령어를 사용하면 됩니다.

 코딩
실습
```
SELECT chick_no, hatchday, egg_weight FROM fms.chick_info
ORDER BY egg_weight DESC, hatchday ASC, chick_no ASC
LIMIT 4 OFFSET 1;
```

그림 3-10 | 육계정보(chick_info) 테이블의 정렬 후 2번째부터 4개 데이터 조회 쿼리 실행 결과

OFFSET 명령어를 이용할 때 주의할 점은 PostgreSQL에서 인덱스(Index)는 1이 아닌 0부터 시작한다는 것입니다. 따라서 위의 경우 OFFSET에 2가 아닌 1을 지정한 것입니다.

1-8 중복된 결과 제거하기(DISTINCT)

중복된 데이터를 제거하기 위해서는 다음과 같이 DISTINCT 명령어를 사용합니다.

 사용법 | SELECT DISTINCT(중복 제거할 열 이름) FROM 테이블명;

육계정보 테이블에서 hatchday(부화일자)가 며칠 존재하는지 확인하기 위해서는 다음과 같이 쿼리를 작성하고 실행하면 됩니다.

 코딩 실습 | SELECT DISTINCT(hatchday) FROM fms.chick_info;

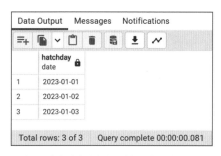

그림 3-11 | 육계정보(chick_info) 특정 열의 중복 제거 조회 쿼리 실행 결과

쿼리 실행 결과, 그림 3-11과 같이 총 데이터는 40개이지만 hatchday의 경우 3개의 데이터만 존재함을 알 수 있습니다. 40마리의 병아리가 3일에 걸쳐 태어났기 때문입니다.

1-9 원하는 조건의 데이터만 조회하기(WHERE)

데이터 조회 쿼리는 다음과 같이 WHERE절로 특정한 조건을 만족하는 데이터를 뽑아내는 데 사용합니다. WHERE절의 조건을 설정하기 위해서는 기본적인 논리 연산자와 비교 연산자 등을 알아야 합니다.

 사용법 | SELECT 열 이름 FROM 테이블명 WHERE 조건;

논리 연산자는 조건문을 사용할 때 2가지 조건을 다 만족하는 대상을 조회하거나 하나만 만족하는 대상을 조회하거나 특정 조건을 제외한 모든 대상을 조회할 때 주로 사용합니다. 논리 연산자의 종류는 표 3-1과 같습니다.

논리 연산자	설명
AND	그리고(둘 다 만족해야 True)
OR	또는(하나라도 만족하면 True)
NOT	~아닌(ISNULL, IN, LIKE 연산자와 함께 사용)

표 3-1 | 논리 연산자의 종류

비교 연산자는 데이터가 숫자나 날짜로 구성된 열을 대상으로 특정 숫자 (또는 날짜)보다 작거나 큰 대상을 조회할 때 주로 사용하며 이때 논리 연산자와 혼합해 사용할 수 있습니다. 비교 연산자의 종류는 표 3-2와 같습니다.

비교 연산자	설명
=	서로 같다.
!= 또는 <>	서로 같지 않다.
>	왼쪽이 오른쪽보다 크다.
<	왼쪽이 오른쪽보다 작다.
>=	왼쪽이 오른쪽보다 크거나 같다.
<=	왼쪽이 오른쪽보다 작거나 같다.
BETWEEN A AND B	A보다 크거나 같고, B보다 작거나 같다.

표 3-2 | 비교 연산자의 종류

이외에도 ISNULL, 필터링(IN), 패턴 매칭(LIKE) 등의 연산자가 있으며 실습을 통해 어떻게 사용하는지 알아보도록 하겠습니다. 기타 연산자의 종류는 표 3-3과 같습니다.

기타 연산자	설명
IS NULL 또는 ISNULL	데이터가 비어(NULL) 있음
IS NOT NULL	데이터가 비어(NULL) 있지 않음
IN ('A', 'B')	열값에서 A, B를 포함
NOT IN ('A', 'B')	열값에서 A, B를 제외
LIKE 'A%'	문자열이 A로 시작함
LIKE '%A%'	문자열의 중간에 A가 들어감
LIKE 'A_'	문자열이 A로 시작하고, 글자 수가 총 2자리임
NOT LIKE 'A%'	문자열이 A로 시작하지 않음
REGEXP_LIKE(열 이름, 'A|B')	지정한 열에 A, B가 모두 들어감(다중 LIKE)

표 3-3 | 기타 연산자의 종류

1 육계정보 테이블에서 성별이 M인 대상 조회하기

⚙ 코딩
실습   SELECT * FROM fms.chick_info WHERE gender = 'M';

	chick_no [PK] character (8)	breeds character (2)	gender character (1)	hatchday date	egg_weight smallint	vaccination1 smallint	vaccination2 smallint	farm character (1)
1	A2310001	C1	M	2023-01-01	65	1	1	A
2	A2310002	C1	M	2023-01-01	62	1	1	A
3	A2310003	C1	M	2023-01-01	67	1	1	A
4	A2310006	C2	M	2023-01-01	68	1	1	A
5	A2310007	C2	M	2023-01-01	66	0	1	A
6	A2310008	C2	M	2023-01-01	69	1	0	A
7	A2310011	C2	M	2023-01-02	69	1	1	A
8	A2310012	C2	M	2023-01-02	62	1	1	A
9	A2310015	C1	M	2023-01-03	67	1	0	A

Data Output   Messages   Notifications

Total rows: 20 of 20   Query complete 00:00:00.163

그림 3-12 | 조건절 ① 실행 결과

큰따옴표와 작은따옴표

PostgreSQL에서 쿼리를 작성할 때에는 따옴표를 용도에 맞게 잘 써야 합니다. PostgreSQL은 기본적으로 테이블명과 열 이름을 소문자로 인식합니다. 따라서 대문자로 테이블명이나 열 이름을 생성했다면 쿼리 실행 시 큰따옴표(" ")를 이용해 구분해 주어야 합니다.

WHERE절에서 조건으로 문자열이나 날짜를 지정할 경우에는 작은따옴표(' ')를 사용해야 하는데 숫자는 그냥 입력해도 되고, 작은따옴표를 사용해도 됩니다.

구분	사용처	사용 예시
큰따옴표	테이블명이나 열 이름을 대문자로 생성했을 경우	SELECT "USER_ID" FROM public.user_info
	열 이름을 특정 문자열로 변경할 경우	SELECT hatchday "부화일자" FROM fms.chick_info
작은따옴표	WHERE절에서 특정 문자열이나 날짜를 지정할 경우	SELECT * FROM fms.chick_info WHERE farm = 'A'

② 육계정보 테이블에서 종란무게가 70g 이상인 대상 조회

 코딩 실습   SELECT * FROM fms.chick_info WHERE egg_weight >= 70;

Data Output   Messages   Notifications

	chick_no [PK] character (8)	breeds character (2)	gender character (1)	hatchday date	egg_weight smallint	vaccination1 smallint	vaccination2 smallint	farm character (1)
1	A2300005	C1	F	2023-01-01	70	1	1	A
2	A2300010	C1	F	2023-01-02	70	1	0	A
3	A2300013	C2	F	2023-01-02	70	1	1	A
4	A2310016	C1	M	2023-01-03	70	1	1	A
5	B2300008	D1	F	2023-01-01	70	1	1	B

Total rows: 5 of 5   Query complete 00:00:00.155

그림 3-13 | 조건절 ② 실행 결과

③ 육계정보 테이블에서 부화일자가 2023-01-01~01-02인 대상 조회

코딩
실습

SELECT * FROM fms.chick_info
WHERE hatchday BETWEEN '2023-01-01' AND '2023-01-02';

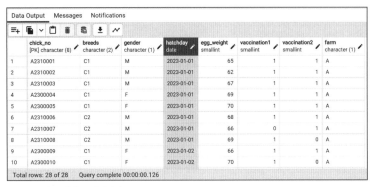

그림 3-14 │ 조건절 ③ 실행 결과

④ 육계정보 테이블에서 종란무게가 69g보다 크거나 62g보다 작거나 같은 대상 조회

코딩
실습

SELECT * FROM fms.chick_info WHERE egg_weight > 69 OR egg_weight <= 62;

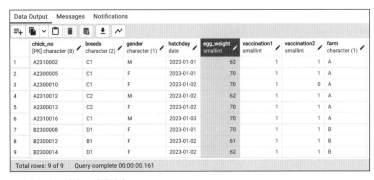

그림 3-15 │ 조건절 ④ 실행 결과

⑤ 육계정보 테이블에서 품종이 D로 시작하는 대상 조회

⚙ 코딩 실습   SELECT * FROM fms.chick_info WHERE breeds LIKE 'D%';

	chick_no [PK] character (8)	breeds character (2)	gender character (1)	hatchday date	egg_weight smallint	vaccination1 smallint	vaccination2 smallint	farm character (1)
1	B2310006	D1	M	2023-01-01	66	1	0	B
2	B2300007	D1	F	2023-01-01	66	1	1	B
3	B2300008	D1	F	2023-01-01	70	1	1	B
4	B2300009	D1	F	2023-01-01	66	1	1	B
5	B2310013	D1	M	2023-01-02	65	1	1	B
6	B2300014	D1	F	2023-01-02	62	1	1	B
7	B2310017	D1	M	2023-01-03	65	1	1	B
8	B2310018	D1	M	2023-01-03	65	1	1	B
9	B2310019	D1	M	2023-01-03	66	0	0	B
10	B2300020	D1	F	2023-01-03	66	0	1	B

Total rows: 10 of 10   Query complete 00:00:00.133

그림 3-16 | 조건절 ⑤ 실행 결과

⑥ 출하실적 테이블에서 도착지가 부산, 울산인 대상 조회

⚙ 코딩 실습   SELECT * FROM fms.ship_result WHERE destination IN ('부산','울산');

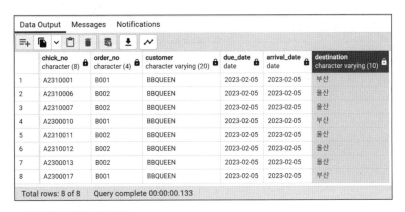

	chick_no character (8)	order_no character (4)	customer character varying (20)	due_date date	arrival_date date	destination character varying (10)
1	A2310001	B001	BBQUEEN	2023-02-05	2023-02-05	부산
2	A2310006	B002	BBQUEEN	2023-02-05	2023-02-05	울산
3	A2310007	B002	BBQUEEN	2023-02-05	2023-02-05	울산
4	A2300010	B001	BBQUEEN	2023-02-05	2023-02-05	부산
5	A2310011	B002	BBQUEEN	2023-02-05	2023-02-05	울산
6	A2310012	B002	BBQUEEN	2023-02-05	2023-02-05	울산
7	A2300013	B002	BBQUEEN	2023-02-05	2023-02-05	울산
8	A2300017	B001	BBQUEEN	2023-02-05	2023-02-05	부산

Total rows: 8 of 8   Query complete 00:00:00.133

그림 3-17 | 조건절 ⑥ 실행 결과

7 사육환경 테이블에서 습도가 측정되지 않은 날짜 조회

코딩 실습 | SELECT * FROM fms.env_cond WHERE humid IS NULL;

Data Output　Messages　Notifications

	farm character (1)	date date	temp smallint	humid smallint	light_hr smallint	lux smallint
1	A	2023-01-25	21	[null]	[null]	[null]
2	B	2023-01-25	21	[null]	[null]	[null]

Total rows: 2 of 2　Query complete 00:00:00.129

그림 3-18 | 조건절 ⑦ 실행 결과

8 건강상태 테이블에서 노트가 입력된 대상 조회

코딩 실습 | SELECT * FROM fms.health_cond WHERE note IS NOT NULL;

Data Output　Messages　Notifications

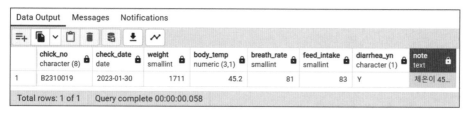

	chick_no character (8)	check_date date	weight smallint	body_temp numeric (3,1)	breath_rate smallint	feed_intake smallint	diarrhea_yn character (1)	note text
1	B2310019	2023-01-30	1711	45.2	81	83	Y	체온이 45...

Total rows: 1 of 1　Query complete 00:00:00.058

그림 3-19 | 조건절 ⑧ 실행 결과

1-10 　원하는 문자만 가져오기(SUBSTRING)

문자열 데이터를 조회할 경우 해당 문자의 일부분만 잘라서 가져오는 것이 필요할 수도 있습니다. 이런 때에는 상황에 따라 다양한 문자열 함수를 이용합니다. 문자열 추출 함수는 표 3-4와 같습니다.

함수	설명
LEFT(문자열, 글자 길이)	문자열에서 왼쪽부터 글자 길이만큼 추출
RIGHT(문자열, 글자 길이)	문자열에서 오른쪽부터 글자 길이만큼 추출
SUBSTRING(문자열, 시작점, 글자 길이)	문자열에서 시작점부터 글자 길이만큼 추출

표 3-4 | 문자열 추출 함수

육계정보 테이블에서 chick_no(육계번호)를 이용해 문자열 추출 쿼리 실습을 해보겠습니다. 먼저 chick_no열은 확인을 위해 그대로 불러오고, LEFT() 함수를 이용해 chick_no열의 왼쪽에서 첫 글자만 가져와 보겠습니다. 해당 문자는 사육장을 뜻합니다. 그리고 SUBSTRING() 함수를 이용해 chick_no열에서 2번째부터 글자 길이 3만큼의 문자를 추출하겠습니다. 여기서 3개의 문자 중 앞의 2개 문자는 부화 연도를 의미하고, 3번째 문자는 성별을 뜻합니다. 마지막으로 RIGHT() 함수를 이용해 오른쪽 기준으로 4만큼의 문자를 추출하겠습니다. 해당 문자는 병아리가 태어난 순서를 나타냅니다.

 코딩 실습

```
SELECT chick_no, LEFT(chick_no,1), SUBSTRING(chick_no,2,3), RIGHT(chick_no,4)
FROM fms.chick_info LIMIT 5;
```

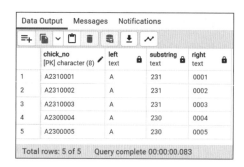

그림 3-20 | 문자열 추출 쿼리 실행 결과

Oracle에서는 SUBSTR() 함수 사용

기업용 DBMS 시장에서 독보적 1위인 Oracle의 경우에는 문자열을 잘라서 가져오는 함수로 SUBSTR() 함수를 사용합니다. 사용법은 SUBSTRING() 함수와 동일하지만 독자분들의 편의를 위해 Oracle과 함수 또는 사용법이 다소 다른 부분이 있을 경우에는 "잠깐만요"를 통해 알려드리겠습니다. 참고로 국산 DBMS인 Tibero의 경우 Oracle과 문법체계가 거의 동일합니다.

- PostgreSQL : SUBSTRING(문자열, 시작점, 글자 길이)
- Oracle : SUBSTR(문자열, 시작점, 글자 길이)

1-11 기타 문자열 함수

다양한 문자열 함수 중에서 주로 사용하는 것들에 대해서 설명하겠습니다. 주요 문자열 함수는 표 3-5와 같습니다.

함수	설명
LENGTH(문자열)	문자열의 글자 수 반환
문자열1||문자열2	문자열1과 문자열2를 합침
UPPER(문자열)	문자열을 대문자로 변환
LOWER(문자열)	문자열을 소문자로 변환
REPLACE(열 이름, '문자열1', '문자열2')	열에서 문자열1을 문자열2로 변환
REGEXP_REPLACE(열 이름, '문자열1|문자열2', '문자열3')	열에서 문자열1, 문자열2를 문자열3으로 변환 (다중 REPLACE)

표 3-5 | 주요 문자열 함수

◼ 육계정보 테이블에서 육계번호의 글자 수 확인하기

⚙ 코딩 실습 ┊ SELECT LENGTH(chick_no) FROM fms.chick_info LIMIT 5;

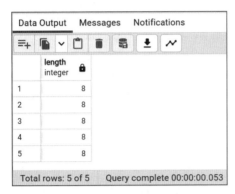

그림 3-21 | 육계번호의 글자 수 반환 쿼리 실행 결과

◢ 육계정보 테이블에서 농장, 성별, 품종 열의 데이터를 하나로 합치기

⚙ 코딩 실습 ┊ SELECT farm||gender||breeds AS fgb FROM fms.chick_info LIMIT 5;

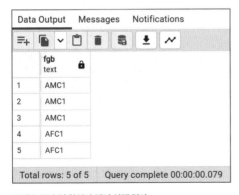

그림 3-22 | 열 합치기 쿼리 실행 결과

③ 육계정보 테이블에서 성별을 소문자로 변환하기

코딩
실습
: SELECT LOWER(gender) FROM fms.chick_info LIMIT 5;

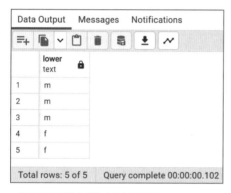

그림 3-23 | 소문자 변환 쿼리 실행 결과

④ 육계정보 테이블에서 성별 M을 Male로 변환하기

코딩
실습
: SELECT REPLACE(gender,'M','Male') FROM fms.chick_info LIMIT 5;

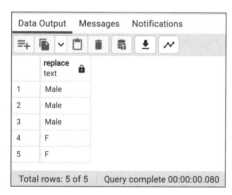

그림 3-24 | 문자열 변환 쿼리 실행 결과

Structured Query Language

02 데이터 집계

2-1 데이터 집계하기(GROUP BY)

쿼리를 이용해 데이터 조회 시 집계(aggregation)도 가능합니다. 집계 함수를 이용해 합계, 평균, 최솟값, 최댓값 등을 구할 수 있으며 집계 가능한 숫자형 열 타입에 대해서 적용 가능합니다. 다만, 행의 개수를 구하는 count() 함수의 경우는 데이터 타입과 무관합니다. 집계 함수는 표 3-6과 같습니다.

함수	설명
sum(숫자형)	합계
avg(숫자형)	평균
min(숫자형)	최솟값
max(숫자형)	최댓값
count(*)	개수

표 3-6 | 집계 함수

집계 함수는 일반적으로 GROUP BY절과 함께 사용합니다. 집계라는 것이 어떤 범주(그룹)를 기준으로 데이터를 계산하는 것이기 때문입니다. 사용법은 다음과 같습니다.

 사용법   SELECT 집계 함수(열 이름) FROM 테이블명 GROUP BY 범주 열 이름;

1 생산실적 테이블에서 생산일자별 생닭중량 합계 조회하기

 코딩 실습

```
SELECT prod_date, sum(raw_weight) AS prod
FROM fms.prod_result
GROUP BY prod_date;
```

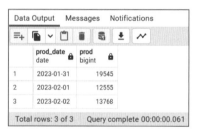

	prod_date date 🔒	prod bigint 🔒
1	2023-01-31	19545
2	2023-02-01	12555
3	2023-02-02	13768

Total rows: 3 of 3   Query complete 00:00:00.061

그림 3-25 | 일자별 생산량 합계 조회 쿼리 실행 결과

2 출하실적 테이블에서 고객사별 출하 마릿수 조회하기

 코딩 실습

```
SELECT customer, count(chick_no) AS cnt
FROM fms.ship_result
GROUP BY customer;
```

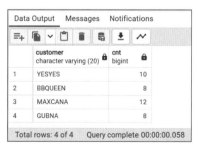

	customer character varying (20) 🔒	cnt bigint 🔒
1	YESYES	10
2	BBQUEEN	8
3	MAXCANA	12
4	GUBNA	8

Total rows: 4 of 4   Query complete 00:00:00.058

그림 3-26 | 고객사별 출하 마릿수 조회 쿼리 실행 결과

round() 함수

데이터의 평균 집계를 구하다 보면 소수점 자릿수가 많아지는 경우가 있습니다. 이런 때에는 round() 함수를 이용해 반올림을 해주는 것이 데이터 보기가 편합니다. round() 함수의 사용법은 아래와 같습니다.

• round(열 이름, 소수점 표시 자리)

2-2 원하는 조건으로 데이터 집계하기(HAVING)

데이터를 집계한 결과에서 원하는 조건에 해당되는 결과만 보고자 할 경우에는 HAVING절을 사용합니다. WHERE절과의 차이점은 집계 전후 시점에 달려 있습니다. WHERE절은 집계 전 데이터에 조건을 걸 때 사용하고, HAVING절은 집계 후 데이터에 조건을 걸 때 사용합니다. HAVING절의 사용법은 다음과 같습니다.

 사용법 SELECT 집계 함수(열 이름) FROM 테이블명 GROUP BY 범주 열 이름 HAVING 조건;

앞서 실시한 출하실적 테이블에서 고객사별 출하 마릿수 조회 시 10마리 이상 출하된 고객사만 추출해 보고자 한다면 다음과 같이 쿼리를 작성할 수 있습니다.

 코딩 실습

```
SELECT customer, count (chick_no) AS cnt
FROM fms.ship_result
GROUP BY customer HAVING count(chick_no) >= 10;
```

	customer character varying (20)	🔒	cnt bigint	🔒
1	YESYES		10	
2	MAXCANA		12	

Data Output Messages Notifications

Total rows: 2 of 2   Query complete 00:00:00.053

그림 3-27 | 고객사별 출하 10마리 이상 대상 조회 쿼리 실행 결과

03 데이터 변환 및 조건문

3-1 데이터 타입 변환하기(TO_CHAR)

날짜나 숫자를 문자열로 변환하기 위해서는 TO_CHAR()라는 함수를 이용하는데 TO_DATE(), TO_NUMBER() 함수를 이용하면 반대로 변환하는 것도 가능합니다. 데이터 타입 변환 함수는 표 3-7과 같습니다.

함수	예시
TO_CHAR(날짜, 템플릿 패턴) → 문자	TO_CHAR(timestamp '2023-03-31', 'YYYY') → 2023
TO_CHAR(숫자, 템플릿 패턴) → 문자	TO_CHAR(125.8::real, '999D9') → 125.8
TO_DATE(문자, 템플릿 패턴) → 날짜	TO_DATE('05 Dec 2022', 'DD Mon YYYY') → 2022-12-05
TO_NUMBER(문자, 템플릿 패턴) → 숫자	TO_NUMBER('125', '999') → 125

표 3-7 | 데이터 타입 변환 함수

FROM절 없이 SELECT 쿼리를 실행하는 방법

PostgreSQL에서는 FROM절 없이(테이블 없이) SELECT 쿼리를 실행할 수 있습니다. 데이터 타입 변환의 예시를 실습해 볼 경우에는 아래와 같이 작성해 실행해 보면 됩니다.

• SELECT TO_CHAR(timestamp '2023-03-31', 'YYYY');

MySQL과 MS-SQL도 FROM절 없이 SELECT문을 실행할 수 있으나 Oracle에서는 FROM절 뒤에 가상의 테이블인 DUAL을 붙여주어야 합니다.

데이터 타입 변환을 위해서는 템플릿 패턴(Template Pattern)을 알고 있어야 합니다. 템플릿 패턴은 엑셀의 셀 서식에서 "표시 형식"과 같다고 생각하면 이해가 쉽습니다. 예를 들어, "2023년 03월 31일"이라는 날짜형 데이터가 있을 때 "YYYY-MM-DD" 형태로 표시하면 "2023-03-31"이 됩니다. 이때 연도의 템플릿 패턴은 YYYY, 월은 MM, 일은 DD인 것입니다.

주요 템플릿 패턴을 표 3-8과 같이 정리했으니 꼭 숙지하기를 바랍니다.

용도	패턴	설명
날짜/시간	YYYY	4자리 연도(예시: 2023)
	MM	2자리 월(예시: 01~12)
	Mon	3자리 월 영문 표기(예시: Jan)
	Month	월 영문 표기 전체(예시: January)
	DD	2자리 일(예시: 01~31)
	Dy	3자리 요일 영문 표기(예시: Mon)
	Day	요일 영문 표기 전체(예시: Monday)
	HH	2자리 시간(예시: 01~12)
	HH24	2자리 시간(예시: 00~23)
	MI	2자리 분(예시: 00~59)
	SS	2자리 초(예시: 00~59)
숫자	9	자릿수 위치
	D	소수점 위치
	S	숫자에 고정된 기호(예시: -)

표 3-8 | 주요 템플릿 패턴

육계정보 테이블의 부화일자에서 월을 영문 3자리로 가져오는 쿼리를 작성하면 다음과 같습니다.

SELECT hatchday, TO_CHAR(hatchday,'Mon') FROM fms.chick_info LIMIT 5;

Data Output Messages Notifications

	hatchday date 🔒	to_char text 🔒
1	2023-01-01	Jan
2	2023-01-01	Jan
3	2023-01-01	Jan
4	2023-01-01	Jan
5	2023-01-01	Jan

Total rows: 5 of 5 Query complete 00:00:00.069

그림 3-28 | 병아리 부화일자에서 3자리 월 영문자 변환 쿼리 실행 결과

3-2 NULL 변환(COALESCE, NULLIF)

데이터가 비어 있음을 뜻하는 NULL값을 다른 값으로 대체해야 할 경우에는 COALESCE() 함수를 이용합니다. 값이 없을 경우 집계 시 문제가 되기 때문에 일반적으로 0으로 바꾸는 경우가 많습니다. COALESCE() 함수 사용법은 다음과 같습니다.

사용법 | COALESCE(열 이름, 반환값)

사육환경 테이블의 습도 데이터를 이용해 실습해 보도록 하겠습니다. 2023년 1월 25일에 사육장 A의 계측기에 문제가 생겨 습도 데이터가 입력되지 않았습니다. 전날과 다음날의 습도가 60%였기 때문에 측정되지 않은 NULL값을 60%로 바꾸는 쿼리를 작성해 보면 다음과 같습니다.

```
SELECT farm, date, humid, COALESCE(humid, 60)
FROM fms.env_cond
WHERE date BETWEEN '2023-01-23' AND '2023-01-27'
AND farm = 'A';
```

	farm character (1)	date date	temp smallint	humid smallint	coalesce integer
1	A	2023-01-23	22	60	60
2	A	2023-01-24	22	60	60
3	A	2023-01-25	21	[null]	60
4	A	2023-01-26	21	60	60
5	A	2023-01-27	21	60	60

Data Output Messages Notifications

Total rows: 5 of 5   Query complete 00:00:00.084

그림 3-29 | NULL값을 60으로 변환하는 쿼리 실행 결과

Oracle에서는 NVL() 함수 사용

Oracle의 경우에는 NULL값을 대체하는 함수로 COALESCE()가 아닌 NVL() 함수를 사용하며 방법은 동일합니다.
- PostgreSQL : COALESCE(열 이름, 반환값)
- Oracle : NVL(열 이름, 반환값)

또한 반대로 특정값을 NULL로 변환하고 싶을 경우에는 NULLIF() 함수를 이용하며 사용법은 다음과 같이 COALESCE() 함수와 동일합니다.

사용법 | **NULLIF(열 이름, 특정값)**

앞서의 실습 사례를 그대로 이용해 습도가 60%이면 NULL로 반환하게 쿼리를 작성하면 다음과 같습니다.

```
코딩    SELECT farm, date, humid, NULLIF(humid, 60)
실습    FROM fms.env_cond
        WHERE date BETWEEN '2023-01-23' AND '2023-01-27'
        AND farm = 'A';
```

	farm character (1) 🔒	date date 🔒	humid smallint 🔒	nullif smallint 🔒
1	A	2023-01-23	60	[null]
2	A	2023-01-24	60	[null]
3	A	2023-01-25	[null]	[null]
4	A	2023-01-26	60	[null]
5	A	2023-01-27	60	[null]

Total rows: 5 of 5   Query complete 00:00:00.096

그림 3-30 | 60을 NULL값으로 변환하는 쿼리 실행 결과

3-3 원하는 조건으로 항목 추가하기(CASE)

SQL에서는 기본 조건문으로 IF문이 아니라 CASE문을 사용합니다. CASE문은 다음과 같은
형태로 사용합니다.

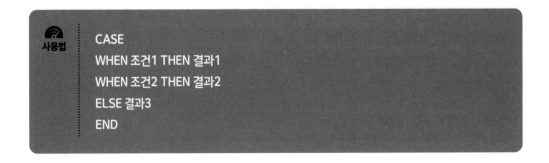

```
사용법    CASE
         WHEN 조건1 THEN 결과1
         WHEN 조건2 THEN 결과2
         ELSE 결과3
         END
```

육계정보 테이블의 종란무게 데이터를 이용해 CASE문으로 무게 등급을 3단계로 나누어 보
도록 하겠습니다. 종란무게가 69g보다 크면 Heavy 등급으로 "H"를 부여하고, 65g보다 크

고 69g 이하이면 Medium 등급으로 "M"을 부여합니다. 마지막으로 65g보다 작거나 같으면 Light 등급으로 "L"을 부여해 보도록 하겠습니다.

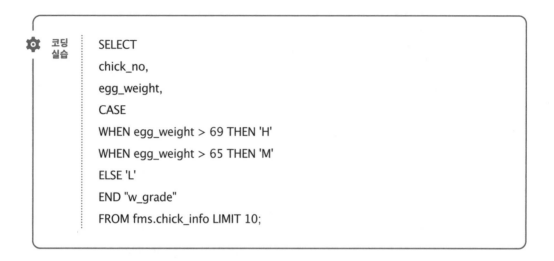

```
⚙ 코딩
   실습       SELECT
             chick_no,
             egg_weight,
             CASE
             WHEN egg_weight > 69 THEN 'H'
             WHEN egg_weight > 65 THEN 'M'
             ELSE 'L'
             END "w_grade"
             FROM fms.chick_info LIMIT 10;
```

	chick_no [PK] character (8)	egg_weight smallint	w_grade text
1	A2310001	65	L
2	A2310002	62	L
3	A2310003	67	M
4	A2300004	69	M
5	A2300005	70	H
6	A2310006	68	M
7	A2310007	66	M
8	A2310008	69	M
9	A2300009	66	M
10	A2300010	70	H

Total rows: 10 of 10   Query complete 00:00:00.078

그림 3-31 | 종란무게에 따른 등급 부여 쿼리 실행 결과

CASE문은 위에서부터 순차적으로 실행되기 때문에 1번째 WHEN에서 69g보다 큰 대상을 "H"로 지정하면 69g 이하인 대상만 남으므로 2번째 WHEN에서는 65g보다 큰 대상만 지정했습니다. 이렇게 되면 자연스럽게 65g 이하인 대상만 남기 때문에 별도로 WHEN을 사용하지 않고, ELSE를 이용해 조건문을 종료했습니다. CASE문은 쓸 일이 많기 때문에 사용법을 확실히 익혀 두어야 합니다.

| 핵 | 심 | 요 | 약 |

1 SELECT문의 기본 구조

SELECT 열 이름 FROM 테이블명;

용도	명령어	비고
정렬	ORDER BY	오름차순 : ASC, 내림차순 : DESC
개수 제한	LIMIT, OFFSET	LIMIT 5 OFFSET 1 : 2번째부터 5개만
중복 제거	DISTINCT	
조건	WHERE	각종 연산자 활용(AND, >, LIKE, IS NULL 등)
문자열 분리	SUBSTRING	SUBSTRING(문자열, 시작점, 글자 수)
문자열 변환	REPLACE	REPLACE(열 이름, '문자열1', '문자열2')
집계	GROUP BY	sum, avg, min, max, count
집계 조건	HAVING	GROUP BY 후 집계로 조건 적용 시 사용

2 데이터 변환

- TO_CHAR(날짜 또는 숫자, 템플릿 패턴) → 문자
- TO_DATE(문자, 템플릿 패턴) → 날짜
- TO_NUMBER(문자, 템플릿 패턴) → 숫자
- COALESCE(열 이름, 반환값) → 열에 존재하는 NULL값이 반환값으로 변환
- NULLIF(열 이름, 특정값) → 열에 존재하는 특정값이 NULL로 변환

3 주요 템플릿 패턴

- 일시 : YYYY-MM-DD HH:MI:SS → 2023-03-31 12:00:00
- 숫자 : 999D9 → 125.8

4 조건문

- CASE 조건1 WHEN 결과1 ELSE 결과2 END

| 연 | 습 | 문 | 제 |

1 다음 중 timestamp 데이터 "2023-05-31 13:53:34"의 날짜/시간 템플릿 패턴 지정 결과가 잘못된 것은 무엇인가요?

① MM → 05   ② HH → 13
③ SS → 34   ④ MI → 53

2 다음 중 집계 함수와 기능이 잘못 연결된 것은 무엇인가요?

① sum( ) : 합계   ② max( ) : 최댓값
③ average( ) : 평균   ④ stddev( ) : 표본 표준편차

3 출하실적 테이블에서 쿼리를 이용해 고객사가 몇 곳인지 조회해 보세요. (힌트 : DISTINCT 사용)

4 생산실적 테이블에서 육계번호, 생산일자, 생닭중량, 질병유무 열만 조회하되, 질병에 걸리지 않은 대상만 필터링해 생닭중량이 가장 무거운 5마리만 그림과 같이 추출해내는 쿼리를 작성해 보세요. (힌트 : WHERE, ORDER BY, LIMIT절 사용)

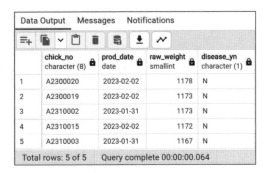

5 생산실적 테이블에서 호수별 생닭중량 평균과 합계를 조회하되, 평균은 소수 셋째자리에서 반올림해 표시하고, 생산일자가 2월인 대상만 필터링한 후 호수 기준 오름차순으로 집계 결과를 정렬해 그림과 같이 나타내는 쿼리를 작성해 보세요. (힌트 : TO_CHAR, GROUP BY, ORDER BY 사용)

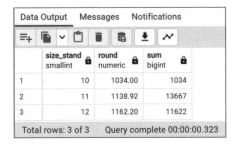

4

학습목표

- 2개 이상의 테이블을 원하는 대로 합칠 수 있습니다.
- 테이블의 행과 열을 바꿀 수 있습니다.
- 가상의 테이블을 만들 수 있습니다.

데이터 조회하기 (고급)

여러 테이블의 데이터를 합치는 방법과 테이블의 형태를 변환하고

가상의 테이블을 만드는 방법 등을 실습해 보겠습니다.

Structured Query Language

01 데이터 합치기

1-1 두 테이블의 데이터 열로 합치기(JOIN)

하나의 데이터베이스 스키마는 효율적인 구조를 위해 여러 개의 테이블에 각각의 목적에 맞게 데이터를 저장하도록 설계되어 있습니다. 실습하고 있는 농장관리시스템(fms) 스키마도 동일합니다. 데이터의 중복 저장을 막고, 공간을 효율적으로 사용할 수 있게 설계되어 있습니다. 이로 인해 출하실적 테이블에는 출하량(중량)에 대한 데이터가 없고, 생산실적 테이블에 생산량(중량)에 대한 데이터가 존재합니다. 그러면 어떻게 해야 출하실적 테이블에 생산량 데이터를 합쳐서 볼 수 있을까요? 해답은 바로 JOIN 기능에 있습니다.

데이터베이스에서 여러 테이블을 열 기준으로 합치는 방법을 JOIN이라고 하는데 일반적으로 4가지 케이스를 주로 사용합니다.

1 INNER JOIN

JOIN의 개념을 쉽게 이해하기 위해서는 고등학교 수학시간에 배웠던 집합에서 벤 다이어그램을 떠올리면 됩니다. A와 B 두 집합에서 공통으로 포함하는 원소로 이루어진 교집합(A∩B)이 바로 INNER JOIN(내부 조인)이며 벤 다이어그램으로 나타내면 그림 4-1과 같습니다.

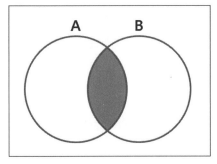

그림 4-1 │ INNER JOIN

JOIN문의 공통적인 사용법은 다음과 같습니다.

테이블 A JOIN 테이블 B ON 테이블 연결 조건

실습으로 돌아와서 생산실적 테이블이 A이고, 출하실적 테이블이 B라고 해보겠습니다. A에는 생닭 총 40마리의 데이터가 들어 있고, B에는 생닭 총 38마리의 데이터가 들어 있습니다. 이렇게 마릿수에 차이가 발생한 것은 생산 과정에서 닭 2마리가 품질 부적합 처리되었기 때문입니다. 품질 부적합 기준은 질병에 걸렸거나 호수가 10 이하인 경우입니다. 따라서 테이블 A와 B에 공통으로 포함되는 원소는 품질에 적합한 생닭 38마리입니다(단, 이 경우는 테이블 B가 A의 부분집합이기에 A RIGHT OUTER JOIN B와 결과가 동일하기도 합니다). 그러면 이제 A와 B의 교집합을 조회하는 INNER JOIN 쿼리를 작성해 보겠습니다. 테이블을 연결하는 조건은 생산실적과 출하실적에 동일하게 존재하는 육계번호로 ON절에서 두 값이 같다는 조건을 걸어주면 됩니다.

 코딩실습

```
SELECT
a.chick_no, a.pass_fail, a.raw_weight,
b.order_no, b.customer
FROM
fms.prod_result a
INNER JOIN fms.ship_result b
ON a.chick_no = b.chick_no;
```

JOIN문은 FROM절 뒤에 위치하며 데이터를 가져올 각각의 테이블명은 a와 b라는 가명(alias)으로 축약시켰습니다. FROM절 뒤에 테이블명을 쓰고, 한 칸 띄운 후 문자를 지정하면 해당 테이블을 뒤의 문자로 명시하겠다는 뜻이 됩니다. 테이블명이 길 경우 쿼리가 매우 지저분하고 복잡해 보이기 때문에 간단한 문자로 축약하는 기능이 존재합니다.

쿼리 실행 결과를 확인해 보니 총 38개의 데이터가 조회된 것을 확인할 수 있습니다. 여기서 적합 여부 열을 확인해 보면 값이 "F"인 대상이 없음을 알 수 있습니다.

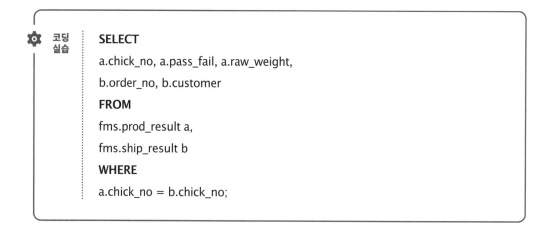

그림 4-2 | INNER JOIN 쿼리 실행 결과

위의 쿼리는 다음과 같은 형태로도 작성할 수 있습니다.

🔧 코딩
실습

```
SELECT
a.chick_no, a.pass_fail, a.raw_weight,
b.order_no, b.customer
FROM
fms.prod_result a,
fms.ship_result b
WHERE
a.chick_no = b.chick_no;
```

이는 WHERE절을 이용해 테이블 A와 B의 관계를 정의하는 것으로 INNER JOIN인 경우에만 작성할 수 있습니다. INNER JOIN은 줄여서 JOIN으로 사용할 수 있습니다.

❷ LEFT OUTER JOIN

왼쪽에 위치한 테이블 전체와 오른쪽에 위치한 테이블의 공통 원소만 JOIN하는 방법이 LEFT OUTER JOIN(외부 조인)이며 벤 다이어그램으로 나타내면 그림 4-3과 같습니다.

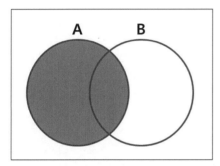

그림 4-3 | LEFT OUTER JOIN

계속해서 생산실적 테이블 A와 출하실적 테이블 B를 이용해 실습해 보겠습니다. INNER JOIN을 LEFT OUTER JOIN으로만 변경하면 됩니다.

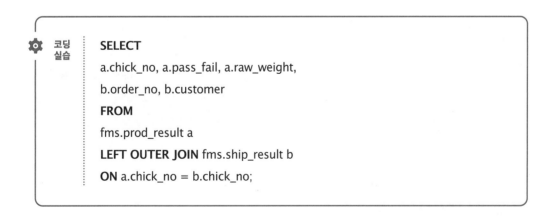

코딩
실습

```
SELECT
a.chick_no, a.pass_fail, a.raw_weight,
b.order_no, b.customer
FROM
fms.prod_result a
LEFT OUTER JOIN fms.ship_result b
ON a.chick_no = b.chick_no;
```

테이블 A의 데이터 40개가 기준이기 때문에 테이블 B는 데이터가 38개이므로 테이블 B에 해당되는 열 중 2개 값은 NULL로 표시되게 됩니다. 즉, 품질 부적합으로 처리된 육계번호 B2300009와 B2310019의 주문번호와 고객사 데이터가 그림 4-4와 같이 NULL로 표시됩니다. LEFT OUTER JOIN은 줄여서 LEFT JOIN으로 사용할 수 있습니다.

	chick_no character (8)	pass_fail character (1)	raw_weight smallint	order_no character (4)	customer character varying (20)
29	B2300009	F	1049	[null]	[null]
30	B2300010	P	1140	G001	GUBNA
31	B2300011	P	1146	G001	GUBNA
32	B2300012	P	1136	G001	GUBNA
33	B2310013	P	1140	G002	GUBNA
34	B2300014	P	1133	G002	GUBNA
35	B2310015	P	1156	Y001	YESYES
36	B2310016	P	1134	G001	GUBNA
37	B2310017	P	1146	G002	GUBNA
38	B2310018	P	1165	Y001	YESYES
39	B2310019	F	1034	[null]	[null]
40	B2300020	P	1154	Y001	YESYES

Data Output Messages Notifications

Total rows: 40 of 40   Query complete 00:00:00.051

그림 4-4 | LEFT OUTER JOIN 쿼리 실행 결과

Oracle에서 LEFT OUTER JOIN 사용

PostgreSQL의 LEFT OUTER JOIN 방법은 미국표준협회 ANSI(American National Standards Institute)의 표준 SQL문 작성법을 따릅니다. 이는 모든 DBMS에서 동일하게 사용할 수 있습니다. 다만, Oracle에서는 WHERE 절에 기준이 되지 않는 테이블명 끝에 (+) 기호를 추가해 구현하는 것도 가능합니다.

- PostgreSQL : a LEFT OUTER JOIN b ON a.no = b.no
- Oracle : FROM a, b WHERE a.no = b.no(+)

3 RIGHT OUTER JOIN

RIGHT OUTER JOIN은 기준이 되는 테이블이 왼쪽에서 오른쪽으로 변경된 것으로 벤 다이어그램으로 나타내면 그림 4-5와 같습니다.

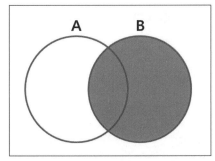

그림 4-5 | RIGHT OUTER JOIN

앞서 설명한 것처럼 생산실적 테이블 A와 출하실적 테이블 B는 부분집합 관계로 INNER JOIN과 결과가 같기 때문에 RIGHT OUTER JOIN 실습은 생략하겠습니다. RIGHT OUTER JOIN은 줄여서 RIGHT JOIN으로 사용할 수 있습니다.

④ FULL OUTER JOIN

2개 테이블에 있는 전체 데이터를 조회하고자 할 때 FULL OUTER JOIN을 이용합니다. 벤 다이어그램으로 나타내면 그림 4-6과 같습니다.

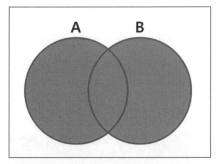

그림 4-6 | FULL OUTER JOIN

실제 업무에서 FULL OUTER JOIN은 INNER JOIN이나 LEFT OUTER JOIN과 비교할 때 사용 빈도가 현저히 떨어집니다. 사용법은 앞서 설명한 JOIN문과 동일하기 때문에 개념만 이해하고 넘어가기를 바랍니다. FULL OUTER JOIN은 줄여서 FULL JOIN으로 사용할 수 있습니다.

1-2 두 테이블의 데이터 행으로 합치기(UNION)

열이 아닌 행을 기준으로 데이터를 합치기 위해서는 UNION 또는 UNION ALL절을 이용합니다. 두 절을 사용한 결과 차이는 그림 4-7과 같습니다.

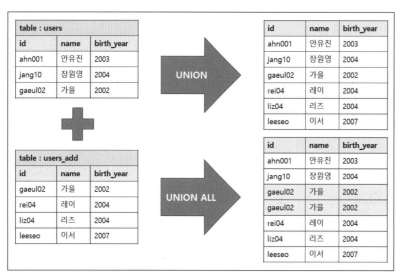

그림 4-7 | UNION과 UNION ALL의 결과 차이

UNION절을 이용해 테이블을 위나 아래 행을 기준으로 합치기 위해서는 합치려는 두 테이블의 열 개수가 동일해야 하고, 같은 열에 위치한 데이터는 동일한 형식이어야 합니다. 일반적인 사용법은 다음과 같습니다.

사용법

테이블 A UNION 테이블 B
테이블 A UNION ALL 테이블 B

UNION과 UNION ALL절의 차이점은 테이블을 합친 후 중복 제거에 있습니다. UNION절은 두 테이블을 합친 후 중복된 행이 존재하면 제거하고 결과를 보여줍니다. 반면에 UNION ALL절은 그냥 두 테이블을 합치기만 합니다. 그래서 UNION절은 주로 동일한 열로 구성된 테이블이 연도별로 존재할 경우 몇 년치 데이터를 한꺼번에 보려고 할 때 사용합니다. 이 경우는 날짜가 중복되지 않기 때문에 성능 면에서 UNION보다는 UNION ALL을 사용하는 것이 낫습니다.

육계정보 테이블의 데이터를 일부만 추출해 UNION 실습을 해보겠습니다. 육계정보 테이블에서 육계번호, 성별, 부화일자만 조회하되, 사육장이 "A", 성별이 "암컷", 부화일자가 "2023-01-03"인 대상만 조회하면 그림 4-8과 같이 총 4마리의 데이터가 조회됩니다.

그림 4-8 | UNION을 위해 필터링한 육계정보 테이블의 일부 데이터

여기에 가상의 테이블에 육계 데이터 한 줄을 만들어서 행을 기준으로 UNION으로 데이터를 합치도록 하겠습니다. 가상 테이블의 육계번호는 "A2300021", 성별은 "암컷", 부화일자는 "2023-01-05"로 생성합니다. 그리고 앞서 조회한 데이터 사이에 UNION을 위치시키고 쿼리를 실행하면 됩니다. 다만, 위와 아래의 테이블 구분을 위해 괄호를 붙여주는 것이 좋습니다.

```
(
SELECT chick_no, gender, hatchday
FROM fms.chick_info
WHERE farm = 'A'
AND gender = 'F'
AND hatchday = '2023-01-03'
)
UNION
(
SELECT 'A2300021', 'F', '2023-01-05'
);
```

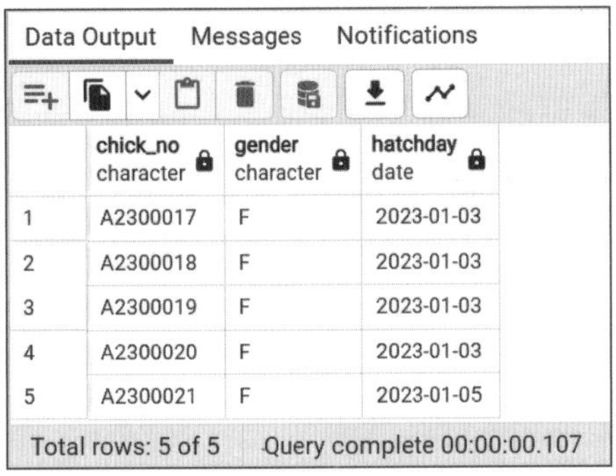

	Data Output	Messages	Notifications	

	chick_no character 🔒	gender character 🔒	hatchday date 🔒
1	A2300017	F	2023-01-03
2	A2300018	F	2023-01-03
3	A2300019	F	2023-01-03
4	A2300020	F	2023-01-03
5	A2300021	F	2023-01-05

Total rows: 5 of 5   Query complete 00:00:00.107

그림 4-9 | UNION을 통해 가상 테이블과 행을 기준으로 합쳐진 결과

그림 4-9와 같이 가상으로 만든 데이터가 5번째 행으로 기존 데이터와 잘 합쳐진 것을 확인할 수 있습니다.

서브쿼리와 뷰 테이블

2-1 쿼리 안에 쿼리 넣기

서브쿼리(Subquery)는 쿼리 안에 위치한 또 다른 쿼리를 뜻합니다. 서브쿼리는 2개의 쿼리를 실행해야만 얻을 수 있는 결과를 한번에 실행하고자 할 때 사용하며, 그 외에도 다양한 이유로 서브쿼리를 많이 사용합니다. 서브쿼리는 SELECT, FROM, WHERE절에 주로 사용하는데 HAVING이나 ORDER BY절에도 사용할 수 있습니다.

실습을 통해 서브쿼리가 무엇인지 알아보도록 하겠습니다. 육계정보 테이블에서 종란무게가 평균보다 큰 대상만 조회하고자 한다면 먼저 종란무게의 평균을 구하는 집계 쿼리를 작성해 평균값을 알아내고, WHERE절에 해당 값보다 큰 대상만 조회하는 조건을 작성해 주면 됩니다.

 코딩 실습 | **SELECT** avg(egg_weight) **FROM** fms.chick_info;

위와 같이 쿼리를 실행해 평균을 구해보면 66.75가 나옵니다. 다음과 같이 WHERE절에 "egg_weight > 66.75"라는 조건만 추가하면 원하는 대상을 조회할 수 있습니다.

**코딩
실습**

```
SELECT chick_no, egg_weight
FROM fms.chick_info
WHERE egg_weight > 66.75;
```

하지만 쿼리를 2번 실행해야 합니다. 그리고 만일 새로운 값이 저장되면 그때마다 평균값을 새로 구해서 WHERE절의 조건을 수정해야 합니다. 이때 서브쿼리를 이용하면 단 한 번의 쿼리 실행으로 원하는 대상을 조건문 수정 없이 구할 수 있습니다. 다음과 같이 WHERE절에 평균 계산을 위해 작성했던 집계 쿼리를 괄호로 묶어주고, 평균값 대신 입력해 주면 됩니다.

 **코딩
실습**

```
SELECT chick_no, egg_weight
FROM fms.chick_info
WHERE egg_weight > (SELECT avg(egg_weight) FROM fms.chick_info);
```

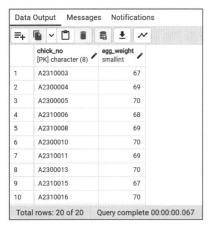

그림 4-10 | 평균보다 큰 대상 조회 서브쿼리 실행 결과

그림 4-10과 같이 평균값이 66.75보다 큰 대상 20건이 정상적으로 조회된 것을 확인할 수 있습니다.

이제는 WHERE절이 아니라 SELECT절에서 서브쿼리를 사용한 사례를 실습해 보겠습니다.

육계정보 테이블에는 육계번호와 품종에 대한 코드가 입력되어 있습니다. 해당 코드가 무엇인지는 마스터코드(master_code) 테이블을 조회해 보면 알 수 있습니다.

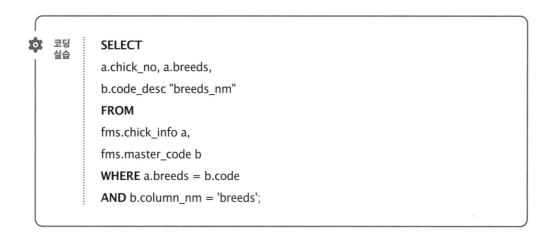

그림 4-11 | 육계정보 테이블의 품종코드와 마스터코드 테이블의 품종코드 의미

마스터코드 테이블을 확인해 본 결과, 그림 4-11과 같이 C1은 Cornish 품종, C2는 Cochin 품종 등 품종코드에 대한 의미를 확인할 수 있습니다. 이제 육계정보 테이블에 마스터코드의 코드 의미(code_desc) 열만 추가하면 한번에 쉽게 닭의 품종을 확인할 수 있습니다. 이 경우 열을 기준으로 두 테이블을 합치는 것이기 때문에 INNER JOIN으로 다음과 같이 작성할 수 있습니다.

코딩 실습

```
SELECT
a.chick_no, a.breeds,
b.code_desc "breeds_nm"
FROM
fms.chick_info a,
fms.master_code b
WHERE a.breeds = b.code
AND b.column_nm = 'breeds';
```

	chick_no character (8)	breeds character (2)	breeds_nm character varying (20)
1	A2310001	C1	Cornish
2	A2310002	C1	Cornish
3	A2310003	C1	Cornish
4	A2300004	C1	Cornish
5	A2300005	C1	Cornish
6	A2310006	C2	Cochin
7	A2310007	C2	Cochin
8	A2310008	C2	Cochin
9	A2300009	C1	Cornish
10	A2300010	C1	Cornish

Total rows: 40 of 40   Query complete 00:00:00.059

그림 4-12 | 육계번호별 품종코드에 품종 의미를 INNER JOIN으로 구현한 결과

동일한 결과를 위해 SELECT절에 서브쿼리를 사용하면 다음과 같이 작성할 수 있습니다.

코딩
실습

```
SELECT
a.chick_no,
a.breeds,
(
SELECT m.code_desc "breeds_nm"
FROM fms.master_code m
WHERE m.column_nm = 'breeds'
AND m.code = a.breeds
)
FROM fms.chick_info a;
```

괄호 안 부분을 살펴보면 마스터코드에서 코드 의미(code_desc) 열만 가져오되, WHERE절을
통해 마스터코드 테이블의 코드(code)와 육계정보 테이블의 품종(breeds) 코드가 같다는 조건
을 걸어서 해당되는 값만 조회될 수 있게 만들었습니다. 이 같은 서브쿼리는 여러 테이블을
JOIN해야 할 경우 FROM절이 복잡할 때 SELECT절에서 사용하기 때문에 유용하게 사용할

수 있습니다. 다만, 서브쿼리의 결과가 앞의 사례와 같이 반드시 단일 값(C1 코드에 해당하는 코드명은 Cornish 하나로 1:1 매칭)이나 단일 행으로 반환되는 경우에만 사용할 수 있습니다. 이렇게 SELECT절에 위치한 서브쿼리를 스칼라 서브쿼리(Scalar Subquery)라고 부릅니다.

WHERE, SELECT절에 이어서 FROM절에서 서브쿼리를 사용해 동일한 사례를 실습해 보겠습니다. 앞서의 SELECT절에 위치한 쿼리를 FROM절로 가져와서 조금만 수정하면 됩니다. 마스터코드 테이블에서 column_nm이 breeds에 해당되는 code와 code_desc만 가져와서 하나의 가상 테이블(View)로 만들어 b로 지정하고, WHERE절에서 INNER JOIN을 실시하면 됩니다.

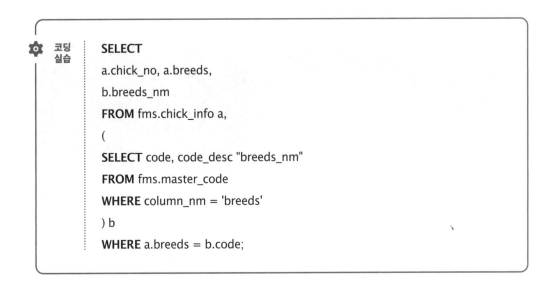

```
SELECT
a.chick_no, a.breeds,
b.breeds_nm
FROM fms.chick_info a,
(
SELECT code, code_desc "breeds_nm"
FROM fms.master_code
WHERE column_nm = 'breeds'
) b
WHERE a.breeds = b.code;
```

이렇게 FROM절에 서브쿼리를 사용하는 경우를 인라인 뷰(Inline View)라고 합니다.

지금까지 WHERE, SELECT, FROM절에 위치하는 3가지 사례의 서브쿼리를 작성해 보았습니다. 서브쿼리는 SQL 작성 시 편리함을 추구하기 위해 사용하지만 서브쿼리가 임시 테이블이기 때문에 SQL 수행 성능이 저하되는 문제를 유발할 수 있습니다. 따라서 서브쿼리 작성 시에는 불필요한 JOIN과 테이블에 접근하지 않도록 작성하는 것이 중요합니다.

2-2 나만의 가상 테이블 만들기(VIEW)

뷰(View) 테이블은 가상의 테이블을 의미합니다. 가상의 테이블을 만드는 이유는 다양하지만 가장 큰 이유는 여러 테이블에 위치한 데이터를 조합해 빠르고 편하게 원하는 데이터를 보기 위함입니다. 예를 들어, 실습용 데이터 셋을 기준으로 품종별 생산실적을 확인하려면 현재는 육계정보, 생산실적, 마스터코드 3개의 테이블을 조합한 쿼리를 작성해야 합니다. 매번 이렇게 쿼리를 작성하는 것보다는 뷰 테이블을 하나 만들어 놓으면 해당 뷰만 조회하면 되기 때문에 뷰를 사용하는 것입니다. 이런 뷰를 데이터 마트(Data Mart)라고 부르기도 합니다. 뷰는 다음 명령어를 이용해 생성할 수 있습니다.

> **사용법**
>
> CREATE OR REPLACE VIEW 뷰테이블 이름
> (열 이름1, 열 이름2, …)
> AS
> SELECT문;

예로 들었던 품종별 생산실적을 일자별로 나타내는 뷰 테이블을 생성해 보겠습니다. 육계정보 테이블에 품종은 코드로 되어 있기 때문에 서브쿼리를 사용해 마스터코드 테이블에서 품종설명을 가져오고, 생산실적 테이블에서 생산일자와 생닭중량 열을 가져오겠습니다. 그리고 품질 적합인 대상에 한해 생산일자나 품종별로 생산량을 합계로 나타내겠습니다.

> **코딩 실습**
>
> ```
> CREATE OR REPLACE VIEW fms.breeds_prod
> (
> prod_date, breeds_nm, total_sum
> )
> AS
> SELECT
> a.prod_date,
> (
> ```

```
SELECT m.code_desc "breeds_nm"
FROM fms.master_code m
WHERE m.column_nm = 'breeds'
AND m.code = b.breeds
),
sum(a.raw_weight) "total_sum"
FROM
fms.prod_result a,
fms.chick_info b
WHERE
a.chick_no = b.chick_no
AND a.pass_fail = 'P'
GROUP BY a.prod_date, b.breeds;
```

뷰 테이블이 정상적으로 생성되었으면 SELECT문을 이용해 뷰를 조회해 보겠습니다.

 코딩
실습

SELECT * **FROM** fms.breeds_prod;

	prod_date date	breeds_nm character varying (20)	total_sum bigint
1	2023-01-31	Brahma	5779
2	2023-01-31	Cornish	5790
3	2023-01-31	Cochin	3458
4	2023-01-31	Dorking	3469
5	2023-02-01	Brahma	3422
6	2023-02-01	Cornish	2286
7	2023-02-01	Cochin	4574
8	2023-02-01	Dorking	2273
9	2023-02-02	Brahma	2290
10	2023-02-02	Cornish	3466
11	2023-02-02	Cochin	3513
12	2023-02-02	Dorking	3465

Total rows: 12 of 12   Query complete 00:00:00.398

그림 4-13 | 뷰 테이블 생성 후 조회 쿼리 실행 결과

뷰 테이블은 사용자 입장에서 일반 테이블과 동일하지만 다른 테이블을 참조해 생성한 만큼 데이터를 삽입 또는 수정하는 데 제약이 따릅니다. 뷰 테이블을 만들 때에는 다른 뷰 테이블을 참조해 만들 수도 있습니다.

⓪3 테이블 형태 변환

3-1 행을 열로 바꾸기(PIVOT)

엑셀에서 데이터를 요약해 보기 위해서는 피벗 테이블(Pivot Table)을 이용합니다. 피벗 테이블을 이용하면 항목을 행 또는 열로 자유롭게 옮길 수 있어 데이터를 집계해 보는 데 편리합니다. 이런 피벗 기능을 데이터베이스에서도 SQL을 사용해 구현할 수 있습니다.

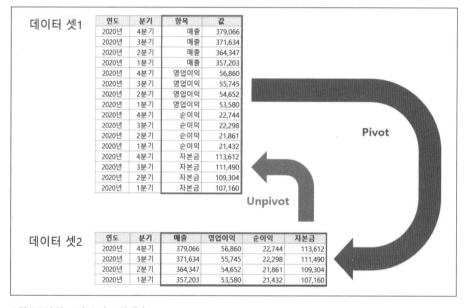

그림 4-14 | Pivot과 Unpivot의 개념

먼저 행을 열로 바꾸는 쿼리부터 실습해 보겠습니다. 육계정보 테이블의 데이터를 이용해 부화일자별 병아리 마릿수를 구하되, 성별을 열로 두어서 보기 편하게 만들어 보겠습니다. 개념을 이해하기 위해 쿼리를 3단계로 나누어 작성하겠습니다.

부화일자, 성별 기준 마릿수 집계

부화일자, 성별, 육계번호로 count() 함수를 이용해 마릿수를 집계합니다. 마릿수를 집계한 결과를 cnt라는 열 이름으로 변경하되, 데이터 타입을 int로 지정하겠습니다(이 부분은 지정해도 되고 안 해도 되지만 추후 설명할 crosstab() 함수를 위해 일부러 지정했습니다). 그리고 ORDER BY절을 이용해 부화일자, 성별 순서로 오름차순 정렬하겠습니다.

⚙️ **코딩실습**

```
SELECT hatchday, gender, count(chick_no)::int AS cnt
FROM fms.chick_info
GROUP BY hatchday, gender
ORDER BY hatchday, gender;
```

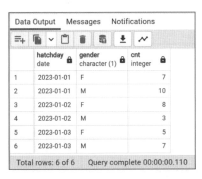

그림 4-15 | 부화일자, 성별 기준 마릿수 집계 쿼리 실행 결과

 열의 데이터 타입을 변경해 지정하는 방법

SELECT문에서 열을 불러오거나 집계를 통해 새로운 열을 만든 경우 뒤에 콜론(:)을 2개 입력하고 지정할 데이터 타입을 입력하면 해당 열의 데이터 타입이 변경됩니다.

<주요 데이터 타입 축약어>

integer → int	character → char	character varying → varchar

⬚ 부화일자 기준 성별을 열로 변경

이제 부화일자를 기준으로 CASE문을 이용해 성별 "M"과 "F"를 각각 열로 만들어 줍니다.

⚙ 코딩
실습

```
SELECT
a.hatchday,
CASE WHEN a.gender = 'M' THEN a.cnt ELSE 0 END "Male",
CASE WHEN a.gender = 'F' THEN a.cnt ELSE 0 END "Female"
FROM
(
SELECT hatchday, gender, count(chick_no)::int AS cnt
FROM fms.chick_info
GROUP BY hatchday, gender
ORDER BY hatchday, gender
) a;
```

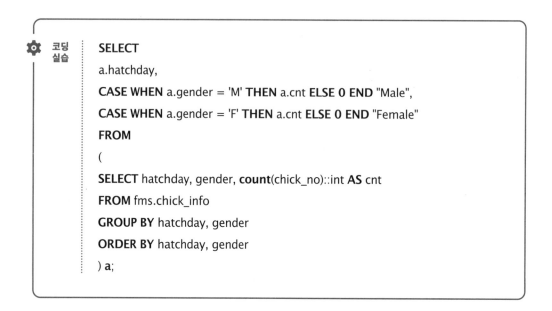

	hatchday date 🔒	Male integer 🔒	Female integer 🔒
1	2023-01-01	0	7
2	2023-01-01	10	0
3	2023-01-02	0	8
4	2023-01-02	3	0
5	2023-01-03	0	5
6	2023-01-03	7	0

Total rows: 6 of 6   Query complete 00:00:00.089

그림 4-16 | 부화일자별 성별 마릿수 조회 쿼리 실행 결과

여기까지 실행하면 그림 4-16과 같이 동일 부화일자에 Male, Female에 따라 마릿수와 0이 위치하게 됩니다. 왜냐하면 동일 날짜에 암컷도 있고, 수컷도 있기 때문입니다. 그래서 여기서 부화일자를 기준으로 GROUP BY절을 이용해 합계를 해주면 최종적으로 원하는 형태가 됩니다.

③ 부화일자 기준 마릿수 합계

CASE문에 SUM() 함수를 적용해 성별에 따른 마릿수를 합하고, GROUP BY절로 부화일자를 지정합니다.

🔧 코딩
실습

```
SELECT
a.hatchday,
SUM(CASE WHEN a.gender = 'M' THEN a.cnt ELSE 0 END) "Male",
SUM(CASE WHEN a.gender = 'F' THEN a.cnt ELSE 0 END) "Female"
FROM
(
SELECT hatchday, gender, count(chick_no)::int AS cnt
FROM fms.chick_info
GROUP BY hatchday, gender
ORDER BY hatchday, gender
) a
GROUP BY a.hatchday;
```

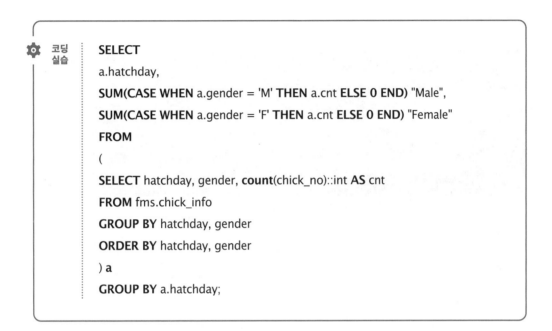

	hatchday date 🔒	Male integer 🔒	Female integer 🔒
1	2023-01-01	10	7
2	2023-01-02	3	8
3	2023-01-03	7	5

Total rows: 3 of 3　　Query complete 00:00:00.096

그림 4-17 | 성별 행을 열로 Pivot시킨 쿼리 실행 결과

그림 4-17과 같이 CASE문과 집계 함수를 이용해 행을 열로 바꿀 수 있지만 PostgreSQL에서는 crosstab() 함수를 제공해 좀 더 간소하게 쿼리를 작성할 수 있습니다.

먼저 테이블 함수 기능을 확장해야 합니다. 다음 쿼리를 실행하면 됩니다.

```
CREATE EXTENSION tablefunc;
```

crosstab() 함수의 사용법은 다음과 같습니다.

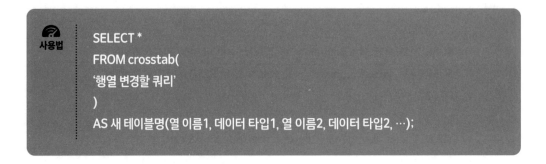

사용법

```
SELECT *
FROM crosstab(
'행열 변경할 쿼리'
)
AS 새 테이블명(열 이름1, 데이터 타입1, 열 이름2, 데이터 타입2, …);
```

앞서 작성했던 쿼리를 "행열 변경할 쿼리"에 입력하면 됩니다. 여기서 주의해야 할 점은 행에
서 열이 될 항목의 값이 순서대로 된다는 것입니다. 따라서 gender열을 내림차순으로 M, F
순서가 되게 정렬시키고, 새로운 테이블의 새로운 열을 부화일자, Male, Female 순으로 지정
했습니다. 또 하나 주의해야 할 점은 새롭게 생성한 열의 데이터 타입이 동일해야 한다는 것
입니다. 그렇기 때문에 마릿수 데이터 타입을 int로 미리 지정해 놓은 것입니다.

```
SELECT *
FROM crosstab
(
'SELECT hatchday, gender, count(chick_no)::int AS cnt
FROM fms.chick_info
GROUP BY hatchday, gender
ORDER BY hatchday, gender DESC'
)
AS pivot_r(hatchday date, "Male" int, "Female" int);
```

	hatchday date	Male integer	Female integer
1	2023-01-01	10	7
2	2023-01-02	3	8
3	2023-01-03	7	5

Total rows: 3 of 3　　Query complete 00:00:00.096

그림 4-18 | crosstab() 함수를 이용해 Pivot시킨 쿼리 실행 결과

3-2 열을 행으로 바꾸기(UNPIVOT)

열을 행으로 바꾸는 방법도 Pivot과 마찬가지로 2가지가 있습니다. 하나는 UNION절을 이용해 위나 아래로 테이블을 합치는 방법으로 이를 먼저 설명하겠습니다. 건강상태 테이블에서 육계번호, 체온, 호흡수, 사료섭취량의 4개 열 데이터를 육계번호, 건강항목(health), 상태(cond)의 3개 열을 가지는 형태로 변경하겠습니다. 단, 건강상태 테이블의 경우 3번 측정해 데이터가 많기 때문에 WHERE절을 통해 검사일자가 "2023-01-20"이고, 농장 "A"에서 태어난 대상으로만 한정 짓겠습니다.

⚙️ 코딩
실습

```sql
SELECT chick_no, body_temp, breath_rate, feed_intake
FROM fms.health_cond
WHERE check_date = '2023-01-20'
AND chick_no LIKE 'A%';
```

	chick_no character (8)	body_temp numeric (3,1)	breath_rate smallint	feed_intake smallint
1	A2310001	41.2	63	90
2	A2310002	41.2	66	94
3	A2310003	41.6	66	88
4	A2300004	40.7	64	91
5	A2300005	41.0	65	93
6	A2310006	41.1	64	88
7	A2310007	41.2	63	88

Total rows: 20 of 20　　Query complete 00:00:00.065

그림 4-19 | 건강상태 테이블에서 열을 행으로 바꿀 테이블 형태

그림 4-19와 같이 총 20개의 데이터가 조회되었습니다. 이제 테이블 형태에서 체온, 호흡수, 사료섭취량의 3개 열을 행으로 변환시키기 위해 3개의 SELECT절에서 각각 체온, 호흡수, 사료섭취량만 가져오게 쿼리를 작성한 후 UNION절을 이용해 위아래로 합쳐줍니다. 물론, 앞서와 동일하게 WHERE절을 지정합니다. 마지막으로 ORDER BY절을 이용해 육계번호, 건강 항목 순으로 정렬합니다.

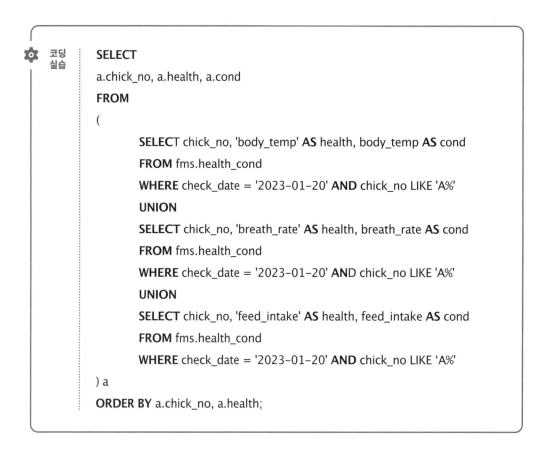

🔧 코딩 실습

```
SELECT
a.chick_no, a.health, a.cond
FROM
(
        SELECT chick_no, 'body_temp' AS health, body_temp AS cond
        FROM fms.health_cond
        WHERE check_date = '2023-01-20' AND chick_no LIKE 'A%'
        UNION
        SELECT chick_no, 'breath_rate' AS health, breath_rate AS cond
        FROM fms.health_cond
        WHERE check_date = '2023-01-20' AND chick_no LIKE 'A%'
        UNION
        SELECT chick_no, 'feed_intake' AS health, feed_intake AS cond
        FROM fms.health_cond
        WHERE check_date = '2023-01-20' AND chick_no LIKE 'A%'
) a
ORDER BY a.chick_no, a.health;
```

Data Output Messages Notifications

	chick_no character (8)	health text	cond numeric
1	A2300004	body_temp	40.7
2	A2300004	breath_rate	64
3	A2300004	feed_intake	91
4	A2300005	body_temp	41.0
5	A2300005	breath_rate	65
6	A2300005	feed_intake	93
7	A2300009	body_temp	41.6
8	A2300009	breath_rate	61
9	A2300009	feed_intake	91

Total rows: 60 of 60   Query complete 00:00:00.176

그림 4-20 | 건강항목 열을 행으로 Unpivot시킨 쿼리 실행 결과

20개의 데이터에 3개의 항목별로 위아래로 합쳤기 때문에 그림 4-20과 같이 총 60개의 결과가 출력되었습니다. 이제 unnest() 함수를 이용해 열을 행으로 변환시켜 보도록 하겠습니다. unnest() 함수의 사용법은 다음과 같습니다.

사용법

SELECT
unnest(array['값이 될 열 이름1', '값이 될 열 이름2', '값이 될 열 이름3'] AS 신규 열 이름1,
unnest(array[열 이름1, 열 이름2, 열 이름3] AS 신규 열 이름2
FROM 테이블명;

여기서 "값이 될 열 이름"은 한 열에 항목으로 들어갈 이름을 뜻합니다. 예를 들어, 현재 실습의 경우 체온, 호흡수, 사료섭취량이 각각 따로 열로 존재하다가 건강항목(health)이라는 하나의 열에 항목의 값으로 열 이름이 들어가고, 해당 열에 들어 있던 숫자 값은 상태(cond)라는 열에 건강항목과 1:1 대응으로 들어가게 됩니다. 쿼리를 작성해 실행해 보면 앞서 UNION절을 이용한 방법과 결과가 동일함을 확인할 수 있습니다.

코딩 실습

```
SELECT
chick_no,
unnest(array['body_temp', 'breath_rate', 'feed_intake']) AS health,
unnest(array[body_temp, breath_rate, feed_intake]) AS cond
FROM fms.health_cond
WHERE check_date = '2023-01-20'
AND chick_no LIKE 'A%'
ORDER BY chick_no, health;
```

unnest() 함수를 이용한 Unpivot이 UNION절을 사용하는 방법에 비해 상대적으로 간단하고, 효율적인 쿼리 작성이 가능합니다.

| 핵 | 심 | 요 | 약 |

1 두 테이블의 데이터 열로 합치기(JOIN)

테이블 A JOIN 테이블 B ON 테이블 연결 조건

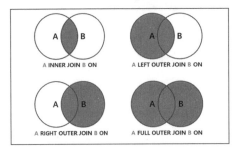

2 두 테이블의 데이터 행으로 합치기(UNION)

- 테이블 A UNION 테이블 B : 중복 제거됨
- 테이블 A UNION ALL 테이블 B : 중복 제거 안 됨

3 뷰(View) 테이블

가상의 테이블로 여러 테이블에 위치한 데이터를 조합해 빠르고 편하게 원하는 데이터를 보기 위해 사용하며 데이터 마트(Data Mart)라고 부르기도 함

4 테이블 형태 변환

- 행을 열로 바꾸는 방법(PIVOT) : CASE문과 집계 함수 또는 crosstab() 함수 사용
- 열을 행으로 바꾸는 방법(UNPIVOT) : UNION절 또는 unnest() 함수 사용

|연|습|문|제|

1 육계정보와 마스터코드 테이블을 JOIN해 육계번호, 성별, 성별설명(gender_nm)이 그림과 같이 출력되도록 쿼리를 작성해 보세요. (힌트 : INNER JOIN 사용)

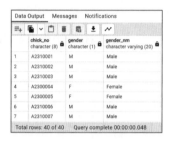

2 육계정보와 마스터코드 테이블을 이용해 육계번호, 성별, 성별설명(gender_nm), 예방접종1, 예방접종1설명(vac1_yn)이 그림과 같이 출력되도록 쿼리를 작성해 보세요. (힌트 : 서브쿼리 사용)

3 생산실적 테이블에서 생산일자별(행), 호수별(열) 마릿수 합계를 그림과 같이 나타내는 집계 테이블을 쿼리로 작성해 보세요. (힌트 : Pivot 기능 사용 필요)

- **INSERT, UPDATE, DELETE문을 사용할 수 있습니다.**

- **DROP문을 이용해 테이블을 삭제할 수 있습니다.**

- **pgAdmin을 이용해 추가, 수정, 삭제할 수 있습니다.**

데이터
수정하기

테이블에 데이터를 추가, 수정, 삭제하는 방법과 테이블 전체를 삭제하는 방법에 대해서 실습
해 보겠습니다. 하지만 현장에서 실제 데이터베이스를 사용할 경우
DBA(Database Administrator)가 아닌 이상 데이터를 수정하거나 삭제하면 안 됩니다.

Structured Query Language

01 데이터 추가(INSERT)

1-1 데이터 한 건 추가하기

테이블에 데이터를 추가할 때에는 INSERT문을 사용합니다. INSERT문의 기본적인 사용법은 다음과 같습니다. 단, 각각의 열에 추가할 데이터의 타입과 길이가 맞지 않을 경우 데이터가 추가되지 않기 때문에 주의해야 합니다.

사용법

> INSERT INTO 테이블명(열 이름1, 열 이름2, …)
> VALUES(열 이름1의 데이터, 열 이름2의 데이터, …);

마스터코드 테이블을 이용해 실습해 보도록 하겠습니다. 새로운 육계품종인 로스(Ross)를 추가할 예정으로 품종코드는 R1으로 지정해 데이터를 추가해 보겠습니다. 메뉴의 Tools에서 Query Tool을 열어서 INSERT문을 바로 작성해도 됩니다. 하지만 pgAdmin에서는 Script 기능을 제공해 주기 때문에 그림 5-1과 같이 데이터를 추가하고자 하는 마스터코드 테이블 위에서 마우스를 우클릭한 후 Scripts에서 INSERT Script를 클릭하면 자동으로 쿼리 도구가 실행되면서 기본적인 INSERT문이 작성됩니다.

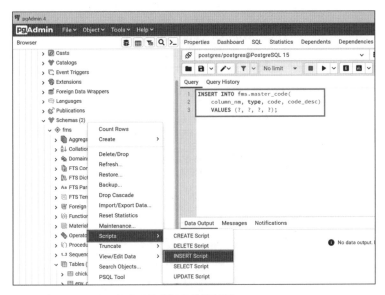

그림 5-1 | INSERT Script 기능을 통해 자동으로 생성된 쿼리

여기서 물음표(?)로 표시된 VALUES 부분에 데이터만 입력하면 됩니다. 그 전에 마스터코드
테이블에 입력되어 있는 육계품종 데이터를 확인해 보면 그림 5-2와 같습니다.

column_nm character varying (15)	type character varying (10)	code character varying (10)	code_desc character varying (20)
breeds	txt	C1	Cornish
breeds	txt	C2	Cochin
breeds	txt	B1	Brahma
breeds	txt	D1	Dorking

그림 5-2 | 마스터코드 테이블의 육계품종 데이터

총 4개의 품종 데이터가 들어 있는데 여기에 새롭게 로스라는 품종을 추가하는 것입니다.

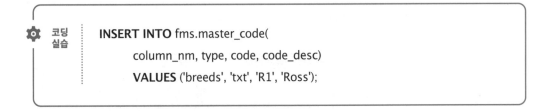

코딩
실습

```
INSERT INTO fms.master_code(
        column_nm, type, code, code_desc)
        VALUES ('breeds', 'txt', 'R1', 'Ross');
```

쿼리가 성공적으로 실행되었다는 메시지가 뜨면 데이터가 마스터코드 테이블에 제대로 입력
되었는지 확인해 보겠습니다. 데이터가 추가되면 가장 마지막에 위치하기 때문에 WHERE절
을 이용해 column_nm이 breeds인 대상만 조회하겠습니다.

SELECT * FROM fms.master_code **WHERE** column_nm = 'breeds';

	column_nm character varying (15) 🔒	type character varying (10) 🔒	code character varying (10) 🔒	code_desc character varying (20) 🔒
1	breeds	txt	C1	Cornish
2	breeds	txt	C2	Cochin
3	breeds	txt	B1	Brahma
4	breeds	txt	D1	Dorking
5	breeds	txt	R1	Ross

Data Output   Messages   Notifications

Total rows: 5 of 5   Query complete 00:00:00.151

그림 5-3 | 마스터코드 테이블에 육계품종 신규 데이터가 추가된 모습

그림 5-3과 같이 데이터가 정상적으로 입력된 것을 확인할 수 있습니다. 원래라면 INSERT
문 실행 후 COMMIT 명령어를 실행해야 트랜잭션(작업의 단위)이 확정되었음을 데이터베이스
에 알리며 이전 트랜잭션(INSERT문)이 실질적으로 반영됩니다. 하지만 쿼리 실행(F5) 시 Auto
commit이 기본으로 적용되어 있기 때문에 별도로 COMMIT 명령어를 실행할 필요가 없습니
다. 이 부분은 변경 가능하며 이후 DELETE문에서 추가적으로 설명하겠습니다.

1-2 데이터 여러 건 추가하기

테이블에 여러 건의 데이터를 추가할 경우에는 다음과 같이 INSERT문의 VALUES 부분만 콤
마(,)로 구분해서 추가해 사용하면 됩니다.

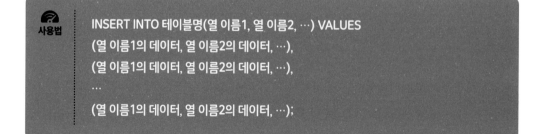

사용법

INSERT INTO 테이블명(열 이름1, 열 이름2, …) VALUES
(열 이름1의 데이터, 열 이름2의 데이터, …),
(열 이름1의 데이터, 열 이름2의 데이터, …),
…
(열 이름1의 데이터, 열 이름2의 데이터, …);

마스터코드 테이블에 육계품종 3건을 추가해 보도록 하겠습니다. 추가하고자 하는 품종은 뉴햄프셔레드(New Hampshire Red), 로드아일랜드레드(Rhode Island Red), 오스트랄로프(Australorp)이며 각각 N1, R2, A1의 코드로 입력하겠습니다.

🔧 **코딩 실습**

```
INSERT INTO fms.master_code(
        column_nm, type, code, code_desc)
        VALUES
        ('breeds', 'txt', 'N1', 'New Hampshire Red'),
        ('breeds', 'txt', 'R2', 'Rhode Island Red'),
        ('breeds', 'txt', 'A1', 'Australorp');
```

위와 같이 쿼리를 입력하고 실행하면 그림 5-4와 같이 데이터가 추가된 것을 확인할 수 있습니다.

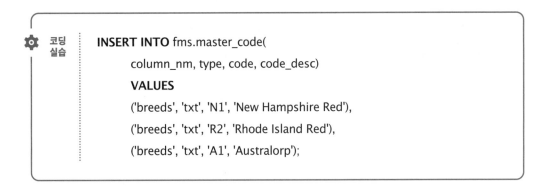

그림 5-4 | 마스터코드 테이블에 육계품종 3건의 데이터가 추가된 모습

INSERT문을 이용해 데이터를 추가하는 방법 외에도 2장에서 실습용 데이터 셋을 준비하기 위해 파일(csv)에 들어 있는 데이터를 pgAdmin의 Import/Export Data... 기능을 이용해 추가했는데 데이터량이 많을 경우에는 이 방법을 사용하는 것이 가장 적합합니다.

02 데이터 수정(UPDATE)

2-1 데이터 수정하기

테이블에 있는 데이터 일부를 수정해야 할 경우에는 UPDATE문을 사용하며 사용법은 다음과 같습니다.

사용법 | UPDATE 테이블명 SET 열 이름=변경할 값 WHERE 조건;

INSERT문과 마찬가지로 데이터를 변경하고자 하는 테이블 위에서 마우스를 우클릭한 후 Scripts에서 UPDATE Script를 선택하면 자동으로 기본 UPDATE문이 생성됩니다.

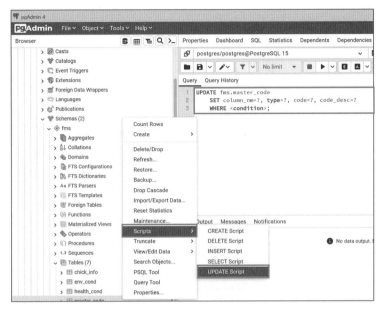

그림 5-5 | UPDATE Script 기능을 통해 자동으로 생성된 쿼리

마스터코드 테이블에 입력된 성별 코드의 설명을 영어에서 한글로 변경하는 UPDATE문을 작성해 보겠습니다. 수정 전 성별 데이터의 경우 그림 5-6과 같이 입력되어 있습니다.

column_nm 🔒 character varying (15)	type 🔒 character varying (10)	code 🔒 character varying (10)	code_desc 🔒 character varying (20)
gender	txt	M	Male
gender	txt	F	Female

그림 5-6 | 마스터코드 테이블의 성별 데이터

column_nm이 gender인 대상의 코드 값이 F일 경우 Female에서 "암컷"으로 변경해 보겠습니다.

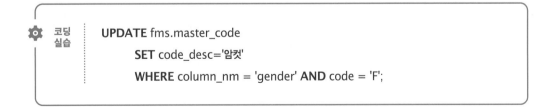

코딩
실습

```
UPDATE fms.master_code
    SET code_desc='암컷'
    WHERE column_nm = 'gender' AND code = 'F';
```

한 건이 성공적으로 변경되었다는 메시지가 뜨면 다음과 같이 쿼리를 작성해 정상적으로 변경되었는지 확인해 보겠습니다.

그림 5-7 | 마스터코드 테이블에 데이터가 수정된 모습

그림 5-7과 같이 데이터가 정상적으로 수정되었음을 확인할 수 있습니다. 이 경우는 WHERE 절을 통해 필터링된 데이터가 한 건 밖에 없어 문제가 없지만 실무에서는 조건 지정을 잘못할 경우 해당되는 모든 데이터가 수정될 수 있기 때문에 주의해야 합니다. 변경한 데이터는 추후 또 다른 실습을 위해 다시 UPDATE문을 이용해 원상복구해 놓기를 바랍니다.

2-2 pgAdmin을 이용해 수정하기

UPDATE문을 이용하지 않더라도 pgAdmin의 View/Edit Data 기능을 통해 클릭 몇 번만으로 데이터 수정이 가능합니다. 육계정보 테이블 위에서 마우스를 우클릭한 후 View/Edit Data에서 "All Rows"를 선택합니다.

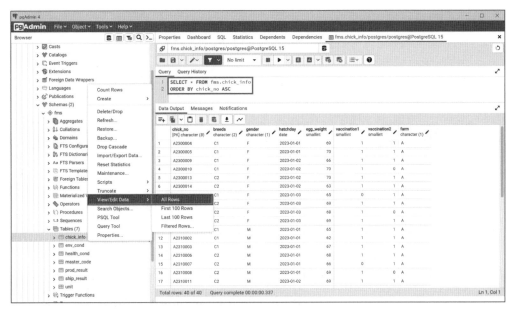

그림 5-8 | 테이블에서 마우스 우클릭 시 나타나는 View/Edit Data 기능

그림 5-8과 같이 자동으로 SELECT문이 생성되면서 전체 데이터가 출력됩니다. 만일 Filtered Rows...를 선택한 경우라면 새로 팝업된 창에 WHERE절에 들어갈 조건을 입력하면 원하는 데이터만 필터링해 조회할 수 있습니다.

이제 그림 5-9와 같이 Data Output 탭에서 단순히 수정하고자 하는 대상을 더블 클릭해 원하는 값으로 바꿔주기만 하면 됩니다. 먼저 정렬된 육계번호 A2300004의 부화일자를 "2023-01-01"에서 "2023-01-10"으로 변경해 보도록 하겠습니다. 해당 데이터를 더블 클릭하면 작은 창이 팝업되는데 여기에 "2023-01-10"을 입력한 후 "OK" 버튼을 클릭합니다.

	chick_no [PK] character (8)	breeds character (2)	gender character (1)	hatchday date	egg_weight smallint	vaccination1 smallint	vaccination2 smallint	farm character (1)
1	A2300004	C1	F		69	1	1	A
2	A2300005	C1	F	2023-01-01	70	1	1	A
3	A2300009	C1	F	2023-01-02	66	1	1	A
4	A2300010	C1	F	2023-01-02	70	1	0	A
5	A2300013	C2	F	2023-01-02	70	1	1	A

그림 5-9 | Data Output 탭에서 데이터 더블 클릭 시 작은 창이 팝업되면서 데이터 수정 가능

수정된 데이터는 그림 5-10과 같이 두껍게(Bold) 표시되고, 여기서 F6 (Save Data Changes) 또는
저장 아이콘을 클릭하면 수정된 데이터가 반영됩니다.

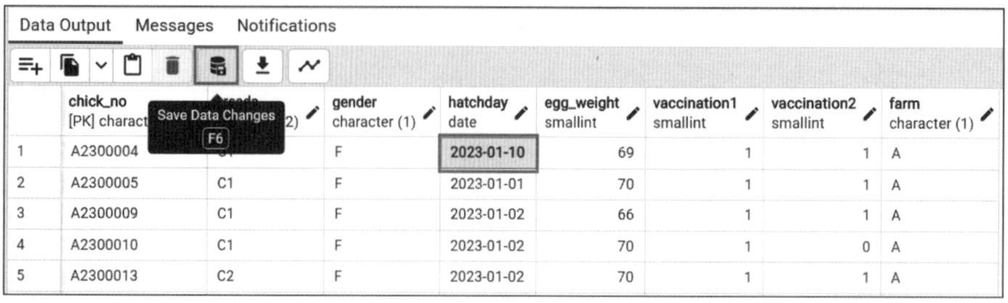

그림 5-10 | 수정된 데이터 및 저장 아이콘

하지만 이렇게 간단히 데이터를 수정하기 위해서는 해당 테이블에 반드시 기본 키(Primary
Key)가 지정되어 있어야 합니다. 그렇지 않으면 pgAdmin이 어떤 데이터를 수정해야 하는
지 알 방법이 없기 때문입니다. 데이터 수정이 가능한 대상은 그림 5-10과 같이 열에 펜 표시
가 있어 수정이 가능함을 확인할 수 있습니다. 기본 키가 지정되어 있지 않은 테이블에는 열
에 자물쇠 표시가 있어 수정이 불가하다는 것을 나타냅니다. 실습용 테이블의 경우 육계정보
테이블 외에는 기본 키가 지정된 테이블이 없기 때문에 pgAdmin의 View/Edit Data 기능을
통한 데이터 수정이 불가합니다. 앞서 수정한 부화일자는 차후 실습을 위해 데이터를 원상복
구해 놓기를 바랍니다.

03 데이터 및 테이블 삭제
(DELETE, DROP TABLE)

3-1 모든 데이터 삭제하기

파일을 이용해 데이터베이스에 데이터를 추가하다가 데이터 길이가 안 맞는 등의 이유로 일부 데이터는 추가되고, 일부 데이터는 누락되어 테이블에 저장된 모든 데이터를 삭제해야 할 경우가 있습니다. 이런 경우에 DELETE문을 이용하며 사용법은 다음과 같습니다.

사용법 | **DELETE 테이블명 WHERE 조건;**

테이블의 모든 데이터를 삭제할 경우에는 위의 사용법에서 조건을 추가하는 WHERE 이하 부분을 빼고 실행하면 됩니다.

DELETE문은 데이터를 삭제하는 것이기 때문에 매우 주의해야 합니다. pgAdmin에서는 Auto commit이 기본이기 때문에 데이터를 입력(INSERT), 수정(UPDATE), 삭제(DELETE)하는 경우에는 해당 기능을 끄고 사용해야 실수했을 때 바로 ROLLBACK 명령어를 이용해 이전 트랜잭션의 취소(복구)가 가능합니다.

Query Tool에서 Auto commit 기능을 끄는 방법은 실행 아이콘 옆의 아래 방향 화살표(∨)를 클릭하면 그림 5-11과 같이 기본으로 Auto commit? 앞에 체크 표시가 되어 있습니다. 해당 부분을 클릭하면 체크 표시가 제거되면서 Auto commit 기능이 꺼집니다.

그림 5-11 | Query Tool의 Auto commit 기능

이제 마스터코드 테이블의 데이터를 전체 삭제해 보도록 하겠습니다. 쿼리는 다음과 같이 간단합니다.

쿼리를 실행하면 24건의 데이터가 삭제되었다는 메시지를 확인할 수 있습니다. SELECT문을 이용해 마스터코드 테이블의 데이터를 조회해 보면 데이터가 하나도 없는 것을 알 수 있습니다. 이제 삭제한 데이터를 다음과 같이 ROLLBACK 명령어를 통해 모두 복구시켜 보겠습니다.

Auto commit 기능을 껐다면 정상적으로 ROLLBACK이 실행되었을 것입니다. 다시 SELECT문을 이용해 마스터코드 테이블의 데이터를 조회해 보면 데이터가 모두 복구된 것을 확인할 수 있습니다. 여기서 확실히 알아야 할 부분은 ROLLBACK은 트랜잭션을 취소하는 명령어이고, SELECT문은 트랜잭션에 해당되지 않는다는 것입니다. 트랜잭션은 데이터베이스의 상태를 변화시키는 기능을 수행하는 작업에만 해당되기 때문입니다. SELECT문은 단순히 데이터를 조회하는 명령어이기 때문에 트랜잭션에 해당되지 않습니다.

3-2 특정 조건의 데이터 삭제하기

DELETE문에 WHERE절 조건을 추가해 특정 데이터만 삭제해 보겠습니다. 계속해서 마스터코드 테이블을 이용하겠습니다. 마스터코드 테이블에는 닭의 중량에 따른 호수 데이터가 7~14호까지 저장되어 있습니다. 생산되고 있는 닭의 호수는 최소 10 이상이므로 그보다 작은 데이터는 사용하지 않기 때문에 삭제해 보도록 하겠습니다.

코딩 실습

```
DELETE FROM fms.master_code
WHERE column_nm = 'size_stand' AND TO_NUMBER(code, '99') < 10;
```

위의 쿼리를 실행하면 3건의 데이터가 삭제되었다는 메시지가 출력됩니다. SELECT문을 통해 column_nm = 'size_stand' 조건에 해당되는 대상만 조회하면 그림 5-12와 같이 5건의 데이터만 조회됨을 확인할 수 있습니다.

Data Output　Messages　Notifications

	column_nm character varying (15)	type character varying (10)	code character varying (10)	code_desc character varying (20)
1	size_stand	number	10	10호
2	size_stand	number	11	11호
3	size_stand	number	12	12호
4	size_stand	number	13	13호
5	size_stand	number	14	14호

Total rows: 5 of 5　Query complete 00:00:00.091

그림 5-12 | 특정 조건의 데이터 삭제 후 결과 확인

만일 Auto commit이 적용되지 않은 상태라면 반드시 COMMIT 명령어를 실행해야 트랜잭션이 반영되니 주의하기를 바랍니다. DELETE문도 앞서 설명한 INSERT, UPDATE문과 마찬가지로 테이블 위에서 마우스를 우클릭한 후 Scripts에서 DELETE Script를 선택해 쿼리를 작성할 수 있습니다.

3-3 테이블 삭제하기(DROP TABLE)

테이블을 삭제하기 위해서는 DROP TABLE이라는 명령어를 사용하며 사용법은 다음과 같습니다.

위와 같이 명령어를 사용해도 되고, 그림 5-13과 같이 pgAdmin에서 삭제하고자 하는 테이블 위에서 마우스를 우클릭한 후 Delete/Drop을 선택해 삭제할 수도 있습니다.

그림 5-13 | 테이블 삭제 방법

해당 실습은 별도로 하지 않겠습니다.

| 핵 | 심 | 요 | 약 |

1 데이터 추가하기

INSERT INTO 테이블명(열 이름1, 열 이름2, …) VALUES (열 이름1 데이터, 열 이름2 데이터, …);

2 데이터 수정하기

- UPDATE 테이블명 SET 열 이름=변경할 값 WHERE 조건;
- pgAdmin의 View/Edit Data 기능을 이용할 경우에는 기본 키(Primary Key)가 지정된 테이블만 수정할 수 있음

3 데이터 및 테이블 삭제하기

- 데이터 삭제 : DELETE 테이블명 WHERE 조건;
- 테이블 삭제 : DROP TABLE 테이블명;

4 pgAdmin의 Scripts 기능

생성된 테이블 위에서 마우스 우클릭 시 Scripts 기능을 통해 기본적인 DELETE, INSERT, SELECT, UPDATE 쿼리를 작성할 수 있으며 CREATE Script의 경우 해당 테이블을 생성하는 쿼리문이 자동으로 작성됨

5 트랜잭션의 처리

트랜잭션(Transaction)은 데이터베이스의 상태를 변화시키는 기능을 수행하는 작업의 단위로 INSERT, UPDATE, DELETE, DROP TABLE 등의 명령어가 트랜잭션에 해당됨

- COMMIT : 트랜잭션 확정
- ROLLBACK : 트랜잭션 취소

| 연 | 습 | 문 | 제 |

1 다음 중 트랜잭션에 해당되지 <u>않는</u> 명령어는 무엇인가요? (단, 해당 명령어를 단독으로 사용)

   ① SELECT   ② INSERT   ③ DROP TABLE   ④ UPDATE

2 pgAdmin에서는 View/Edit Data 기능을 이용해 UPDATE문을 작성하지 않고도 데이터를 수정할 수 있는 기능을 제공합니다. 해당 기능이 동작하기 위해 테이블에 지정되어야 할 제약 조건은 무엇인가요?

   ① Foreign Key   ② Check   ③ Primary Key   ④ Not NULL

3 pgAdmin의 Scripts 기능에서 제공해 주는 명령어가 <u>아닌</u> 것은 무엇인가요?

   ① CREATE   ② SELECT   ③ UPDATE   ④ DROP TABLE

4 데이터베이스에서 트랜잭션의 취소를 뜻하는 명령어로 테이블의 데이터를 잘못 삭제했을 경우 복구를 위해 수행하는 명령어는 무엇인가요?

5 pgAdmin은 기본적으로 쿼리 실행 시 이 기능이 적용되어 있기 때문에 데이터를 잘못 수정하거나 삭제했을 경우 복구가 안 될 수 있습니다. 이 기능은 무엇인가요?

6

CHAPTER

학습목표

· 프로시저(Procedure)를 사용할 수 있습니다.

· 스택빌더(Stack Builder)를 사용해 추가 도구를 설치할 수 있습니다.

· 잡(Job)을 등록할 수 있습니다.

프로시저와 잡

특정 시점에 특정 소스의 데이터를 특정 테이블에 자동으로 저장할 수 있는

프로시저(Procedure)와 잡(Job)을 생성하는 방법에 대해서 실습해 보겠습니다.

Structured Query Language

01 프로시저(Procedure)

1-1 프로시저란?

PostgreSQL에서는 기본적인 SQL 외에도 프로시저 언어라는 것을 이용해 보다 복잡한 함수를 만들 수 있습니다. 사용 가능한 프로시저 언어는 다음과 같이 쿼리를 이용해 조회할 수 있습니다.

```sql
SELECT * FROM pg_available_extensions WHERE comment like '%procedural language';
```

	name	default_version	installed_version	comment
	name 🔒	text	text	text 🔒
1	plperl	1.0	[null]	PL/Perl procedural language
2	plperlu	1.0	[null]	PL/PerlU untrusted procedural language
3	plpgsql	1.0	1.0	PL/pgSQL procedural language
4	plpython3u	1.0	[null]	PL/Python3U untrusted procedural language
5	pltcl	1.0	[null]	PL/Tcl procedural language
6	pltclu	1.0	[null]	PL/TclU untrusted procedural language

Data Output   Messages   Notifications

그림 6-1 | 추가로 설치 가능한 프로시저 언어

프로시저(Procedure)는 일련의 쿼리를 하나의 함수처럼 실행하기 위한 쿼리의 집합입니다. 뷰테이블의 경우 참조하는 테이블의 데이터가 바뀌면 그대로 바뀌지만 데이터가 바뀌지 않고 저장되기를 원할 수도 있습니다. 예를 들어, 제품을 저장하는 창고가 있다고 생각해 보겠습니다. 해당 창고에 있는 제품 현황을 실시간으로 조회하는 테이블은 뷰 테이블이 적합합니다. 하지만 매일 09시 기준으로 창고의 재고 현황을 물류 관리 측면에서 기록하고 보고해야 한다면 계속해서 데이터가 바뀌는 뷰 테이블은 적합하지 않습니다. 이때에는 그 시점의 데이터를 캡처(Capture)해야 합니다. 이 기능을 구현하기 위해서는 2가지가 필요합니다. 하나는 원하는 데이터를 조회해 특정 테이블에 저장하는 쿼리를 작성해야 합니다. 다른 하나는 해당 쿼리를 매일 09시마다 자동으로 실행될 수 있게 스케줄링해야 합니다. 앞의 것을 구현할 수 있는 것이 프로시저(Procedure)이고, 뒤의 것을 구현할 수 있는 것이 잡(Job)입니다.

1-2 실습용 테이블 만들기

육계품종별 생산실적을 입력하는 쿼리를 프로시저로 구현해 보겠습니다. 이에 앞서 해당 프로시저를 실행했을 때 데이터가 저장될 테이블을 먼저 만들겠습니다. fms 스키마에 breeds_prod_tbl이라는 이름으로 실습용 테이블을 생성합니다.

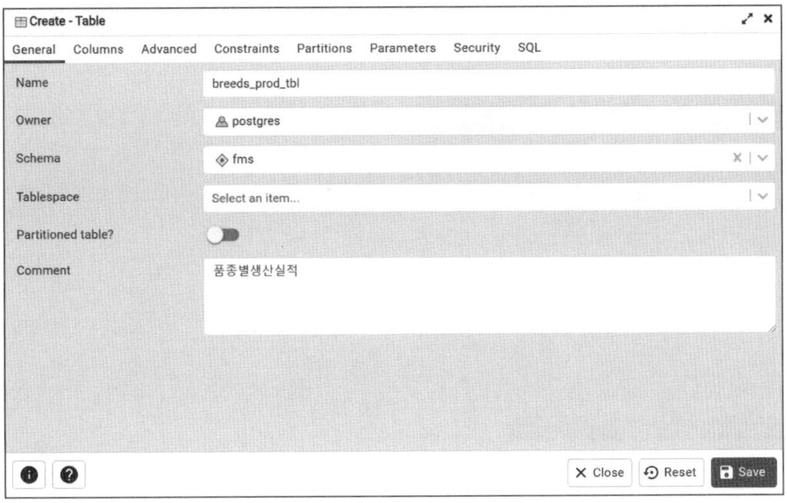

그림 6-2 | 실습용 테이블 만들기

이 테이블에는 4개의 열을 생성할 것입니다. prod_date(생산일자), breeds_nm(품종명), total_sum(생산량합계)의 3개 열은 4장에서 생성한 뷰 테이블인 breeds_prod에서 가져오고, 마지막 열인 save_time(저장일시)은 프로시저가 실행된 시각을 저장할 예정입니다.

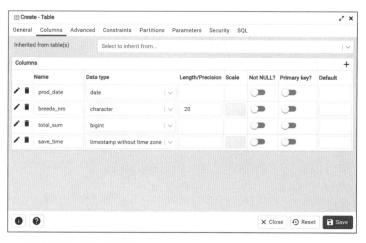

그림 6-3 | 실습용 테이블 열 만들기

1-3 프로시저 만들기

pgAdmin 좌측의 Browser에서 fms 스키마의 Procedures에서 마우스를 우클릭한 후 Create → Procedure...를 선택하면 프로시저를 생성할 수 있습니다.

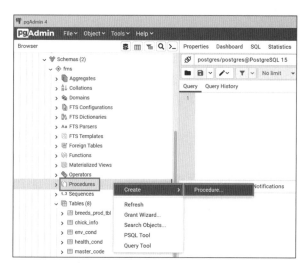

그림 6-4 | 프로시저 생성하기

프로시저의 이름(Name)은 breeds_prod_proc로 설정하고, 코멘트(Comment)에는 "품종별생
산실적 입력 프로시저"라고 입력합니다.

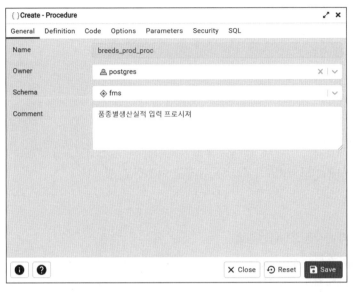

그림 6-5 | 프로시저 이름 설정

Code 탭에서 그림 6-6과 같이 INSERT문을 입력한 후 "Save" 버튼을 클릭하면 프로시저 생
성이 완료됩니다. 쿼리의 내용은 breeds_prod 뷰 테이블에서 생산일자, 품종명, 생산량합계
를 가져오고, breeds_prod_tbl 테이블에 현재 시각을 함께 저장하는 것으로 INSERT문에서
SELECT문을 불러와서 저장할 때에는 VALUES 없이 바로 SELECT문을 입력하면 됩니다.

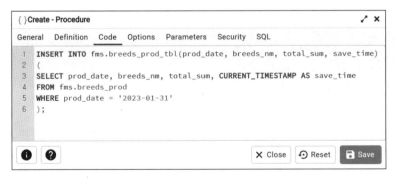

그림 6-6 | 프로시저 코드 입력

```
INSERT INTO fms.breeds_prod_tbl(prod_date, breeds_nm, total_sum, save_time)
(
SELECT prod_date, breeds_nm, total_sum, CURRENT_TIMESTAMP AS save_time
FROM fms.breeds_prod
WHERE prod_date = '2023-01-31'
);
```

시스템상에서 현재 시각을 조회하는 함수는 CURRENT_TIMESTAMP로 날짜와 시각까지 조회됩니다. 날짜만 조회할 경우에는 CURRENT_DATE 함수를 이용하면 됩니다.

Oracle에서 현재 날짜와 시각을 조회하는 방법

Oracle에서는 SYSDATE라는 함수를 이용합니다.
- PostgreSQL : SELECT CURRENT_TIMESTAMP;
- Oracle : SELECT SYSDATE FROM DUAL;

1-4 프로시저 실행하기

생성된 프로시저를 실행하는 쿼리는 다음과 같습니다.

 사용법   CALL 프로시저명();

쿼리 툴에서 쿼리를 이용해 실행해도 되고, Scripts 기능을 이용해도 됩니다. breeds_prod_proc 프로시저 위에서 마우스를 우클릭한 후 Scripts → EXEC Script를 실행하면 그림 6-7과 같이 자동으로 프로시저를 불러오는 쿼리가 실행됩니다.

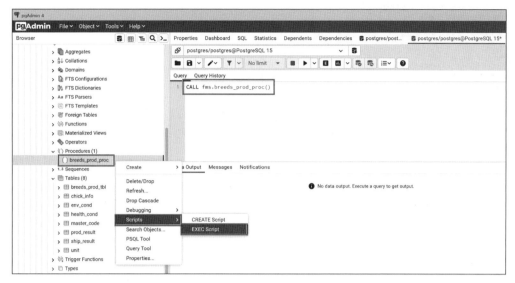

그림 6-7 | 프로시저 실행 쿼리 열기

F5를 눌러서 실행하면 그림 6-8과 같이 성공적으로 리턴되었다는 메시지가 출력됩니다.

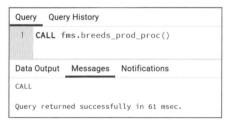

그림 6-8 | 프로시저 실행 결과 메시지

이제 실습용으로 생성한 breeds_prod_tbl 테이블에 프로시저로 실행한 INSERT문 쿼리가
정상적으로 동작해 데이터가 입력되었는지 SELECT문을 이용해 확인해 보겠습니다.

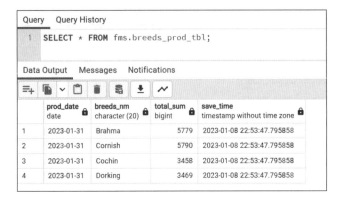

그림 6-9 | 프로시저로 입력된 데이터 조회 결과

그림 6-9와 같이 프로시저의 INSERT문 쿼리가 정상적으로 실행되어 4건의 데이터가 입력되었음을 확인할 수 있습니다. 차후 잡 등록 실습을 위해 해당 데이터는 다음과 같이 DELETE문을 이용해 삭제하겠습니다.

코딩
실습 | **DELETE FROM** fms.breeds_prod_tbl;

02 잡(Job)

2-1 pgAgent 설치하기

앞서 생성한 프로시저가 특정 시점에 자동으로 실행되도록 스케줄링을 설정하는 잡(Job)을 등록하기 위해서는 pgAgent라는 추가 도구가 필요합니다. 이 도구는 PostgreSQL과 함께 설치된 Application Stack Builder라는 프로그램을 이용해 설치할 수 있는데 윈도우 시작의 PostgreSQL 폴더에 위치해 있습니다.

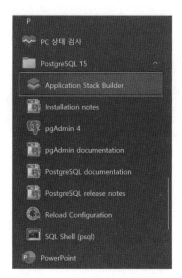

그림 6-10 │ PostgreSQL과 함께 설치된 Application Stack Builder

Application Stack Builder를 실행한 후 그림 6-11과 같이 인스톨된 PostgreSQL을 선택하고 "Next" 버튼을 클릭하면 설치할 수 있는 다양한 카테고리가 나옵니다. 여기서 Add-ons, tools and utilities의 pgAgent (64 bit) for PostgreSQL 앞의 체크 박스를 클릭해 선택한 후 "Next" 버튼을 클릭합니다.

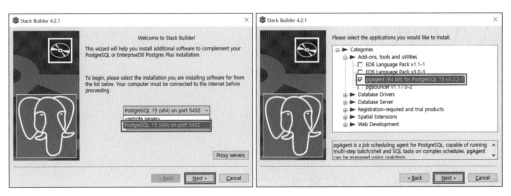

그림 6-11 | Stack Builder 활용 설치할 추가 도구 선택

그러면 pgAgent를 다운로드받을 위치를 지정할 수 있는 화면이 나오는데 기본 위치는 해당 윈도우 계정의 다운로드 폴더입니다. 위치 변경 없이 "Next" 버튼을 클릭합니다. 설치 파일의 다운로드가 완료되면 Skip Installation 앞의 체크 박스가 체크 해제된 상태 그대로 "Next" 버튼을 클릭해 Install을 진행합니다.

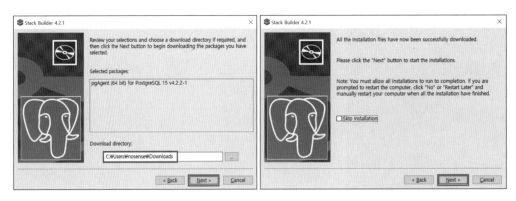

그림 6-12 | Stack Builder 활용 추가 도구 다운로드

자동으로 다운로드받은 edb_pgagent_pg15.exe 파일이 실행되면서 그림 6-13과 같이 설치가 진행됩니다. "Next" 버튼을 클릭합니다. 그런 다음 Upgrade Mode에 체크하지 않고, "Next" 버튼을 클릭해 다음으로 넘어갑니다.

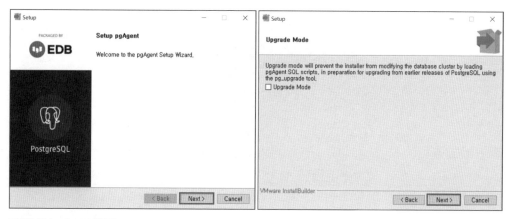

그림 6-13 | pgAgent 설치 1

PostgreSQL의 설치 정보를 그림 6-14와 같이 입력합니다. 기본적인 값은 자동으로 들어 있으므로 Password만 입력하면 됩니다. 이제까지 실습의 비밀번호는 1111을 사용했기 때문에 "1111"을 입력하고 "Next" 버튼을 클릭합니다. 시스템 유저의 Password도 동일하게 "1111"을 입력한 후 "Next" 버튼을 클릭합니다.

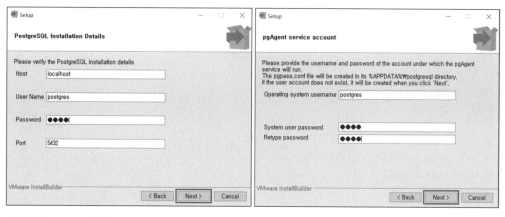

그림 6-14 | pgAgent 설치 2

이제 Install할 준비가 완료되었습니다. 그림 6-15와 같이 "Next" 버튼을 클릭하면 설치가 진행됩니다. 설치가 완료되면 "Finish" 버튼을 클릭해 종료합니다.

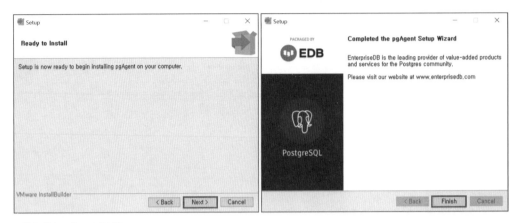

그림 6-15 | pgAgent 설치 3

pgAgent 설치가 완료되었습니다. 그러면 그림 6-16과 같이 Stack Builder에서 설치가 완료되었다는 화면으로 전환되는데 "Finish" 버튼을 클릭하면 Stack Builder도 종료됩니다.

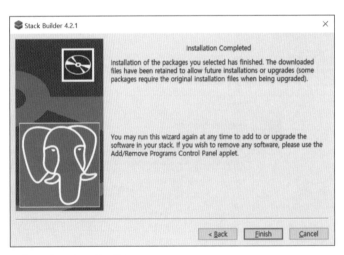

그림 6-16 | Stack Builder 종료

다시 pgAdmin을 실행하면 pgAgent가 추가된 것을 확인할 수 있습니다.

2-2 잡 등록하기

설치된 pgAgent는 pgAdmin의 좌측 Browser에서 찾을 수 있습니다. pgAgent Jobs에서
마우스를 우클릭한 후 Create → pgAgent Job...을 선택하면 그림 6-17과 같이 잡을 등록할
수 있습니다.

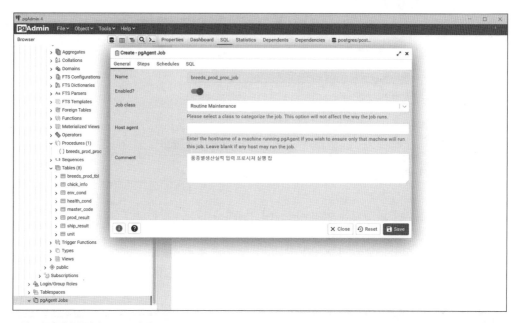

그림 6-17 | 잡 등록하기 - General 탭

잡의 이름을 breeds_prod_proc_job으로 지정하고, Steps 탭으로 넘어갑니다. 우측 상단의
"+" 버튼을 클릭해 행을 추가한 후 Name에 "step"이라고 입력합니다. Steps 탭에서는 잡이 등
록될 기본적인 정보와 실행할 코드를 입력합니다. 그런 다음 좌측의 연필 모양 아이콘을 클릭
하면 그림 6-18과 같이 General, Code 탭이 펼쳐집니다.

그림 6-18 | 잡 등록하기 - Steps 탭의 General 탭

General 탭에서는 잡의 종류와 연결 방식, 데이터베이스를 지정합니다. 현재는 데이터베이스가 Local에 설치되어 있기 때문에 연결 방식에 Local을 선택하지만 원격으로 연결한다면 Remote로 선택한 후 접속 정보를 다음과 같은 형태로 입력해야 합니다.

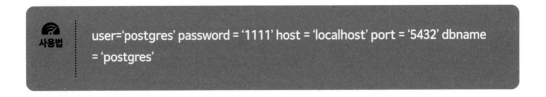

사용법 user='postgres' password = '1111' host = 'localhost' port = '5432' dbname = 'postgres'

이제 Code 탭으로 넘어가겠습니다.

그림 6-19 | 잡 등록하기 - Steps 탭의 Code 탭

Code 탭에서는 앞서 생성한 프로시저를 실행하는 코드를 다음과 같이 입력하면 됩니다.

코딩
실습

CALL fms.breeds_prod_proc();

Schedules 탭으로 넘어가서 앞서 지정한 step을 언제 실행할지 지정하겠습니다. 그림 6-20
과 같이 앞서 Steps 탭과 동일하게 우측 상단의 "+" 버튼을 클릭해 행을 추가한 후 Name에
"everyminute"이라고 입력하겠습니다. 실습 결과를 신속하게 확인하기 위해 1분 주기로
step이 실행되게 지정할 예정이기 때문입니다. General 탭에서는 step이 실행될 기간을 지
정합니다. 시작(Start) 부분에서는 실습하고 있는 날짜와 시각을 지정하고, 종료(End) 부분에서
는 여유 있게 2~3일 뒤 임의의 날짜와 시각을 지정합니다.

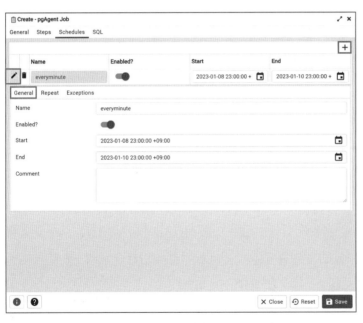

그림 6-20 | 잡 등록하기 - Schedules 탭의 General 탭

Repeat 탭으로 넘어가겠습니다. Repeat 탭에서는 반복될 요일, 일자, 월, 시각, 분을 선택할
수 있습니다.

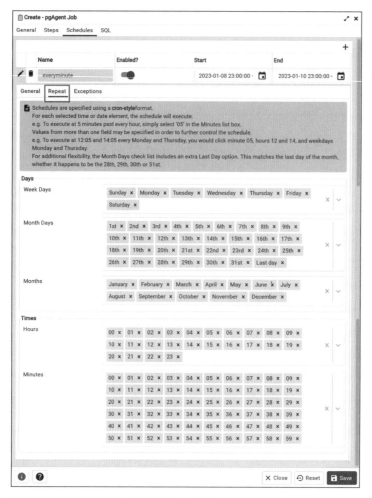

그림 6-21 | 잡 등록하기 - Schedules 탭의 Repeat 탭

Repeat 탭에서는 반복 기능을 이용해 원하는 일자 또는 시간 대에 앞서 지정한 step을 실행할 수 있도록 스케줄링할 수 있으며, 실습의 경우 결과를 바로 확인하기 위해 1분 주기로 반복되도록 그림 6-21과 같이 모든 조건을 선택할 수 있습니다.

그런 다음 SQL 탭을 확인해 보면 그림 6-22와 같이 앞서 지정한 조건들로 SQL이 자동 생성된 것을 확인할 수 있습니다.

그림 6-22 | 잡 등록하기 - SQL 탭

이제 "Save" 버튼을 클릭해 저장한 후 잡이 똑바로 실행되었는지 1분 뒤에 확인해 보겠습니다. SELECT문을 이용해 breeds_prod_tbl의 데이터를 확인해 본 결과, 그림 6-23과 같이 데이터가 정상적으로 입력되었음을 확인할 수 있습니다.

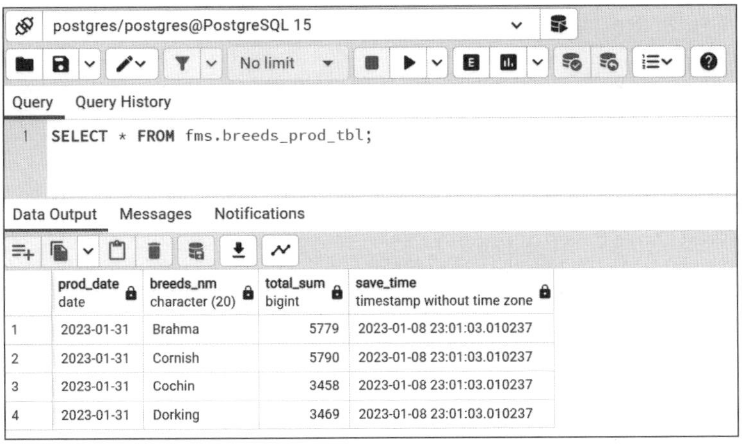

그림 6-23 | 잡 스케줄링 실행 결과

잡이 1분마다 계속해서 실행되면 앞으로 실습 및 PC에 부하를 일으키기 때문에 잡을 사용하지 않도록 breeds_prod_proc_job에서 마우스를 우클릭한 후 Properties...에서 General 탭의 Enabled를 비활성화시키겠습니다.

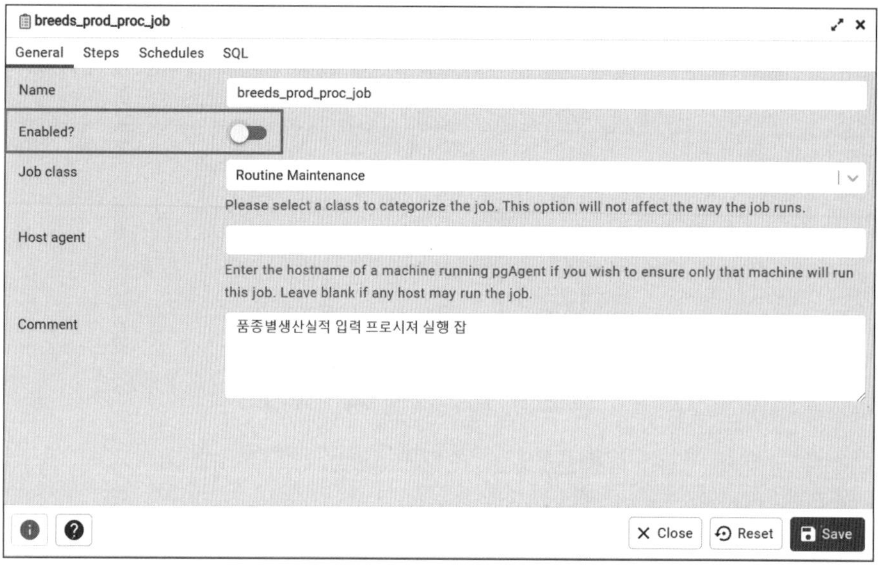

그림 6-24 | 잡 스케줄링 중단

| 핵 | 심 | 요 | 약 |

1 프로시저(Procedure)

- 복잡한 함수 생성을 위해 추가로 설치해 사용할 수 있는 언어
- 일련의 쿼리를 하나의 함수처럼 실행하기 위한 쿼리의 집합
- 프로시저 호출 방법 : CALL 프로시저명();

2 잡(Job)

- 정해진 시간에 반복적으로 작업을 실행할 수 있도록 스케줄링해 주는 기능
- Stack Builder를 이용해 pgAgent라는 추가 도구를 설치해야 사용 가능
- 잡 생성 순서 : Steps 탭에서 연결 정보, 실행할 Code 입력 후 Schedules 탭에서 실행 기간 및 반복 주기 설정
- 주로 프로시저를 잡에 등록시켜 주기적으로 자동 실행하는 데 사용

3 현재 날짜와 시각 조회 함수

- 현재 날짜와 시각(YYYY-MM-DD HH:MI:SS) : CURRENT_TIMESTAMP
- 현재 날짜(YYYY-MM-DD) : CURRENT_DATE

| 연 | 습 | 문 | 제 |

1 다음 중 PostgreSQL에서 추가로 설치할 수 있는 프로시저 언어가 <u>아닌</u> 것은 무엇인가요?

① PL/Perl
② PL/C++
③ PL/pgSQL
④ PL/Tcl

2 Application Stack Builder를 이용해 추가로 설치할 수 있는 카테고리가 <u>아닌</u> 것은 무엇인가요?

① Add-ons, tools and utilities
② Database Drivers
③ Web Development
④ Python libraries

3 pgAgent를 이용해 잡(job) 등록 시 반복적으로 실행하기 어려운 조건은 무엇인가요?

① 매년 추석 09시 00분
② 매일 09시 00분
③ 매주 수요일 09시 00분
④ 매월 10일 08시 59분

4 아래와 같이 원격으로 PostgreSQL 서버에 잡(job)을 등록할 경우 알맞은 Connection string을 작성해 보세요.

IP	Port	Database	User	Password
192.168.1.2	6432	chicken	user01	fms01

- 3개 이상의 테이블을 조인해 원하는 결과물을 추출할 수 있습니다.

- 그룹별 행 번호를 부여할 수 있습니다.

- 리포팅에 적합한 뷰를 작성할 수 있습니다.

사례 기반
실습

실습용 데이터를 이용해 가상의 시나리오를 기반으로 다양한 SQL 작성을 실습해 보겠습니다.

Structured Query Language

01 조류독감이 의심되는 닭을 찾아보자!

[실습 스토리]

김 대표가 운영하는 양계농장 주변으로 조류독감이 창궐하기 시작했습니다. 김 대표는 일이 커지기 전에 미리 조류독감이 의심되는 닭을 처리할 예정입니다. 조류독감에 걸린 닭은 사료섭취량이 급격히 줄고, 호흡이 가빠지는 특징을 가지고 있습니다. 농장관리시스템 데이터를 이용해 조류독감이 의심되는 닭을 찾아 신속하게 제거하도록 하겠습니다.

조류독감의 특징으로 사료섭취량 감소 및 호흡수 증가, 체온 상승이 있습니다. 이런 데이터는 건강상태(health_cond) 테이블에 저장되어 있습니다. 건강상태는 10일에 1번씩 체크했기 때문에 동일한 육계번호에 총 3건의 데이터가 존재합니다. 닭은 성장함에 따라 사료섭취량이 늘고, 호흡수가 줄어들며, 40.6~41.7℃ 체온 범위를 가집니다. 이런 기초 지식하에 조류독감이 의심되는 닭을 찾아보도록 하겠습니다. 아무래도 온도가 가장 큰 특징이기 때문에 체온을 기준으로 내림차순 정렬해 데이터를 살펴보도록 하겠습니다.

 코딩
실습   **SELECT * FROM** fms.health_cond **ORDER BY** body_temp **DESC**;

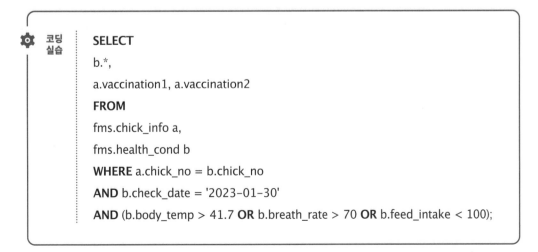

그림 7-1 | 건강상태 테이블의 체온 기준 내림차순 정렬 결과

체온을 내림차순으로 정렬해 확인해 본 결과, 그림 7-1과 같이 41.7℃보다 높은 닭이 2마리 (B2310019, B2300009) 있는 것을 확인할 수 있습니다. 2023년 1월 30일 검사일자를 기준으로 해당 개체들의 사료섭취량이 다른 개체들보다 낮고, 호흡수는 높은 것을 알 수 있습니다. 특히 육계번호 B2310019의 경우 설사(diarrhea_yn) 증상도 있고, 노트(note)에 "체온이 45도를 넘어가고 호흡수가 빠르며 사료섭취량이 20%가량 줄었음"이라는 특이사항 또한 입력되어 있습니다. ORDER BY절을 이용한 간단한 쿼리로 빠르고 쉽게 조류독감이 의심되는 닭을 찾을 수 있었습니다. 하지만 차후 체온이 아닌 다른 특징들만 발현되었을 경우를 대비해 다양한 조건으로 필터링할 수 있는 쿼리를 작성해 보도록 하겠습니다. 추가로 육계정보(chick_info) 테이블에서 예방접종 실적도 함께 볼 수 있도록 JOIN도 시켜보겠습니다. 체온 이외에 정량적으로 확인되는 특징으로는 대략적으로 호흡수가 70보다 크고, 사료섭취량이 100보다 작은 것을 데이터로 확인할 수 있습니다. 이런 특징들을 WHERE절과 논리 연산자, 비교 연산자를 이용해 쿼리로 작성하면 다음과 같습니다.

코딩 실습

```
SELECT
b.*,
a.vaccination1, a.vaccination2
FROM
fms.chick_info a,
fms.health_cond b
WHERE a.chick_no = b.chick_no
AND b.check_date = '2023-01-30'
AND (b.body_temp > 41.7 OR b.breath_rate > 70 OR b.feed_intake < 100);
```

Data Output Messages Notifications

	chick_no character (8)	check_date date	weight smallint	body_temp numeric (3,1)	breath_rate smallint	feed_intake smallint	diarrhea_yn character (1)	note text	vaccination1 smallint	vaccination2 smallint
1	B2300009	2023-01-30	1779	43.2	77	91	N	[null]	1	1
2	B2310019	2023-01-30	1711	45.2	81	83	Y	체온이 45도를 넘어가고, ...	0	0

Total rows: 2 of 2 Query complete 00:00:00.088

그림 7-2 | 조류독감 의심 조건 필터링 쿼리 실행 결과

여기서 주의할 부분은 AND와 OR 연산자를 함께 쓸 경우 괄호로 잘 구분해 주어야 한다는 것입니다. 앞서의 경우 검사일자는 특정일자로 고정시키고, 나머지 3가지 조건은 괄호를 이용해 OR 조건으로 묶어주었습니다.

02 건강상태가 나빠진 원인을 찾아보자!

[실습 스토리]

다행히도 조류독감이 의심되던 닭 2마리 모두 단순 질병인 것으로 검사 결과가 나왔습니다. 그중 한 마리는 2회 의 예방접종을 하지 않았으나 다른 한 마리는 예방접종을 모두 했음에도 불구하고 건강상태가 나빠졌습니다. 왜 이런 일이 발생했는지 조사해 보도록 하겠습니다.

육계번호 B2300009의 경우 예방접종도 모두 했으나 1월 30일 검사 결과 체온이 올라가고 사 료섭취량이 줄어드는 등 건강상태가 나빠졌습니다. 이런 문제가 발생한 것은 해당 육계 자체 의 유전적 요인 또는 기타 환경적 요인에 의한 것으로 추정됩니다. 유전적 요인은 파악이 어 려우므로 환경적 요인에 대해서 조사해 보도록 하겠습니다. 사육환경(env_cond) 테이블에는 사육장별로 매일 기온(temp), 습도(humid), 점등시간(light_hr), 조도(lux) 데이터가 저장되어 있 습니다. 사육장 환경이 병아리의 성장에 따라 적절히 조절되지 않으면 닭으로 성장하는 데 문 제가 발생할 수 있어 철저히 관리해야 합니다. 특히 온도의 경우 처음에는 35℃ 정도로 높게 시작했다가 병아리가 성장하면서 21℃ 수준으로 낮추어야 합니다. 습도의 경우는 60% 수준 으로 일정하게 유지되어야 합니다. 이런 배경 지식하에 사육환경 테이블의 데이터를 전체적 으로 한 번 살펴보겠습니다.

```
SELECT * FROM fms.env_cond;
```

	farm character (1)	date date	temp smallint	humid smallint	light_hr smallint	lux smallint
25	A	2023-01-25	21	[null]	[null]	[null]
26	A	2023-01-26	21	60	23	5
27	A	2023-01-27	21	60	23	5
28	A	2023-01-28	21	60	23	5
29	A	2023-01-29	21	60	23	5
30	A	2023-01-30	21	60	23	5
31	B	2023-01-01	35	60	23	15
32	B	2023-01-02	35	60	23	15
33	B	2023-01-03	34	60	23	15
34	B	2023-01-04	33	60	23	15
35	B	2023-01-05	33	60	14	10
36	B	2023-01-06	33	60	14	10

Total rows: 60 of 60   Query complete 00:00:00.050

그림 7-3 | 사육환경 테이블의 일부 데이터

데이터 확인 결과, 그림 7-3과 같이 1월 25일의 경우 습도계와 조도계 데이터 전송에 문제가 있었는지 테이블에 데이터가 저장되지 않았고, 나머지는 데이터가 정상적으로 입력되어 있었습니다. 사육환경 테이블의 데이터를 기준으로 육계번호 B2300009의 건강상태 데이터 일부만 JOIN시켜서 살펴보도록 하겠습니다.

```
SELECT a.*, b.*
FROM
(
        SELECT date, temp, humid
        FROM fms.env_cond
        WHERE farm = 'B'
) a
LEFT OUTER JOIN
(
```

```
        SELECT chick_no, check_date, weight, body_temp, feed_intake
        FROM fms.health_cond
        WHERE chick_no = 'B2300009'
) b
ON a.date = b.check_date;
```

	date date	temp smallint	humid smallint	chick_no character (8)	check_date date	weight smallint	body_temp numeric (3,1)	feed_intake smallint
10	2023-01-10	30	60	B2300009	2023-01-10	858	40.6	53
11	2023-01-11	29	60	[null]	[null]	[null]	[null]	[null]
12	2023-01-12	29	60	[null]	[null]	[null]	[null]	[null]
13	2023-01-13	28	60	[null]	[null]	[null]	[null]	[null]
14	2023-01-14	28	60	[null]	[null]	[null]	[null]	[null]
15	2023-01-15	27	60	[null]	[null]	[null]	[null]	[null]
16	2023-01-16	26	60	[null]	[null]	[null]	[null]	[null]
17	2023-01-17	26	60	[null]	[null]	[null]	[null]	[null]
18	2023-01-18	25	60	[null]	[null]	[null]	[null]	[null]
19	2023-01-19	24	60	[null]	[null]	[null]	[null]	[null]
20	2023-01-20	23	60	B2300009	2023-01-20	1650	40.6	90
21	2023-01-21	22	60	[null]	[null]	[null]	[null]	[null]
22	2023-01-22	22	60	[null]	[null]	[null]	[null]	[null]
23	2023-01-23	22	80	[null]	[null]	[null]	[null]	[null]
24	2023-01-24	22	70	[null]	[null]	[null]	[null]	[null]
25	2023-01-25	21	[null]	[null]	[null]	[null]	[null]	[null]
26	2023-01-26	21	60	[null]	[null]	[null]	[null]	[null]
27	2023-01-27	21	60	[null]	[null]	[null]	[null]	[null]
28	2023-01-28	21	60	[null]	[null]	[null]	[null]	[null]
29	2023-01-29	21	60	[null]	[null]	[null]	[null]	[null]
30	2023-01-30	21	60	B2300009	2023-01-30	1779	43.2	91

Total rows: 30 of 30   Query complete 00:00:00.133

그림 7-4 | 육계번호 B2300009의 건강상태와 사육환경 JOIN 쿼리 실행 결과

데이터 확인 결과, 그림 7-4와 같이 육계번호 B2300009의 경우 1월 20일 검사 시점까지는 체온에 큰 변화가 없었으나 1월 30일 검사에서는 체온이 2.6℃ 올라갔음을 확인할 수 있습니다. 그리고 해당 시점 사이인 1월 23일과 24일에는 습도가 60%로 유지되지 못하고 80%, 70%가 되기도 했습니다. 확인할 수 있는 데이터의 한계로 건강상태가 나빠진 정확한 원인은 알 수 없지만 주어진 데이터를 기반으로 추정해 본다면 B2310019를 제외한 사육장 B에 있던 수많은 육계들 중 B2300009 혼자만 건강상태가 나빠진 이유는 해당 개체가 습도에 민감한 유전적 문제를 가진 것이 아니었을까 생각됩니다.

03 품종별 가장 무거운 닭 Top 3를 골라보자!

[실습 스토리]

김 대표의 양계장에서는 4가지 품종의 닭을 사육하고 있습니다. 육계 생산량을 늘리기 위해서는 종란무게, 사육 환경, 품종별 특징 등의 변수를 적절히 관리해야 합니다. 품종별로 중량이 많이 나가는 닭 3마리씩을 표본으로 뽑아서 해당 닭의 특징을 분석해 생산량을 늘릴 수 있는 방법에 대해서 고민해 보겠습니다.

생산실적(prod_result) 테이블에는 생닭중량(raw_weight) 데이터가 있고, 육계정보(chick_info) 테이블에는 품종코드가 존재합니다. 먼저 두 테이블을 JOIN시켜 원하는 열을 출력할 수 있게 쿼리를 작성해 보겠습니다.

 코딩
실습

```
SELECT
a.chick_no, a.breeds, b.raw_weight
FROM
fms.chick_info a,
fms.prod_result b
WHERE a.chick_no = b.chick_no;
```

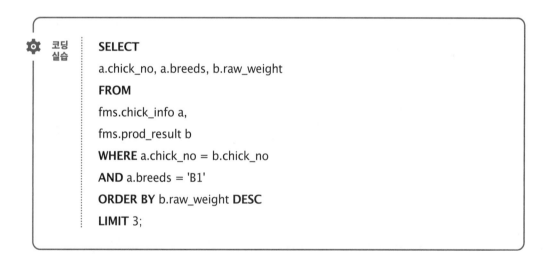

그림 7-5 | 육계번호별 품종코드, 생닭중량 JOIN 쿼리 실행 결과

이제 품종별로 생닭중량을 내림차순 정렬해 무거운 순서대로 3마리씩만 출력되게 만들어야
합니다. 그런데 LIMIT절을 이용해 3을 지정하면 전체에서 Top 3만 선택되기 때문에 품종별
로 생닭중량 Top 3를 뽑으려면 다음과 같이 특정 품종을 지정해 쿼리를 작성한 후 UNION을
이용해 4개 품종을 행을 기준으로 합쳐야 합니다.

⚙ 코딩
실습

```
SELECT
a.chick_no, a.breeds, b.raw_weight
FROM
fms.chick_info a,
fms.prod_result b
WHERE a.chick_no = b.chick_no
AND a.breeds = 'B1'
ORDER BY b.raw_weight DESC
LIMIT 3;
```

그림 7-6 | B1 품종 생닭중량 Top 3 출력 쿼리 실행 결과

이런 경우를 위해 그룹별 순서를 지정할 수 있는 함수가 존재하며 사용법은 다음과 같습니다.

사용법 | **ROW_NUMBER() OVER(PARTITION BY 그룹 기준 열 이름 ORDER BY 정렬 기준 열 이름);**

원래 ROW_NUMBER() OVER() 함수는 행 번호를 생성해 주는 함수인데 여기서 PARTITION BY 뒤에 그룹 기준이 되는 열 이름을 지정하고, ORDER BY 뒤에 정렬 기준이 되는 열 이름을 지정하면 그룹별로 정렬 기준에 따라 순서대로 행 번호가 생성됩니다. 이후 WHERE절에 행 번호의 제한을 걸면 원하는 결과를 얻을 수 있습니다. 실습에서 그룹 기준이 되는 열은 품종(breeds)이고, 정렬 기준이 되는 열은 생닭중량(raw_weight)입니다. 단, 생닭중량을 내림차순 정렬하는 것에 유의해 SQL을 작성하면 다음과 같습니다.

코딩 실습

```
SELECT x.* FROM
(
        SELECT
        a.chick_no, a.breeds, b.raw_weight,
        ROW_NUMBER() OVER(PARTITION BY a.breeds ORDER BY
            b.raw_weight DESC) "rn"
        FROM
        fms.chick_info a,
        fms.prod_result b
        WHERE a.chick_no = b.chick_no
) x
WHERE x.rn <= 3;
```

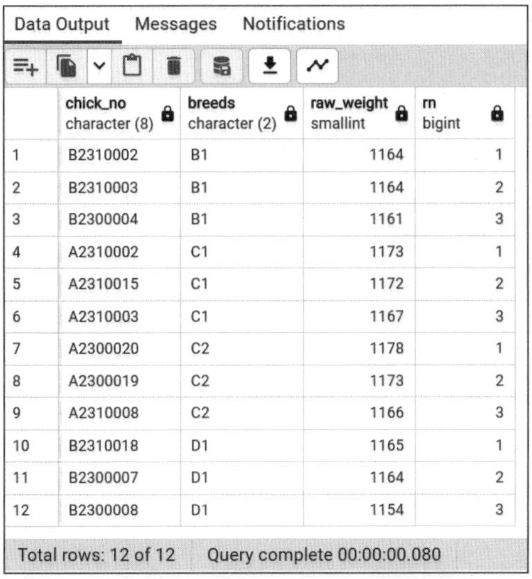

Data Output | Messages | Notifications

	chick_no character (8)	breeds character (2)	raw_weight smallint	rn bigint
1	B2310002	B1	1164	1
2	B2310003	B1	1164	2
3	B2300004	B1	1161	3
4	A2310002	C1	1173	1
5	A2310015	C1	1172	2
6	A2310003	C1	1167	3
7	A2300020	C2	1178	1
8	A2300019	C2	1173	2
9	A2310008	C2	1166	3
10	B2310018	D1	1165	1
11	B2300007	D1	1164	2
12	B2300008	D1	1154	3

Total rows: 12 of 12 Query complete 00:00:00.080

그림 7-7 | 품종별 생닭중량 Top 3 조회 쿼리 실행 결과

참고로 ROW_NUMBER() OVER() 함수의 사용법은 Oracle도 동일합니다.

04 여러 테이블의 데이터를 연결해 종합실적을 조회해 보자!

[실습 스토리]

김 대표는 육계별 생산 및 출하 정보를 한번에 볼 수 있는 종합실적 모니터링 화면의 개발 필요성을 느꼈습니다. 다양한 테이블에 저장되어 있는 데이터를 연결시켜 최종적으로 원하는 데이터를 한번에 볼 수 있도록 쿼리를 작성해 보겠습니다.

현재 실습을 위해 구성된 테이블 구조의 경우 목적에 따라 테이블이 분리되어 있기 때문에 종합적인 실적을 한번에 보기 위해서는 여러 테이블을 JOIN해야 합니다. 그리고 마스터코드 (master_code) 테이블이나 단위(unit) 테이블에서 코드의 의미나 데이터의 단위를 가져오기 위해서는 서브쿼리를 사용하는 것이 좋습니다. 먼저 육계정보(chick_info) 테이블의 육계번호 (chick_no)를 기준으로 건강상태(health_cond), 생산실적(prod_result), 출하실적(ship_result)의 3개 테이블을 LEFT OUTER JOIN시키고, 육계정보(chick_no), 품종(breeds), 종란무게(egg_weight), 체온(body_temp), 호흡수(breath_rate), 호수(size_stand), 부적합여부(pass_fail), 주문번호(order_no), 고객사(customer), 도착일(arrival_date), 도착지(destination)가 출력될 수 있게 쿼리를 작성해 보겠습니다. 단, 건강상태 테이블에는 총 3번의 검사일자(check_date)가 존재하기 때문에 마지막 검사일자(2023-01-30)에 해당되는 값만 출력되도록 WHERE절에 조건을 추가하겠습니다.

코딩
실습

```
SELECT
a.chick_no, a.breeds, a.egg_weight,
b.body_temp, b.breath_rate,
c.size_stand, c.pass_fail,
d.order_no, d.customer, d.arrival_date, d.destination
FROM
fms.chick_info a
LEFT OUTER JOIN fms.health_cond b ON a.chick_no = b.chick_no
LEFT OUTER JOIN fms.prod_result c ON a.chick_no = c.chick_no
LEFT OUTER JOIN fms.ship_result d ON a.chick_no = d.chick_no
WHERE b.check_date = '2023-01-30';
```

Data Output   Messages   Notifications

	chick_no character (8)	breeds character (2)	egg_weight smallint	body_temp numeric (3,1)	breath_rate smallint	size_stand smallint	pass_fail character (1)	order_no character (4)	customer character varying (20)	arrival_date date	destination character varying (10)
1	A2310001	C1	65	41.2	60	11	P	B001	BBQUEEN	2023-02-05	부산
2	A2310002	C1	62	41.7	63	12	P	M002	MAXCANA	2023-02-04	당진
3	A2310003	C1	67	40.6	63	12	P	M002	MAXCANA	2023-02-04	당진
4	A2300004	C1	69	41.6	63	12	P	M001	MAXCANA	2023-02-05	대전
5	A2300005	C1	70	41.5	64	12	P	M001	MAXCANA	2023-02-05	대전
6	A2310006	C2	68	40.9	64	11	P	B002	BBQUEEN	2023-02-05	울산
7	A2310007	C2	66	40.6	66	11	P	B002	BBQUEEN	2023-02-05	울산
8	A2310008	C2	69	41.7	65	12	P	M002	MAXCANA	2023-02-04	당진
9	A2300009	C1	66	41.6	67	12	P	M001	MAXCANA	2023-02-05	대전
10	A2300010	C1	70	41.0	61	11	P	B001	BBQUEEN	2023-02-05	부산

Total rows: 40 of 40   Query complete 00:00:00.177

그림 7-8 | 4개 테이블 JOIN 쿼리 실행 결과

3개 이상의 테이블을 조인할 경우에는 기준이 되는 테이블을 두고, JOIN문으로 연결할 테이블들을 차례대로 입력하면 됩니다.

이제 화면에 출력되는 열 이름을 한글로 변환하고, 코드의 의미나 단위를 마스터코드와 단위 테이블에서 가져오는 서브쿼리를 작성해 지금보다 알아보기 쉽게 표현하도록 하겠습니다.

```sql
SELECT
a.chick_no AS 육계번호,
(
        SELECT m.code_desc AS 품종
        FROM fms.master_code m
        WHERE m.column_nm = 'breeds'
        AND m.code = a.breeds
)
,a.egg_weight||
(
        SELECT u.unit
        FROM fms.unit u
        WHERE u.column_nm = 'egg_weight'
) AS 종란무게
,b.body_temp||
(
        SELECT u.unit
        FROM fms.unit u
        WHERE u.column_nm = 'body_temp'
) AS 체온
,b.breath_rate||
(
        SELECT u.unit
        FROM fms.unit u
        WHERE u.column_nm = 'breath_rate'
) AS 호흡수
,(
        SELECT m.code_desc AS 호수
        FROM fms.master_code m
        WHERE m.column_nm = 'size_stand'
        AND TO_NUMBER(m.code,'99') = c.size_stand
)
,(
```

```
            SELECT m.code_desc AS 부적합여부
            FROM fms.master_code m
            WHERE m.column_nm = 'pass_fail'
            AND m.code = c.pass_fail
)
,d.order_no AS 주문번호
,d.customer AS 고객사
,d.arrival_date AS 도착일
,d.destination AS 도착지
FROM
fms.chick_info a
LEFT OUTER JOIN fms.health_cond b ON a.chick_no = b.chick_no
LEFT OUTER JOIN fms.prod_result c ON a.chick_no = c.chick_no
LEFT OUTER JOIN fms.ship_result d ON a.chick_no = d.chick_no
WHERE b.check_date = '2023-01-30';
```

Data Output | Messages | Notifications

	육계번호 character (8)	품종 character varying (20)	종란무게 text	체온 text	호흡수 text	호수 character varying (20)	부적합여부 character varying (20)	주문번호 character (4)	고객사 character varying (20)	도착일 date	도착지 character varying (10)
1	A2310001	Cornish	65g	41.2℃	60cnt/min	11호	Pass	B001	BBQUEEN	2023-02-05	부산
2	A2310002	Cornish	62g	41.7℃	63cnt/min	12호	Pass	M002	MAXCANA	2023-02-04	당진
3	A2310003	Cornish	67g	40.6℃	63cnt/min	12호	Pass	M002	MAXCANA	2023-02-04	당진
4	A2300004	Cornish	69g	41.6℃	63cnt/min	12호	Pass	M001	MAXCANA	2023-02-05	대전
5	A2300005	Cornish	70g	41.5℃	64cnt/min	12호	Pass	M001	MAXCANA	2023-02-05	대전
6	A2310006	Cochin	68g	40.9℃	64cnt/min	11호	Pass	B002	BBQUEEN	2023-02-05	울산
7	A2310007	Cochin	66g	40.6℃	66cnt/min	11호	Pass	B002	BBQUEEN	2023-02-05	울산
8	A2310008	Cochin	69g	41.7℃	65cnt/min	12호	Pass	M002	MAXCANA	2023-02-04	당진
9	A2300009	Cornish	66g	41.6℃	67cnt/min	12호	Pass	M001	MAXCANA	2023-02-05	대전
10	A2300010	Cornish	70g	41.0℃	61cnt/min	11호	Pass	B001	BBQUEEN	2023-02-05	부산

Total rows: 40 of 40   Query complete 00:00:00.065   Ln 6, C

그림 7-9 | 서브쿼리를 이용해 한글 표시와 값에 단위를 추가한 쿼리 실행 결과

05 종합실적을 뷰 테이블로 만들어 보자!

앞서 작성한 종합실적 쿼리로 뷰(View) 테이블을 만들어 쉽고 빠르게 종합실적을 조회할 수 있도록 해보겠습니다. 4장에서는 쿼리를 이용해 뷰 테이블을 만들었지만 pgAdmin의 기능을 이용해 보다 간편하게 만들어 보겠습니다.

Browser에서 fms 스키마의 Views에서 마우스를 우클릭하면 테이블을 생성하는 것과 동일한 방법으로 Create 기능을 통해 View를 생성할 수 있습니다.

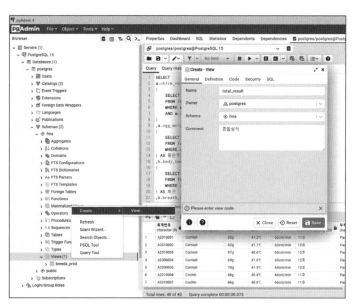

그림 7-10 | pgAdmin을 이용한 View 생성 화면 및 General 탭

General 탭에 그림 7-10과 같이 View 이름과 코멘트를 입력하고, Code 탭으로 넘어갑니다.

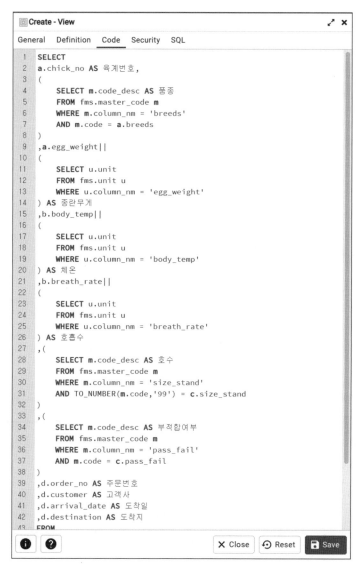

```
 1  SELECT
 2  a.chick_no AS 육계번호,
 3  (
 4      SELECT m.code_desc AS 품종
 5      FROM fms.master_code m
 6      WHERE m.column_nm = 'breeds'
 7      AND m.code = a.breeds
 8  )
 9  ,a.egg_weight||
10  (
11      SELECT u.unit
12      FROM fms.unit u
13      WHERE u.column_nm = 'egg_weight'
14  ) AS 종란무게
15  ,b.body_temp||
16  (
17      SELECT u.unit
18      FROM fms.unit u
19      WHERE u.column_nm = 'body_temp'
20  ) AS 체온
21  ,b.breath_rate||
22  (
23      SELECT u.unit
24      FROM fms.unit u
25      WHERE u.column_nm = 'breath_rate'
26  ) AS 호흡수
27  ,(
28      SELECT m.code_desc AS 호수
29      FROM fms.master_code m
30      WHERE m.column_nm = 'size_stand'
31      AND TO_NUMBER(m.code,'99') = c.size_stand
32  )
33  ,(
34      SELECT m.code_desc AS 부적합여부
35      FROM fms.master_code m
36      WHERE m.column_nm = 'pass_fail'
37      AND m.code = c.pass_fail
38  )
39  ,d.order_no AS 주문번호
40  ,d.customer AS 고객사
41  ,d.arrival_date AS 도착일
42  ,d.destination AS 도착지
43  FROM
```

그림 7-11 | View 생성 화면의 Code 탭

Code 탭에는 종합실적을 위해 6장에서 작성한 쿼리를 그대로 입력해 줍니다. 그런 다음 마지막 SQL 탭으로 이동하면 그림 7-12와 같이 자동으로 CREATE VIEW 명령어가 추가된 것을 확인할 수 있습니다.

```
 1   CREATE VIEW fms.total_result
 2     AS
 3   SELECT
 4   a.chick_no AS 육계번호,
 5   (
 6       SELECT m.code_desc AS 품종
 7       FROM fms.master_code m
 8       WHERE m.column_nm = 'breeds'
 9       AND m.code = a.breeds
10   )
11   ,a.egg_weight||
12   (
13       SELECT u.unit
14       FROM fms.unit u
15       WHERE u.column_nm = 'egg_weight'
16   ) AS 종란무게
17   ,b.body_temp||
18   (
19       SELECT u.unit
20       FROM fms.unit u
21       WHERE u.column_nm = 'body_temp'
22   ) AS 체온
23   ,b.breath_rate||
24   (
25       SELECT u.unit
26       FROM fms.unit u
27       WHERE u.column_nm = 'breath_rate'
28   ) AS 호흡수
29   ,(
30       SELECT m.code_desc AS 호수
31       FROM fms.master_code m
32       WHERE m.column_nm = 'size_stand'
33       AND TO_NUMBER(m.code,'99') = c.size_stand
34   )
35   ,(
36       SELECT m.code_desc AS 부적합여부
37       FROM fms.master_code m
38       WHERE m.column_nm = 'pass_fail'
39       AND m.code = c.pass_fail
40   )
41   ,d.order_no AS 주문번호
42   ,d.customer AS 고객사
43   ,d.arrival_date AS 도착일
```

그림 7-12 | View 생성 화면의 SQL 탭

마지막으로 "Save" 버튼을 클릭해 저장하면 그림 7-13과 같이 뷰 생성이 완료됩니다.

그림 7-13 | total_result 뷰 생성이 완료된 상태

- 데이터베이스 아키텍처에 대해서 이해할 수 있습니다.
- SQL에서 연산과 절의 우선순위를 이해할 수 있습니다.
- 인덱스의 개념을 이해할 수 있습니다.
- 조인 방식을 이해할 수 있습니다.

데이터베이스 구조와 수행

쿼리 최적화를 위한 데이터베이스의 구조, SQL 처리 과정, 인덱스와 조인 방식까지

쿼리 튜닝의 기초가 되는 내용들을 정리했습니다.

Structured Query Language

∅1 SQL 수행 구조

1-1 아키텍처

실습에서 사용한 수십 건 수준의 데이터가 아니라 현업에서 수백, 수천만 건 이상의 데이터가 저장된 데이터베이스에서 원하는 조건의 데이터를 빠르게 조회하기 위해서는 데이터베이스의 아키텍처(Architecture)와 SQL 처리 과정, 인덱스와 조인의 수행 원리 등을 이해하는 것이 중요합니다. 이런 내용은 PostgreSQL의 공식문서(https://www.postgresql.org/docs/)에서 찾아볼 수 있습니다. 먼저 PostgreSQL 데이터베이스의 아키텍처에 대해서 알아보겠습니다. PostgreSQL 아키텍처는 그림 8-1과 같습니다.

1 Client Processes

Client Application이 Client Interface Library를 통해 Postgres Server와 통신합니다. Client Interface Library는 라이브러리와 API(Application Programming Interface)를 포함하며 이를 이용해 서버에 연결한 후 SQL문을 서버에 보내고, 서버로부터 결과를 받을 수 있습니다. PostgreSQL에서 사용할 수 있는 일반적인 Client Interface Library의 종류는 표 8-1과 같습니다.

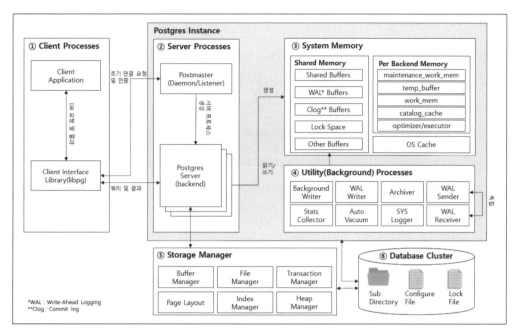

그림 8-1 | PostgreSQL 아키텍처

라이브러리	설명
libpg	저수준(low-level) 인터페이스를 제공하는 C 기반 라이브러리
JDBC	Java Database Connectivity, Java 기반 API로 libpg와 비교해 고수준(higher-level) 인터페이스 제공
ODBC	Open Database Connectivity, C 및 C++ 응용 프로그램에서 관계형 데이터베이스에 연결하기 위한 저수준(low-level) 인터페이스 제공
libpqxx	libpg 대비 고수준(higher-level) 인터페이스를 제공하는 C++ 라이브러리
psycopg	Pythonic 인터페이스를 제공하는 파이썬(Python) 라이브러리

표 8-1 | Client Interface Library의 종류

이제까지는 pgAdmin을 이용해 데이터베이스에 접근했는데 이것이 가능했던 이유는 PostgreSQL 데이터베이스를 설치하면 자동으로 libpg 라이브러리가 함께 설치되고, 이를 pgAdmin이 사용하기 때문입니다. 이후에 설명하겠지만 다른 프로그래밍 언어나 응용 프로그램에서 PostgreSQL에 접근(Access)하기 위해서는 일반적으로 JDBC 또는 ODBC 드라이버(driver)를 이용해야 합니다.

② Server Processes

Postmaster는 Postgres Server의 주요 프로세스로 들어오는 연결 수락, 백엔드(backend) 시작 및 중지, 공유 메모리(Shared Memory) 및 기타 시스템 리소스 관리 등을 포함해 전체 시스템 관리를 담당합니다. PostgreSQL 서버가 시작되면 Postmaster가 가장 먼저 시작되는 프로세스이고, 시스템에 필요한 다른 모든 프로세스를 생성하고 관리합니다.

Postgres Server(backend)는 Client Application에서 들어오는 연결을 처리하고 SQL문의 실제 처리를 수행하는 작업자 프로세스로 SQL문 실행, 트랜잭션 관리 및 결과 반환을 담당합니다.

③ System Memory

시스템 메모리(System Memory)는 데이터베이스 운영에 필요한 다양한 구조와 버퍼를 저장하는 데 사용됩니다. 공유 메모리(Shared Memory)는 데이터베이스의 캐싱(caching) 및 트랜잭션 로그 캐싱(Transaction Log Caching)을 위해 예약된 메모리로 모든 프로세스가 공유해 사용하는 공간입니다. 이와 별개로 각각의(per) 백엔드 프로세스별로 할당되어 공유가 불가능한 메모리 영역이 존재하는데 이를 백엔드 메모리(Backend Memory) 또는 로컬 메모리(Local Memory)라고 부릅니다. 이 메모리는 구문 분석 트리(Parse Tree), 쿼리 계획(plan) 등 SQL문을 실행하기 위해 백엔드에 필요한 다양한 데이터 구조 및 정보를 저장하는 데 사용됩니다. 백엔드 메모리는 백엔드 프로세스가 시작될 때 운영체제의 메모리에서 할당되고, 프로세스가 종료될 때 해제됩니다. 백엔드당 메모리 크기는 work_mem 및 maintenance_work_mem을 비롯한 여러 구성 매개변수에 의해 결정됩니다.

OS 캐시(Cache)는 운영체제에서 관리하며 PostgreSQL뿐만 아니라 시스템에서 실행되는 모든 애플리케이션에서 사용됩니다. PostgreSQL은 디스크에서 데이터를 읽어야 할 때 먼저 OS 캐시를 확인해 필요한 데이터가 메모리에 있는지 확인합니다. 데이터가 OS 캐시에 있는 경우 PostgreSQL은 디스크 I/O(Input/Output) 작업을 수행할 필요 없이 메모리에서 직접 데이터를 검색할 수 있습니다. 디스크 I/O 작업은 일반적으로 메모리 액세스보다 훨씬 느리기 때문에 시스템 성능이 크게 향상될 수 있습니다.

▟ Utility Processes

유틸리티 프로세스(Utility Processes)는 데이터베이스에 대한 다양한 관리 작업을 수행하는 백그라운드 프로세스로 데이터베이스가 일관되고 최신 상태로 유지되며 최적의 성능을 발휘하도록 합니다. 표 8-2와 같이 주요 유틸리티 프로세스를 정리해 보았습니다.

프로세스	설명
Background Writer	• 공유 버퍼 캐시(Shared Buffer Cache)에서 디스크(disk)로 dirty pages(데이터의 수정된 페이지)를 기록하고, 공유 버퍼 캐시의 크기를 제어하는 프로세스로 데이터의 일관성(consistency)과 효율성(efficiency)을 보장 • 백그라운드 프로세스로 실행되는데 이 작업을 우선순위가 낮은 작업으로 수행해 dirty pages를 디스크에 쓰는 동안 다른 프로세스가 계속 실행되도록 함 • 시스템상의 충돌(crash) 또는 기타 예기치 못한 중단(interruption)이 발생한 경우라도 dirty pages를 디스크에 기록함으로써 데이터 변경 사항이 지속되도록 함(일관성) • 공유 버퍼 캐시의 크기를 제어해 더 이상 필요하지 않은 메모리를 확보하는 역할도 수행해 공유 버퍼 캐시가 효율적으로 사용되고 너무 많은 메모리를 사용하지 않도록 방지할 수 있음(효율성)
WAL Writer	• WAL Buffer를 주기적으로 확인해 기록되지 않은 모든 트랜잭션 로그 데이터를 디스크에 기록하는 프로세스로 시스템상의 충돌 또는 기타 예기치 못한 중단이 발생한 경우 데이터의 내구성(durability)과 일관성(consistency)을 보장 • 해당 데이터 변경 사항이 디스크에 기록되기 전에 WAL 레코드가 생성되자마자 디스크에 기록하는 방식으로 동작해 시스템이 충돌하거나 전원이 꺼지더라도 WAL 레코드가 유지되어 데이터를 복구하는 데 사용될 수 있음 • Background Writer와 마찬가지로 백그라운드 프로세스로 실행되므로 WAL 레코드를 디스크에 쓰는 동안에도 다른 프로세스가 계속 실행될 수 있음
Archiver	• WAL 파일을 아카이브(archive) 위치에 보관하고, 활성 WAL 디렉토리가 디스크 공간을 너무 많이 사용하지 않도록 관리하는 백그라운드 프로세스 • WAL 파일의 충돌이나 중단이 발생할 경우 데이터를 복구하는 데 사용할 수 있도록 안전한 위치에 보관되도록 함
Stats Collector	데이터베이스 시스템에 대한 통계(성능, 디스크 사용량 등)를 수집 및 보고하고 시스템 성능 및 사용에 대한 유용한 통찰을 제공하는 백그라운드 프로세스
Auto Vacuum	• 테이블 및 인덱스에서 죽은 행(Dead Rows)을 자동으로 정리하고, 테이블과 인덱스가 적절하게 유지 관리되고 성능이 최적화되도록 하는 백그라운드 프로세스 • 죽은 행은 삭제 표시가 되어 있지만 테이블이나 인덱스에서 아직 제거되지 않은 죽은 행은 자주 업데이트되는 테이블에서 공간을 차지하고 성능 문제를 일으킬 수 있음

프로세스	설명
SYS Logger	시스템 활동을 디스크의 로그(log) 파일에 기록하고, 관리자에게 데이터베이스의 상태와 성능을 유지하는 데 필요한 정보 제공
WAL Sender & Receiver	데이터베이스의 복제(replication)와 고가용성(High Availability) 기능의 중요한 구성 요소로 관리자가 기본 서버(Pprimary Server)에서 오류 발생 시 자동으로 대기 서버(Standby Server)로 전환할 수 있는 시스템 설정 가능

표 8-2 | 주요 Utility Processes

WAL이란?

WAL(Write-Ahead Log)은 데이터가 데이터베이스에 기록되기 전에 별도의 로그(log) 파일에 데이터 변경 사항을 기록하고, 이를 통해 충돌 또는 기타 예기치 못한 중단 발생 시 데이터를 복구해 데이터가 일관성(consistency)을 유지하고 트랜잭션이 ACID(Atomic, Consistent, Isolated and Durable)가 되도록 보장합니다.

WAL은 WAL 파일 끝에 새 로그 항목이 기록되고, 파일이 가득차면 이전 로그 항목을 덮어쓰는 순환 방식으로 동작합니다. WAL은 삽입, 업데이트 및 삭제를 포함해 데이터에 대한 변경 사항을 간결하고 효율적인 형식으로 기록합니다. 또한 커밋(commit)되거나 롤백(rollback)된 트랜잭션을 기록해 충돌이나 중단이 발생할 경우 데이터베이스의 상태를 일관된 마지막 상태로 복원할 수 있도록 합니다.

5 Storage Manager

저장소 관리자(Storage Manager)는 필요에 따라 디스크의 공간을 할당 및 해제하고, 이런 개체 내의 데이터 구성을 관리합니다. 예를 들어, 데이터가 테이블이나 인덱스에 저장되는 방식, 인덱스가 구성되는 방식, 임시 파일이 생성되는 방식 등을 결정할 수 있습니다. 저장소 관리자는 디스크 공간 관리 외에도 데이터의 일관성과 내구성을 보장해야 합니다. WAL을 사용해 데이터베이스에 대한 변경 사항이 커밋(commit)되기 전에 기록되도록 합니다. Storage Manager의 종류는 표 8-3과 같습니다.

프로세스	설명
Buffer Manager	• 최근에 액세스한 디스크 페이지의 메모리 내 캐시 관리 담당 • 자주 액세스하는 페이지를 메모리에 캐싱해 성능을 향상시키고, 디스크와 메모리 간의 페이지 이동 관리
File Manager	• 데이터베이스를 구성하는 실제 파일 관리 담당 • 파일을 만들고 열고 닫으며 데이터베이스 개체에 대한 공간 할당
Transaction Manager	• 데이터베이스에 대한 변경 사항이 지속적이고 일관된 방식으로 기록되도록 함 • WAL을 사용해 디스크에 커밋되기 전에 변경 사항을 기록하고, 변경 사항이 일관되고 원자적인 방식(Atomic Manner)으로 커밋되도록 함
Page Layout	• 디스크에 저장된 데이터의 구조와 형식 정의 • 테이블 및 인덱스와 같은 데이터베이스 개체 내에서 데이터가 구성되는 방식과 데이터가 디스크에 저장되는 방식 결정
Index Manager	필요에 따라 인덱스를 생성, 업데이트 및 삭제하고 인덱스가 사용하는 디스크 공간을 관리
Heap Manager	필요에 따라 테이블 내 공간을 할당 및 해제하고, 테이블 내 데이터 구성을 관리

표 8-3 | Storage Manager의 종류

6 Database Cluster

데이터베이스 클러스터(Database Cluster)는 단일 인스턴스(Postmaster)에서 관리하는 데이터베이스의 집합입니다. 한 클러스터 내에 여러 개의 데이터베이스가 존재할 수 있고, 2개의 클러스터로 구성해 한 서버에 장애가 발생했을 때 다른 서버가 동작할 수 있게 구성할 수도 있습니다. 데이터베이스 클러스터의 논리적 구조(Logical Structure)는 그림 8-2와 같습니다.

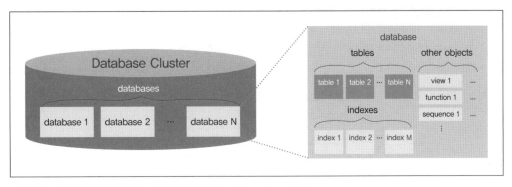

그림 8-2 | 데이터베이스 클러스터의 논리적 구조(출처 : https://www.interdb.jp)

실제 물리적 구조(Physical Structure)는 그림 8-3과 같습니다.

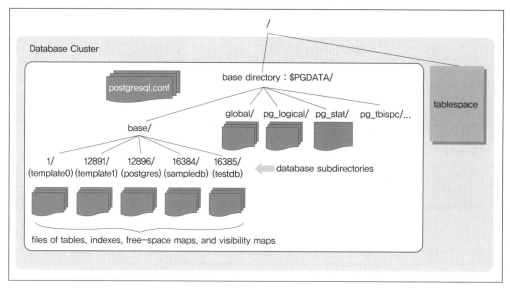

그림 8-3 | 데이터베이스 클러스터의 물리적 구조(출처 : https://www.interdb.jp)

데이터베이스 클러스터는 Windows 기준으로 그림 8-4와 같이 PostgreSQL이 설치된 곳의 data 디렉토리 밑에 위치합니다.

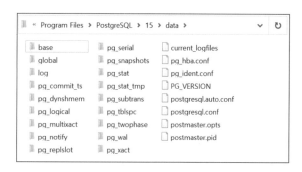

그림 8-4 | data 디렉토리의 데이터베이스 클러스터

데이터베이스 클러스터의 주요 구성 요소는 표 8-4와 같습니다.

구분	대상	설명
Sub Directory	base	데이터베이스별 하위 디렉토리 보유
	global	모든 데이터베이스에서 공유하는 서버 카탈로그 테이블 보유
	pg_tblsp	테이블스페이스(Tablespace)에 대한 심볼릭 링크(Symbolic Link) 보유
	pg_wal	WAL 파일 보유
	pg_stat	통계 하위 시스템에 대한 영구 파일 보유
	pg_logical	논리적 디코딩을 위한 상태 데이터를 포함하는 디렉토리
Configure File	postgresql.conf	매개변수 설정 파일
	pg_hba.conf	Host base access 파일
	pg_ident.conf	OS user mapping 파일
Lock File	postmaster.pid	PID, 첫 번째 유효한 listen_address(IP 주소), 포트 번호 등을 기록한 잠금 파일
	postmaster.opts	서버가 마지막으로 시작된 명령 줄(Command Line) 옵션 기록

표 8-4 | Database Cluster의 구성 요소

테이블스페이스란?

테이블스페이스(Tablespace)는 Oracle과 PostgreSQL에 존재하는 개념으로 데이터베이스 서버가 테이블, 인덱스 및 기타 관련 데이터와 같은 데이터베이스 객체를 저장할 수 있는 파일 시스템의 위치를 뜻합니다. PostgreSQL에서 새 데이터베이스를 만들 때 서버는 일반적으로 "pg_default"라는 이름의 해당 데이터베이스에 대한 기본 테이블스페이스를 자동으로 생성합니다. 테이블스페이스가 부족하면 데이터베이스에 데이터가 더 이상 저장되지 못하기 때문에 디스크 용량과 데이터베이스 규모를 고려해 적정한 수준을 설정해야 합니다.

1-2 SQL 처리 과정

아키텍처의 Server Processes에서 Postgres Server(backend)의 SQL문 처리 과정을 도식화하면 그림 8-5와 같습니다.

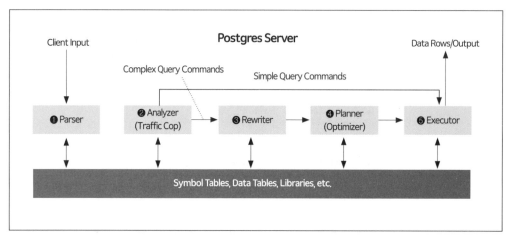

그림 8-5 | SQL 처리 과정

① Parser

Client가 입력(input)한 SQL문이 서버에 수신되어 Parser(구문 분석기)로 전달되고 구문 오류(Syntax Error, 문법적 오류)가 없는지 확인한 후 정확하면 Parse Tree로 변환하고, 그렇지 않으면 에러를 반환합니다. Parse Tree는 그림 8-6과 같이 쿼리에 사용된 절(clause)의 유형, 테이블과 열 간의 관계 등을 포함하는 명령문의 계층적 표현입니다.

SQL 명령문

SELECT
chick_no, (1)
egg_weight (2)
FROM chick_info (3)
WHERE egg_weight < 65 (4)
ORDER BY chick_no (5)

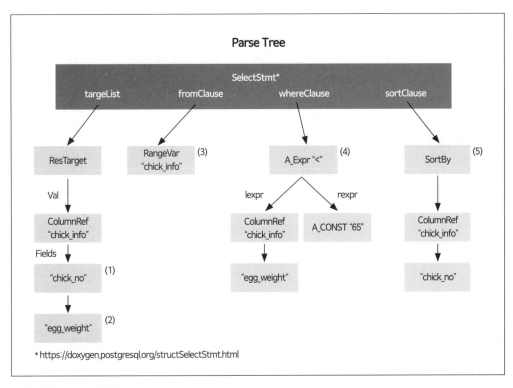

그림 8-6 | Parse Tree 예시

쉽게 말하자면 인간이 이해하는 SQL을 컴퓨터가 이해할 수 있게 변환해 가는 과정이라고 생각하면 됩니다.

❷ Analyzer(Traffic Cop)

Analyzer(분석기)는 SQL문의 복잡도(simple : CREATE, DROP, ALTER 등/complex : SELECT, JOIN 등)에 따라 단순할 경우 곧바로 Executor(실행기)로 보내고, 그렇지 않은 경우에는 Parse Tree의 의미 분석(semantic)을 실시해 Query Tree를 생성합니다. 여기서 의미 분석은 SQL이 참조하는 테이블, 함수 및 연산자를 이해하기 위한 과정으로 존재하지 않는 테이블 또는 열을 입력한 것은 아닌지, 두 테이블 간의 조인(join)이 불가능한 것은 아닌지 등 의미상의 오류가 없는지를 확인합니다.

❸ Rewriter

사전에 정의된 규칙(rule)을 적용해 Query Tree의 중복 작업을 제거하고, 표현식을 단순화해
명령문에 사용되는 테이블 및 열 수를 줄여 쿼리를 단순화합니다.

❹ Planner(Optimizer)

데이터베이스에 저장된 데이터에 대한 통계와 인덱스 및 기타 개체에 대한 정보를 사용해 선
택 가능한 모든 실행 계획(Execution Plan)을 만들어 각 계획의 비용(cost)을 계산해 그중 비용이
가장 적은 것을 선택합니다. 이런 이유로 Optimizer(최적화기)는 데이터베이스의 성능을 결정
하는 가장 핵심적인 엔진입니다. Optimizer 실행 계획 시 고려 사항은 표 8-5와 같습니다.

고려 사항	설명
사용 가능한 인덱스	쿼리의 테이블에 사용할 수 있는 인덱스를 검사하고, 실행 계획에 사용할 가장 적합한 인덱스 선택
테이블의 크기	쿼리와 관련된 테이블의 크기를 고려하고, 사용할 적절한 조인(join) 알고리즘 선택
데이터에 대한 통계	쿼리의 다양한 조건의 선택성을 추정하기 위해 열의 유일한 값(Distinct Value)의 개수와 같은 데이터에 대한 통계 사용
구성 설정	데이터 캐싱에 사용할 수 있는 메모리 양과 같이 데이터베이스 서버의 구성 설정을 고려하고, 이런 설정을 활용하는 실행 계획 선택

표 8-5 | Optimizer의 실행 계획 시 고려 사항

❺ Executor

선정된 실행 계획에 따라 데이터베이스에서 SQL문을 수행하고, 그 결과를 Client에 반환합
니다.

1-3 연산 및 절 우선순위

7장의 사례 기반 실습에서 WHERE절 이후에 OR와 AND 논리 연산자를 사용할 때 괄호에 따라 출력되는 결과가 완전히 달라질 수 있음을 설명했습니다. SQL문에서 연산과 절(clause) 의 우선순위를 제대로 알아야 쿼리를 작성함에 있어 실수를 방지하고 속도 향상을 기대할 수 있습니다. PostgreSQL에서의 연산 및 절의 우선순위는 표준 우선순위를 따르기 때문에 다른 DBMS를 쓰더라도 그 기준은 동일합니다. 숫자가 낮은 것이 가장 높은 우선순위를 가지며 연산자의 경우는 다음과 같습니다.

① 괄호( )
② 곱셈(*), 나눗셈(/), 모듈러스(%, 나눗셈 후 나머지 반환) 산술 연산자
③ 더하기(+), 빼기(-) 산술 연산자
④ 비교 연산자(=, <, >, ≤, ≥)
⑤ 논리 연산자(AND, OR, NOT)

절의 우선순위는 쿼리를 작성하는 순서와 실행되는 순서에 차이가 있으므로 구분해 표현할 수 있으며 표 8-6과 같습니다.

절	작성 우선순위	실행 우선순위
SELECT	①	⑥
FROM	②	①
JOIN	③	②
WHERE	④	③
GROUP BY	⑤	④
HAVING	⑥	⑤
ORDER BY	⑦	⑦
LIMIT	⑧	⑧

표 8-6 | 절의 우선순위

앞의 우선순위를 고려해 생산실적과 출하실적 두 테이블을 JOIN해 도착지별 생닭중량 합이 5kg을 초과하는 곳 중에서 생닭중량 합을 기준으로 내림차순했을 때 Top 3만 출력되도록 쿼리를 작성해 보면 다음과 같습니다.

```
SELECT
b.destination, sum(a.raw_weight) "prod_sum"
FROM
fms.prod_result a
INNER JOIN fms.ship_result b
ON a.chick_no = b.chick_no
WHERE a.disease_yn = 'N' AND a.size_stand >= 11
GROUP BY b.destination
HAVING (sum(a.raw_weight)/1000) >= 5
ORDER BY sum(a.raw_weight) DESC
LIMIT 3;
```

하지만 실제 실행되는 순서는 ① FROM절에서 두 테이블을 불러오고, ② JOIN절에서 두 테이블을 연결한 후 ③ WHERE절에서 2가지 조건으로 데이터를 필터링합니다. ④ GROUP BY절에서 데이터를 그룹화하고, ⑤ HAVING절에서 집계 기준으로 데이터를 필터링합니다. ⑥ SELECT절에서 2개 열을 조회하고, ⑦ ORDER BY절에서 내림차순 정렬한 후 ⑧ LIMIT절에서 행을 3개로 제한합니다.

지금은 다소 어렵게 느껴질 수 있지만 쿼리를 자주 작성하다 보면 우선순위를 크게 의식하지 않고도 자연스럽게 쿼리를 작성하는 순간을 마주하게 될 것입니다.

Structured Query Language

02 인덱스(INDEX)와 조인(JOIN)

2-1 인덱스란?

아키텍처의 SQL 처리 과정에서 Planner (Optimizer)에 대해서 설명할 때 인덱스라는 용어가 자주 언급되었습니다. 인덱스는 데이터베이스 테이블에서 데이터 검색 작업의 속도를 향상시키기 위한 자료 구조를 뜻합니다. 인덱스는 데이터베이스가 전체 테이블을 오랫동안 스캔하지 않고, 특정 검색 조건을 충족하는 행을 빠르게 찾는 데 사용됩니다. 쉽게 설명하자면 주로 전문서적 제일 뒤에 위치하는 찾아보기(색인) 기능과 동일하다고 생각하면 됩니다. 예를 들어, 400페이지짜리 책에서 "드롭아웃"이라는 키워드를 찾으려면 1페이지부터 쭉 넘기면서 해

그림 8-7 | 책의 찾아보기(색인) 예시(출처 : 현장에서 바로 써먹는 데이터 분석 with R)

당 키워드가 나올 때까지 계속해서 찾아야 할 것입니다. 운이 나쁘게도 제일 마지막 페이지에서 발견한다면 시간이 매우 오래 걸릴 것입니다. 그런데 그림 8-7과 같이 찾아보기 페이지가 존재한다면 여기서 "드롭아웃"을 찾아 표시된 페이지로 바로 넘어가면 됩니다.

이렇게 인덱스는 원하는 데이터를 빠르게 찾을 수 있는 매우 효율적인 방법으로 데이터베이스에서 테이블에 있는 일부 또는 모든 데이터의 정렬된 복사본을 만들고, 이를 사용해 일치하는 행을 보다 효율적으로 검색하는 방식으로 동작합니다.

인덱스는 테이블의 하나 또는 여러 열에 생성할 수 있으며, 해당 열의 데이터를 정렬한 후 별도의 메모리 공간에 열의 값과 물리적 주소를 저장합니다. 그림 8-8과 같이 고객 ID(Customer ID)가 기본 키(Primary Key)인 테이블에서 고객 주소(Town)와 성(LastName) 열을 인덱스로 생성하면 좌측 하단과 같이 복합 키(Composite Key)를 기준으로 정렬된 인덱스 테이블이 생성됩니다.

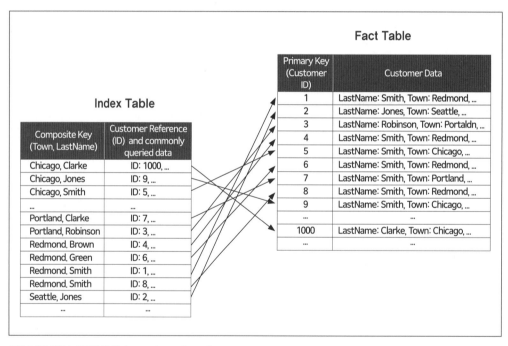

그림 8-8 | 인덱스 테이블(출처 : learn.microsoft.com)

예를 들어, Chicago에 사는 성이 Clarke인 고객의 데이터를 찾으려면 기존 테이블(Fact Table)에서는 데이터가 고객 ID로 정렬되어 있기 때문에 1000번째까지 순차적으로 스캔(scan)을 해야 합니다. 하지만 인덱스를 이용하면 Town과 LastName 기준으로 정렬되어 있기 때문에 Town이 Chicago인 대상들을 찾고, 거기서 다시 LastName이 Clarke인 대상을 찾으면 한번에 데이터를 찾을 수 있습니다. 즉, 주로 검색하는 기준에 따라 미리 데이터를 정렬해 놓으면 빠르게 원하는 행을 찾을 수 있는 것입니다.

이렇게 인덱스는 대용량 데이터에서 쿼리 응답 속도를 향상시킬 수 있는 좋은 도구이지만 적합하지 않은 열로 인덱스를 생성하면 전체를 순차적으로 검색하는 것과 별 차이가 없을 수 있습니다. 또한 인덱스 생성에는 테이블 크기의 10% 정도의 저장 공간이 추가로 필요하기 때문에 저장 공간만 낭비할 수 있으므로 꼭 필요한 인덱스만 생성해야 합니다. 따라서 데이터량이 적거나 빈번하게 데이터가 수정되는 테이블에는 인덱스를 사용하지 않는 것이 좋습니다.

표 8-7은 앞서 설명한 순차 스캔(Sequential Scan)과 인덱스 스캔(Index Scan)을 포함해 PostgreSQL의 Planner(Optimizer)가 테이블의 데이터를 스캔하는 데 사용할 수 있는 방법들을 정리한 것입니다.

스캔 방법	설명
Sequential Scan	전체 테이블을 처음부터 끝까지 순차적으로 스캔해 데이터를 검색하는 방법으로 가장 간단하고 일반적이지만 테이블이 클 경우 속도가 매우 느릴 수 있음
Index Scan	인덱스를 사용해 테이블에서 데이터를 검색하는 방법으로 적은 수의 행을 검색할 때 효율적임
Bitmap Index Scan	Bitmap Heap Scan과 함께 동작하며 데이터 자체를 가져오지 않고, 잠재적인 행 위치의 비트맵을 구성함
Bitmap Heap Scan	• Bitmap Index Scan으로부터 공급받은 비트맵을 읽어 저장된 페이지 번호 및 오프셋에 해당하는 데이터를 가져온 후 가시성(visibility), 적격성(qualification) 등을 확인하고, 모든 검사의 결과에 따라 행을 반환함 • 행의 수가 많고, 스캔을 통해 전체 테이블을 읽는 것을 피할 수 있는 쿼리에 사용됨
Parallel Seq Scan	순차 스캔 방법과 유사하지만 여러 작업자 프로세스를 사용해 테이블을 병렬로 스캔해 데이터를 검색하는 방법으로 순차 스캔보다 빠를 수 있음
TID Scan	Tuple ID(TID) 목록을 사용해 테이블에서 데이터를 검색하는 방법으로 TID는 테이블의 각 행에 대한 고유 식별자를 뜻함

표 8-7 | 테이블의 데이터를 스캔하는 방법들

이런 스캔 방법들은 사용자가 지정하는 것이 아니라 Planner(Optimizer)가 비용을 계산해 최소의 비용이 드는 방법을 선택하는 것으로 Planner가 최적의 실행 계획(Execution Plan)을 선택할 수 있도록 SQL문을 작성하고, 인덱스를 생성하는 것이 중요합니다.

2-2 실행 계획 확인하기(EXPLAIN)

쿼리를 수행함에 있어 Planner가 인덱스를 사용했는지 확인하기 위해서는 EXPLAIN 명령어를 이용하면 됩니다. EXPLAIN 명령어의 사용법은 다음과 같습니다.

사용법

```
EXPLAIN SQL문;
EXPLAIN ANALYZE SQL문;
EXPLAIN (Option) SQL문;
```

EXPLAIN과 EXPLAIN ANALYZE 명령어의 가장 큰 차이는 SQL문 실행 여부입니다. EXPLAIN은 SQL문이 어떻게 실행될지 예상한 실행 계획을 출력하고, EXPLAIN ANALYZE 는 SQL문을 실행한 후 실제 실행 계획과 비용, 소요된 시간 등을 출력합니다.

옵션	설명
ANALYZE	SQL문을 실행하고, 실제 실행 시간 및 기타 통계를 표시, 기본값은 FALSE
VERBOSE	출력 열 목록 표시, 기본값은 FALSE
COSTS	비용(시작, 전체) 및 예상 행 수, 너비(width) 추정치 표시, 너비는 실행 계획에서 연산자가 출력하는 각 행의 예상 평균 크기(bytes)로 각 열의 데이터 유형(type)과 길이(length)를 분석해 계산됨(integer : 4bytes, timestamp : 8bytes 등) , 기본값은 TRUE
BUFFERS	버퍼 사용에 대한 정보(shared blocks hit 수 등) 표시, 기본값은 FALSE
FORMAT	TEXT, XML, JSON, YAML 형태로 출력 형식 지정 및 표시, 기본값은 TEXT

표 8-8 | EXPLAIN 명령어의 주요 옵션

EXPLAIN 명령어로는 표 8-8과 같은 옵션(option)을 이용해 원하는 정보를 추가해서 확인할 수 있으며 텍스트가 아닌 그래픽 형태로도 출력 가능합니다.

인덱스 실습을 통해 EXPLAIN 명령어와 옵션 사용법을 함께 익히도록 하겠습니다.

2-3 인덱스 실습

인덱스를 지정하기 위해서는 대형 테이블이 필요하기 때문에 신규 테이블을 하나 만들고, 데이터 셋을 업로드해 실습을 진행하도록 하겠습니다. 신규 테이블은 기존 스키마와 혼선이 있을 수 있기 때문에 기본 스키마인 public에 bank라는 이름으로 생성하도록 하겠습니다. 기존과 같이 pgAdmin Create 기능을 이용해 테이블을 생성해도 되고, 다음 쿼리를 실행해 테이블을 생성해도 됩니다.

⚙ **코딩 실습**
```
CREATE TABLE IF NOT EXISTS public.bank
(
    client_no integer NOT NULL,
    age smallint,
    gender character(1),
    edu character varying(13),
    marital character varying(8),
    card_type character varying(8),
    CONSTRAINT bank_pkey PRIMARY KEY (client_no)
);
```

저자의 블로그 또는 깃허브에서 이미 받아 놓은 데이터 셋 중 index.csv 파일을 bank 테이블에 import시킨 후 데이터를 확인해 보겠습니다.

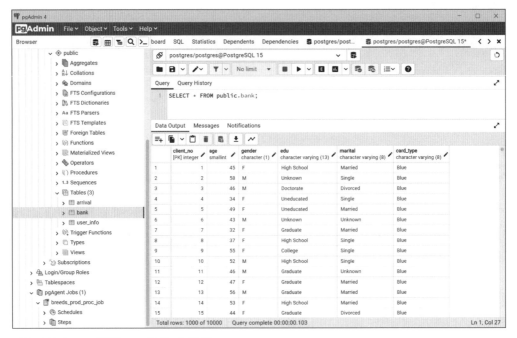

그림 8-9 | index.csv 파일을 import시킨 bank 테이블

총 6개의 열과 10,000개의 행으로 이루어져 있습니다. 해당 데이터 셋은 Kaggle에서 다운로드(BankChurners.csv)받아 간단한 가공을 거쳤습니다. 은행 고객의 개인 정보를 담고 있는 데이터 셋으로 고객번호(client_no), 나이(age), 성별(gender), 교육수준(edu), 결혼여부(marital), 카드종류(card_type)를 저장해 놓았습니다. 기본 정렬은 고객번호(client_no) 오름차순으로 되어 있습니다.

전체 데이터를 조회하는 SELECT문의 실행 계획이 어떻게 되는지 EXPLAIN 명령어로 확인해 보겠습니다.

코딩
실습

EXPLAIN SELECT * FROM public.bank;

Data Output 탭에 다음과 같이 Query Plan이 출력됩니다.

Seq Scan on bank (cost=0.00..176.00 rows=10000 width=29)

단순히 전체 데이터를 조건 없이 조회했기 때문에 Planner는 Sequential Scan을 선택했고, 비용(cost)은 두 파트로 나뉩니다. 비용은 2개의 마침표(..)로 구분되며 앞은 시작 비용(Startup Costs)으로 0.00이고, 뒤는 전체 비용(Total Costs)으로 176입니다. 시작 비용은 1번째 행을 가져오는 데 소요되는 예상 비용이고, 전체 비용은 조건하에 있는 모든 행을 반환하는 데 소요되는 예상 비용입니다. 비용의 단위는 임의의 단위(Arbitrary Unit)로 단일 순차적 페이지 읽기 비용(seq_page_cost)은 1.0인데 처리된 각 행의 비용(cpu_tuple_cost)은 0.01을 추가하고, 비순차적 페이지 읽기 비용(random_page_cost)은 4.0을 추가하는 식으로 다양한 상수의 합으로 계산됩니다. 이 경우는 순차적 페이지 읽기만 실행되었기 때문에 시작 비용이 0.00이고, 총 비용은 단일 순차적 페이지 읽기 비용(seq_page_cost)과 처리된 각 행의 비용(cpu_tuple_cost)만 합치면 됩니다. 여기서 페이지(Disk Page 또는 Disk Block)는 테이블 파일 내부에 고정 길이(기본값 8,192bytes)로 나누어진 단위로 Planner가 사용하는 추정치(estimate)입니다. bank 테이블은 76페이지로 추정되어 있습니다(페이지 수는 실습 환경에 따라 달라지므로 책과 다른 값이 나올 수 있습니다). 따라서 계산식은 다음과 같습니다.

- seq_page_cost = 76(pages) * 1.0 = 76
- cpu_tuple_cost = 10000(tuples) * 0.001 = 100
- total costs = seq_page_cost + cpu_tuple_cost = 76 + 100 = 176

전체 행의 수(rows)는 10,000건이고, 각 행의 평균 추정 크기(width)는 29bytes입니다.

테이블(릴레이션)의 추정 페이지(Disk Block) 수 확인 방법

각 테이블이나 인덱스 등이 차지하는 페이지 수는 pg_class 테이블에 저장되어 있어 아래와 같이 쿼리를 작성해 실행하면 확인할 수 있습니다.

SELECT relname, relkind, reltuples, relpages FROM pg_class WHERE relname = '테이블명';

- relname : 테이블, 인덱스, 뷰 등의 이름
- relkind : 일반 테이블 r, 인덱스 i, 뷰 v 등
- reltuples : 라이브 행(Live Rows)의 수로 VACUUM, ANALYZE 등의 DDL 명령문으로 업데이트되며 분석된 적이 없는 경우 -1로 표시됨
- relpages : 추정 페이지 수

이제 EXPLAIN ANALYZE 명령어로 다음과 같이 동일한 쿼리를 실행해 보겠습니다.

코딩 실습

EXPLAIN ANALYZE SELECT * FROM public.bank;

Data Output 탭에 다음과 같이 Query Plan이 출력됩니다.

실행 결과

Seq Scan on bank (cost=0.00..176.00 rows=10000 width=29) (actual time=0.012..0.525 rows=10000 loops=1)

Planning Time: 0.084 ms

Execution Time: 0.804 ms

앞선 EXPLAIN 명령어와 동일한 결과도 보이지만 SQL문이 실행되었기 때문에 실제 시간(actual time)이라는 항목이 추가되었고, 아래에 계획 시간(Planning Time)과 실행 시간(Execution Time)이 함께 표시되는 것을 확인할 수 있습니다. 실제 시간은 앞의 비용과 마찬가지로 2개의 마침표(..)로 구분되는데 앞은 시작 시간, 뒤는 전체 시간으로 단위는 ms(milliseconds)입니다. 계획 시간은 구문 분석된 쿼리에서 쿼리 계획을 생성하고 최적화하는 데 걸린 시간이고, 실행 시간은 Executor의 시작에서 종료까지 걸린 시간을 의미합니다.

아직 인덱스(index)를 지정하지 않았지만 다음과 같이 SELECT문에 WHERE 조건으로 client_no의 범위를 지정하고, EXPLAIN ANALYZE를 실행해 보겠습니다.

 코딩
실습

EXPLAIN ANALYZE
SELECT * FROM public.bank WHERE client_no BETWEEN '850' AND '855';

Data Output 탭에 다음과 같이 Query Plan이 출력됩니다.

실행
결과

Index Scan using bank_pkey on bank (cost=0.29..8.40 rows=6 width=29)
(actual time=0.027..0.029 rows=6 loops=1)
Index Cond: ((client_no >= 850) AND (client_no <= 855))
Planning Time: 0.085 ms
Execution Time: 0.071 ms

Planner가 Sequential Scan이 아니라 Index Scan을 선택했습니다. 그 이유는 WHERE절에 조건을 지정한 고객번호(client_no)가 기본 키(Primary Key)이기 때문입니다. PostgreSQL에서 기본 키는 자동으로 인덱스가 적용됩니다.

bank 테이블에서 고객번호가 아니라 성별(gender)과 나이(age)를 이용해 데이터를 조회한다면 현재 상태에서는 고객번호로만 오름차순 정렬되어 있기 때문에 아무래도 시간이 오래 걸릴 것입니다. 이제 성별과 나이의 열 2개를 기준으로 오름차순 정렬한 인덱스를 생성해 기존 bank 테이블에서 조회하는 것과 비교해 시간이 얼마나 줄어드는지 확인해 보겠습니다.

현재 상태에서 WHERE절의 성별은 여성(F)이고, 66~67세 데이터만 조회할 수 있게 다음과 같이 SQL문을 작성하고, EXPLAIN ANALYZE 명령어로 실행 계획을 확인해 보겠습니다.

코딩
실습

EXPLAIN ANALYZE
SELECT * FROM public.bank WHERE gender = 'F' AND age BETWEEN 66 AND 67;

Data Output 탭에 다음과 같이 Query Plan이 출력됩니다.

Seq Scan on bank (cost=0.00..251.00 rows=3 width=29) (actual time=0.016..0.635 rows=4 loops=1)

Filter: ((age >= 66) AND (age <= 67) AND (gender = 'F'::bpchar))

Rows Removed by Filter: 9996

Planning Time: 0.343 ms

Execution Time: 0.645 ms

Planner가 Sequential Scan을 사용해 실제 시간(actual time)이 0.635ms 걸렸고, 필터에 의해 9,996개의 행이 제거되어 4개의 행이 남았습니다.

이제 성별과 나이로 인덱스를 만들어 보겠습니다. pgAdmin의 좌측 Browser에서 bank 테이블 밑의 Indexes에서 마우스를 우클릭하면 Create 기능을 이용해 SQL문을 작성하지 않고도 인덱스를 생성할 수 있습니다. Index...를 선택합니다.

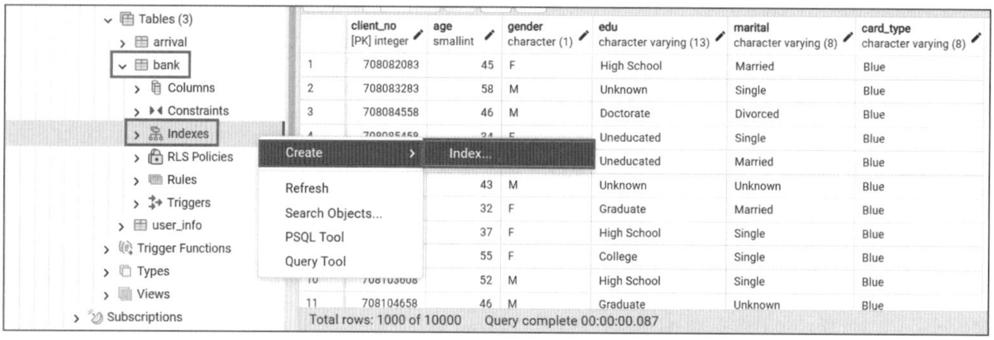

그림 8-10 | pgAdmin에서 Index 생성 방법

인덱스를 생성할 수 있는 팝업 창이 뜨면 General 탭에서 Name을 그림 8-11과 같이 bank_idx로 입력합니다.

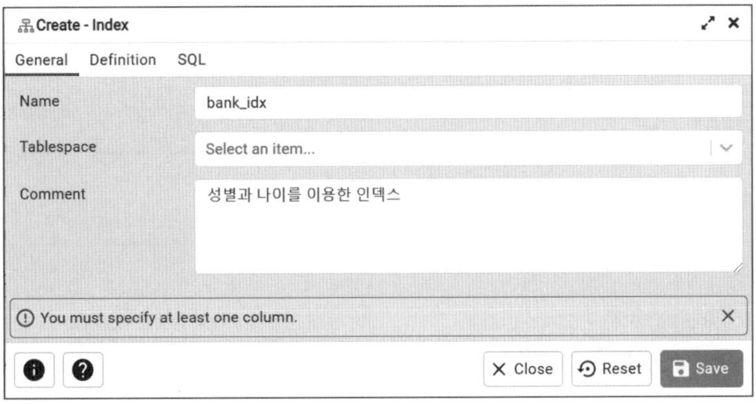

그림 8-11 | 인덱스 생성 화면의 General 탭

Definition 탭으로 넘어가면 그림 8-12와 같이 Access Method(접근 방법)가 가장 먼저 위치해 있습니다. 기본값은 btree이고 자료 구조에 따라 다양한 방법을 적용할 수 있습니다. 현재 적용하려는 인덱스는 범위(range) 연산자를 사용할 것이기 때문에 btree를 그대로 두고, 아래 Columns 부분에서 우측의 "+" 버튼을 2번 클릭해 2개의 열을 추가한 후 1번째로 성별, 2번째로 나이를 선택합니다. 나머지 항목들은 선택하지 않아도 됩니다.

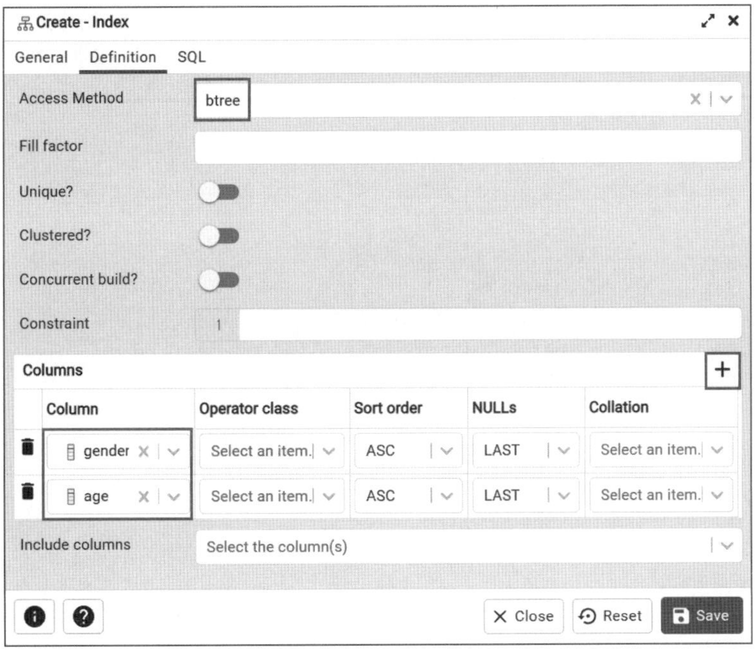

그림 8-12 | 인덱스 생성 화면의 Definition 탭

표 8-9에 대표적인 인덱스 접근 방법에 대해서 정리해 보았습니다.

접근 방법	적합한 자료 구조	지원되는 연산자
btree(balanced tree)	선형 정렬 가능한(linearly sortable) 구조	<, <=, =, >=, >
hash	모든 형태	=
gin(generalized inverted index)	복합(composite) 구조(array, JSON, vector 등 text 형태)	내장 클래스(array_ops, jsonb_ops, jsonb_path_ops, tsvector_ops)
gist(generalized search tree)	다차원(multi-dimensional) 구조	기하학(geometric) 내장 클래스(box_ops, circle_ops, inet_ops, multirange_ops 등)
spgist(spaced partitioned gist)	불균형 디스크 기반(non-balanced disk-based) 구조(radix tree, k-d trees 등)	기하학(geometric) 내장 클래스(box_ops, poly_ops, kd_point_ops, network_ops 등)
brin(block range indexes)	물리적 상관(physically correlated) 구조(timestamp)	<, <=, =, >=, >

표 8-9 | 인덱스 접근 방법(Access Method) 비교

마지막으로 SQL 탭으로 넘어가면 그림 8-13과 같이 앞에 선택한 기준들로 SQL문이 자동 생성된 것을 확인할 수 있습니다. "Save" 버튼을 클릭하면 인덱스 생성이 완료됩니다.

```
🖧 Create - Index                                              ↗ ✕

General   Definition   SQL

1    CREATE INDEX bank_idx
2        ON public.bank USING btree
3        (gender ASC NULLS LAST, age ASC NULLS LAST)
4    ;
5
6    COMMENT ON INDEX public.bank_idx
7        IS '성별과 나이를 이용한 인덱스';


ⓘ   ❓                               ✕ Close   ⟳ Reset   💾 Save
```

그림 8-13 | 인덱스 생성 화면의 SQL 탭

만일 pgAdmin을 이용하지 않고 SQL문으로 인덱스를 생성하려면 다음과 같이 CREATE INDEX 명령어를 사용하면 됩니다.

사용법 CREATE INDEX 인덱스명 ON 테이블명 (열 이름1, 열 이름2, …);

인덱스가 정상적으로 생성되었으면 Browser의 bank 테이블
밑의 Indexes에 bank_idx가 표시됩니다.

그림 8-14 | 정상적으로 생성된
bank_idx 인덱스

기존 테이블과 생성된 인덱스 테이블의 정렬 상태를 비교해 보면 그림 8-15와 같습니다.

기존 bank 테이블

PK client_no	age	gender	edu	marital	card_type
1	45	F	High School	Married	Blue
2	58	M	Unknown	Single	Blue
3	46	M	Doctorate	Divorced	Blue
4	34	F	Uneducated	Single	Blue
5	49	F	Uneducated	Married	Blue
6	43	M	Unknown	Unknown	Blue
7	32	F	Graduate	Married	Blue
8	37	F	High School	Single	Blue
9	55	F	College	Single	Blue
⋮	⋮	⋮	⋮	⋮	⋮
1000	40	F	Graduate	Unknown	Blue
⋮	⋮	⋮	⋮	⋮	⋮

인덱스(성별,나이) 테이블

Index Key gender, age	data client_no	edu	marital	card_type
F, 26	41	Unknown	Single	Blue
F, 26	485	High School	Married	Blue
F, 26	1104	Uneducated	Single	Blue
F, 66	100	Doctorate	Married	Blue
F, 66	1708	High School	Married	Blue
F, 67	4790	Graduate	Married	Blue
F, 67	5061	Unknown	Married	Blue
M, 26	27	Graduate	Divorced	Blue
M, 26	1098	High School	Single	Blue
M, 26	1145	Unknown	Married	Blue
⋮	⋮			

그림 8-15 | 기존 bank 테이블과 인덱스 테이블 비교

인덱스를 생성하기 전과 동일한 조건의 SQL문을 다음과 같이 EXPLAIN ANALYZE 명령어
로 실행해 보도록 하겠습니다.

 코딩
실습

```
EXPLAIN ANALYZE
SELECT * FROM public.bank WHERE gender = 'F' AND age BETWEEN 66 AND 67;
```

Data Output 탭에 다음과 같이 Query Plan이 출력됩니다.

> Bitmap Heap Scan on bank (cost=4.32..14.59 rows=3 width=29) (actual time=0.017..0.021 rows=4 loops=1)
>
> Recheck Cond: ((gender = 'F'::bpchar) AND (age >= 66) AND (age <= 67))
>
> Heap Blocks: exact=4
>
> -> Bitmap Index Scan on bank_idx (cost=0.00..4.32 rows=3 width=0) (actual time=0.029..0.029 rows=4 loops=1)
>
> Index Cond: ((gender = 'F'::bpchar) AND (age >= 66) AND (age <= 67))
>
> Planning Time: 0.107 ms
>
> Execution Time: 0.075 ms

Planner가 bank_idx 인덱스를 Bitmap Index Scan으로 읽어서 비트맵을 구성한 후 Bitmap Heap Scan에 공급했고, 이 비트맵을 읽어 저장된 페이지(Heap Blocks)에서 조건에 부합하는 행 4개를 반환했다는 것을 Query Plan이 나타내고 있습니다.

인덱스가 생성되기 전에는 Planner가 Sequential Scan을 선택했지만 성별과 나이에 대한 인덱스가 생성되었기 때문에 Bitmap Heap Scan을 선택했고, 비용과 시간이 표 8-10과 같이 매우 줄었음을 확인할 수 있습니다.

항목	인덱스 생성 전	인덱스 생성 후
스캔 방법	Sequential Scan	Bitmap Heap Scan
cost(전체)	251.00	14.59
Execution Time	0.645ms	0.075ms

표 8-10 | 인덱스 생성 전후 Query Plan 비교

추가적으로 다음과 같이 FORMAT JSON 옵션을 추가해 EXPLAIN 결과를 보기 좋게 그래픽 형태로 출력해 보겠습니다.

EXPLAIN (ANALYZE, FORMAT JSON)

SELECT * FROM public.bank WHERE gender = 'F' AND age BETWEEN 66 AND 67;

이전과 다르게 Data Output이 아니라 Explain 탭에서 Graphical 화면이 그림 8-16과 같이 출력됩니다.

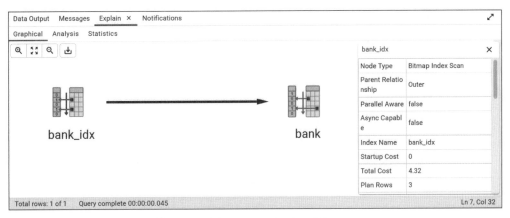

그림 8-16 | EXPLAIN (ANALYZE, FORMAT JSON) 결과 Explain 탭의 Graphical 화면

아이콘 형태로 표시된 인덱스 또는 테이블을 클릭하면 우측에 정보가 표로 출력됩니다. 여기서 Analysis 탭으로 이동하면 그림 8-17과 같이 분석 결과를 확인할 수 있습니다.

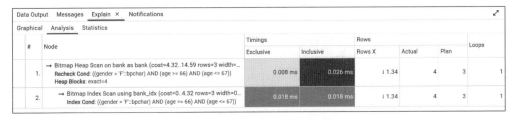

그림 8-17 | EXPLAIN (ANALYZE, FORMAT JSON) 결과 Explain 탭의 Analysis 화면

Statistics 탭으로 이동하면 노드 유형(Node Type)별, 릴레이션(Relation)별 통계도 확인할 수 있습니다.

2-4 조인 방법

4장에서 여러 테이블을 합치기 위한 명령어로 JOIN을 배웠습니다. 이제 데이터베이스 내부에서의 JOIN의 수행 원리에 대해서 간단히 알아보겠습니다.

4장의 INNER JOIN 쿼리를 그대로 가져와서 다음과 같이 EXPLAIN ANALYZE 명령어로 Query Plan을 확인해 보도록 하겠습니다.

코딩 실습

```
EXPLAIN ANALYZE
SELECT
a.chick_no, a.pass_fail, a.raw_weight,
b.order_no, b.customer
FROM
fms.prod_result a
INNER JOIN fms.ship_result b
ON a.chick_no = b.chick_no;
```

Data Output 탭에 다음과 같이 Query Plan이 출력됩니다.

 실행 결과

```
Hash Join  (cost=1.85..26.26 rows=175 width=124) (actual
time=0.039..0.051 rows=38 loops=1)
Hash Cond: (a.chick_no = b.chick_no)
    -> Seq Scan on prod_result a  (cost=0.00..19.20 rows=920 width=46)
(actual time=0.014..0.016 rows=40 loops=1)
-> Hash  (cost=1.38..1.38 rows=38 width=114) (actual time=0.019..0.020
rows=38 loops=1)
    Buckets: 1024  Batches: 1  Memory Usage: 10kB
-> Seq Scan on ship_result b  (cost=0.00..1.38 rows=38 width=114) (actual
time=0.008..0.011 rows=38 loops=1)
Planning Time: 0.095 ms
Execution Time: 0.070 ms
```

쿼리에는 INNER JOIN을 사용했는데 Planner는 들어보지도 못한 Hash Join이라는 방법을 선택했습니다. EXPLAIN ANALYZE에 FORMAT JSON 옵션을 추가해 그림 8-18과 같이 그래픽 형태로 보겠습니다.

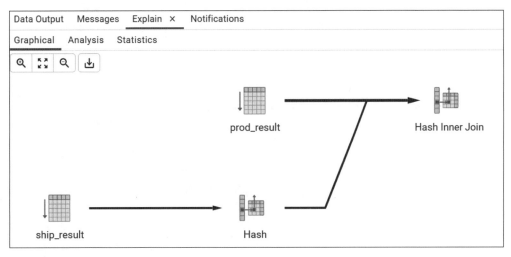

그림 8-18 | EXPLAIN (ANALYZE, FORMAT JSON) 결과 Explain 탭의 Graphical 화면

해시 조인(Hash Join)은 Join Key(chick_no)를 사용해 테이블 중 하나(ship_result)에서 해시 테이블을 만든 후 다른 테이블(prod_result)을 행별로 스캔해 일치하는 행을 찾아 해시 테이블과 연결시키는 방식으로 동작하는 조인 방법 중 하나입니다.

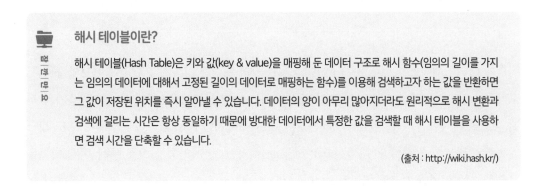

해시 테이블이란?

해시 테이블(Hash Table)은 키와 값(key & value)을 매핑해 둔 데이터 구조로 해시 함수(임의의 길이를 가지는 임의의 데이터에 대해서 고정된 길이의 데이터로 매핑하는 함수)를 이용해 검색하고자 하는 값을 반환하면 그 값이 저장된 위치를 즉시 알아낼 수 있습니다. 데이터의 양이 아무리 많아지더라도 원리적으로 해시 변환과 검색에 걸리는 시간은 항상 동일하기 때문에 방대한 데이터에서 특정한 값을 검색할 때 해시 테이블을 사용하면 검색 시간을 단축할 수 있습니다.

(출처 : http://wiki.hash.kr/)

앞서 설명한 해시 조인 외에 내부적으로 수행하는 대표적인 조인 방법을 표 8-11과 같이 정리했습니다.

조인 방법	설명
Nested Loop Join	• 조인을 수행하는 가장 간단하고 기본적인 방법으로 하나의 테이블이 반복되고, 각 행에 대해서 다른 테이블에서 검색이 수행되는 방법 • 대형 테이블 적용에는 적합하지 않음
Merge Join	• 먼저 조인 키를 기준으로 두 테이블을 정렬한 후 병합 알고리즘을 사용해 함께 병합하는 방법 • 대형 테이블이나 조인 키가 인덱싱된 경우에 가장 적합
Sort-Merge Join	• 두 테이블이 모두 조인 키에 대해서 이미 정렬되어 있을 때 사용되는 방법으로 sort-merge 알고리즘을 사용해 두 테이블을 병합 • 정렬 비용이 해시 테이블 작성 비용보다 적은 대형 테이블에 가장 적합
Index Join	• 테이블 중 하나 또는 둘 모두에 조인 키에 대한 인덱스가 있을 때 사용되는 방법으로 전체 테이블을 스캔하는 대신 인덱스를 사용해 조인 수행 • 조인 키에 대한 선택도(selectivity)가 높은 테이블에 가장 적합

표 8-11 | 대표적인 조인 방법

선택도란?

선택도(selectivity)는 주어진 조건과 일치할 것으로 예상되는 테이블의 행 수를 측정한 지표로 0과 1 사이의 값으로 표현됩니다. 선택도가 0이라면 조건과 일치하는 행이 없음을 나타내고, 1이라면 모든 행이 조건과 일치할 것으로 예상됨을 나타냅니다. 선택도가 1이 되기 위해서는 유일한(unique) 값일수록 유리합니다. Planner는 쿼리에서 각 조건의 선택도를 추정하고, 이 정보를 사용해 최상의 조인 순서와 방법, 사용할 가장 효율적인 인덱스 등을 결정합니다.

이렇게 데이터베이스 아키텍처부터 인덱스와 조인의 수행 원리까지 간단히 알아보았습니다. 오라클(Oracle)의 경우 인덱스와의 조인 방법을 Planner가 선택하는 것이 아니라 사용자가 직접 강제로 지정할 수 있는 힌트(hint)라는 기능을 제공하지만 PostgreSQL은 기본적으로 해당 기능을 제공하지 않습니다. 다만, pg_hint_plan이라는 확장 기능 설치를 통해 힌트 기능을 사용할 수는 있지만 권고하지는 않습니다.

8장에서 다루었던 부분은 쿼리 최적화를 위한 튜닝의 가장 기본적인 지식으로 매우 어렵고 복잡합니다. 이 책은 SQL 초보자가 기본기를 익히기 위한 목적으로 작성되었기에 보다 깊은 내용은 시중에 판매되고 있는 『친절한 SQL 튜닝』, 『오라클 성능 고도화 원리와 해법 1, 2』 책으로 공부해 보기를 추천합니다.

1 SQL 수행 구조

- Postmaster는 백엔드 시작 및 중지, 시스템 리소스 관리 등 전체 시스템 관리를 담당

- Postgres Server는 SQL문 실행, 트랜잭션 관리 및 결과 반환을 담당

- SQL 처리 과정

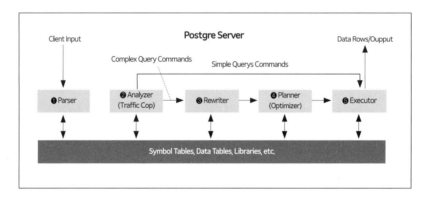

2 인덱스와 조인

- 인덱스는 테이블에서 데이터 검색 작업의 속도를 향상시키기 위한 자료 구조로 책의 찾아보기(색인) 기능과 동일한 원리를 가짐

- 사용자가 내부 또는 외부 조인 등의 방법을 지정하더라도 내부적으로 수행되는 조인 방법은 Nested Loop Join, Hash Join, Sort-Merge Join 등의 방법으로 수행됨

- 인덱스와 조인은 사용자가 지정하지만 Planner가 무엇을 쓸지 선택하므로 Planner 가 최적의 방법을 선택할 수 있도록 사용자가 적합한 인덱스를 설정하고, 조인 쿼리를 작성하는 것이 성능 향상을 위해 중요함

3 EXPLAIN

- EXPLAIN SQL문 : 쿼리 실행 없이 Query Plan 출력

- EXPLAIN ANALYZE SQL문 : 쿼리 실행 후 Query Plan 출력

- 사용 가능 옵션 : VERBOSE, BUFFERS, FORMAT 등

| 연 | 습 | 문 | 제 |

1 다음 중 PostgreSQL에서 사용할 수 있는 Client Interface Library가 <u>아닌</u> 것은 무엇인가요?

① JDBC   ② ODBC   ③ libpg   ④ libnodejs

2 다음 중 Postgres Server의 SQL문 처리 과정으로 옳은 것은 무엇인가요? (단, 복잡한 쿼리 명령어가 실행되었음)

① Parser → WAL Writer → Writer → Planner → Executor
② Parser → Analyzer → Rewriter → Planner → Executor
③ Analyzer → Parser → Rewriter → Planner → Executor
④ Analyzer → Parser → Planner → Rewriter → Executor

3 다음 중 Optimizer가 실행 계획의 비용을 계산함에 있어 고려 사항이 <u>아닌</u> 것은 무엇인가요?

① 사용 가능한 인덱스   ② 테이블의 크기
③ 데이터에 대한 통계   ④ 클라이언트의 성능

4 다음 중 절(clause) 실행 우선순위로 옳은 것은 무엇인가요?

① FROM → JOIN → WHERE → GROUP BY → SELECT
② SELECT → FROM → JOIN → WHERE → GROUP BY
③ SELECT → FROM → WHERE → JOIN → GROUP BY
④ FROM → SELECT → JOIN → WHERE → GROUP BY

5 공유 버퍼 캐시에서 디스크로 dirty pages를 기록하고, 공유 버퍼의 캐시 크기를 제어하는 프로세스로 데이터의 일관성과 효율성을 보장하는 백그라운드 프로세스는 무엇인가요?

6 Planner가 5개의 페이지와 1,000개의 행을 가진 테이블에서 Sequential Scan을 실시할 때 예상되는 비용을 적어 보세요.

7 인덱스 접근 방법 중 pgAdmin의 기본값이고, 모든 비교 연산자를 사용할 수 있으며, 선형 정렬 가능한 구조에 가장 적합한 방법을 적어 보세요.

9

학습목표

- 데이터 모델링에 대해서 이해할 수 있습니다.
- ERD의 구조에 대해서 이해할 수 있습니다.
- pgAdmin을 이용해 ERD를 그릴 수 있습니다.

데이터 모델링과 ERD

데이터베이스 설계를 위한 데이터 모델링에 대한 개념에 대해서 알아보고,

기존에 실습했던 데이터베이스를 대상으로 ERD를 그려보겠습니다.

Structured Query Language

01 데이터 모델링

1-1 데이터 모델링이란?

일반적인 데이터베이스 책은 데이터 모델링에 관한 내용을 제일 앞에 다루고 있지만 이 책에서는 책 후반부에 그 내용을 다루었습니다. 왜냐하면 이 책은 데이터베이스를 설계하고 만드는 것보다는 SQL을 이용해 데이터를 활용하는 것에 초점을 맞추었기 때문입니다. 아마도 지금쯤은 데이터베이스와 테이블을 만들어 보면서 대략적인 감은 잡았다고 생각됩니다. 9장에서는 감만 잡은 내용을 정리해 보도록 하겠습니다.

데이터 모델링(Data Modeling)은 현실 세계를 데이터베이스화시키는 작업을 뜻합니다. 앞서 실습한 농장 관리시스템(FMS)을 예로 들어 설명하면 농장관리시스템이라는 정보 시스템을 구축하기 위해서는 가장 먼저 농장관리 업무가 어떻게 이루어지고, 어떤 데이터가 중요한지 분석해야 합니다. 그리고 핵심 개체(Entity)인 "육계"와 이와 관련된 "생산", "출하" 등의 개체 간의 관계(Relationship)를 파악해 다이어그램(Diagram)으로 도식화합니다. 이런 일련의 과정을 개념적(Conceptual) 데이터 모델링이라고 합니다.

논리적(Logical) 데이터 모델링은 현실 세계를 구조화한 개념적 데이터 모델을 물리 세계인 데이터베이스로 설계하는 과정입니다. 테이블의 열과 열의 속성, Key, 관계 등을 상세히 정의합니다. 일반적으로 데이터 모델이라고 하면 논리적 데이터 모델을 의미합니다.

물리적(Physical) 데이터 모델링은 논리적 데이터 모델이 데이터 저장소로 어떻게 저장될 것인지를 정의하는 것입니다. 테이블, 열 등으로 표현되는 물리적인 저장 구조와 사용될 저장장치, 데이터베이스 접근 방법 등을 결정합니다.

이런 데이터 모델링의 전체 과정은 그림 9-1과 같습니다.

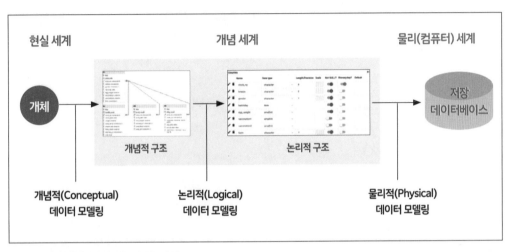

그림 9-1 | 현실 세계와 데이터베이스 간의 모델

1-2 개체와 속성

개체(Entity)는 저장되고 관리되어야 하는 데이터로 유형 또는 무형의 대상을 가리키며 인스턴스(Instance)의 집합체라고 말하기도 합니다. 속성(Attribute)은 인스턴스에서 관리하고자 하는 의미상으로 더 이상 분리되지 않는 최소의 데이터 단위를 뜻합니다. 개념에 대한 이해를 돕기 위해 농장관리시스템을 예로 들어 설명하면 해당 시스템의 주요 개체(Entity)는 "육계"이고, "육계"에 대한 인스턴스(Instance)는 육계번호(A2310001, A2310002 등)로 육계라는 개체의 하나의 값에 해당합니다. 이에 대한 속성(Attribute)은 "품종", "성별", "부화일자", "종란무게" 등입니다. 이들의 관계는 그림 9-2와 같습니다.

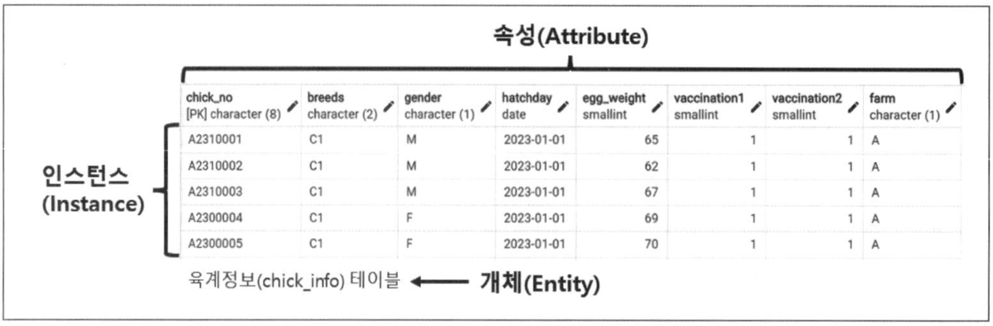

그림 9-2 | 개체와 인스턴스, 속성의 관계

개체는 테이블, 속성은 열, 인스턴스는 열의 값으로 생각하면 이해가 쉽습니다. 개체의 특징을 따로 정리하면 표 9-1과 같습니다.

특징	예시
업무에서 필요하고 관리하고자 하는 정보이어야 함	육계, 생산, 출하 등
유일한 식별자에 의해 식별이 가능해야 함	육계번호(Primary Key)
2개 이상의 인스턴스가 있어야 함	A2310001, A2310002 등
반드시 속성을 가지고 있어야 함	품종, 성별, 부화일자 등
다른 개체와 최소 1개 이상의 관계가 있어야 함	육계 - 생산, 육계 - 출하

표 9-1 | 개체(Entity)의 특징

개체는 유무형에 따라 표 9-2와 같이 분류할 수 있습니다.

종류	설명	예시
유형 개체	물리적인 형태가 존재	병아리, 육계
개념 개체	개념적으로 사용	회사 조직
사건 개체	업무를 수행함에 따라 발생	생산, 주문, 출하

표 9-2 | 유무형에 따른 개체 분류

1-3 관계

관계(Relationship)는 개체의 인스턴스 간의 논리적인 연관성을 뜻하며, 존재 또는 행위에 의한 관계로 구분될 수 있습니다. 예를 들어, 육계 생산을 위해 사육하는 병아리는 존재 자체로 관계가 형성된 것입니다. 하지만 고객사에서 육계를 주문하는 것은 주문이라는 행위에 의해 주문번호가 생성되고, 이벤트가 이루어지는 것이기 때문에 행위에 의해 관계가 형성된 것입니다.

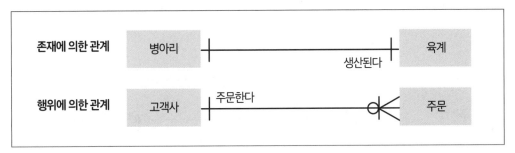

그림 9-3 | 존재와 행위에 의한 관계 분류

관계는 두 개체 간의 관계차수(cardinality)에 따라 3가지 형태로 구분할 수 있습니다. 개체 간의 관계 표기에는 대표적으로 IE(Information Engineering) 표기법과 바커(Barker) 표기법을 이용합니다.

1 1:1(One to One) 관계

병아리가 성장해 판매용 육계로 생산되는데 한 마리의 병아리가 한 마리의 육계로 성장하기 때문에 두 개체는 1:1 관계를 가집니다.

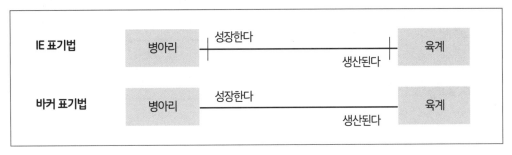

그림 9-4 | 1:1 관계 표시

② 1:M(One to Many) 관계

고객사가 육계를 주문할 때 여러 마리를 한꺼번에 주문하는 경우 두 개체는 1:M 관계를 가집니다. 이때 IE 표기법과 바커 표기법 모두 까마귀 다리(Crow's Foot)를 다수가 포함된 개체에 표시해 줍니다. 그리고 IE 표기법에서는 개체 간 의존성에 따라 선택 조건은 세로 직선(|)으로 표시하고, 필수 조건은 동그라미(○)로 표시합니다. 바커 표기법에서는 선택 조건은 점선(- -)으로 표시하고, 필수 조건은 실선(─)으로 표시합니다. 고객이 육계를 주문할 수도 있고 주문하지 않을 수도 있지만 주문을 한다면 육계는 출하되어야 하기 때문에 그림 9-5와 같이 주문한다는 선택 조건, 출하된다는 필수 조건으로 표시될 수 있습니다.

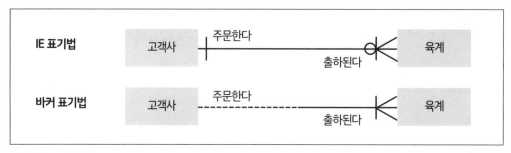

그림 9-5 | 1:M 관계 표시

③ M:M(Many to Many) 관계

고객사와 도착지가 서로 다수일 경우가 있습니다. A라는 고객사의 사업소가 부산, 울산에 존재할 수 있고, B라는 고객사의 사업소가 서울, 부산에 존재할 수도 있습니다. 이런 경우를 M:M 관계라고 합니다.

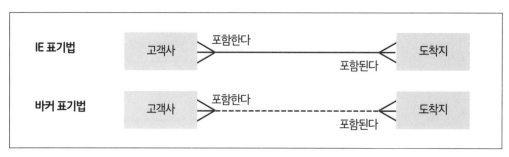

그림 9-6 | M:M 관계 표시

1-4 식별자

식별자(Identifier)란 개체에 존재하는 여러 개의 속성 중 개체를 대표할 수 있는 속성을 뜻합니다. 예를 들어, 육계정보(chick_info) 테이블이라면 육계번호(chick_no)가 식별자입니다.

식별자의 종류는 개체 내에서 대표성을 가지는 것에 따라 주식별자(Primary Identifier)와 보조식별자(Alternate Identifier)로 구분합니다. 예를 들어, 회사의 사원이라는 개체가 있다면 사원번호와 주민등록번호가 속성으로 존재할 수 있습니다. 그렇다면 일반적으로 사원번호가 주식별자, 주민등록번호가 보조식별자가 됩니다. 이렇게 대표성 기준 외에도 다양한 기준으로 식별자를 분류합니다.

02 ERD와 테이블 명세서

2-1 pgAdmin으로 ERD 그리기

ERD(Entity Relationship Diagram)는 개체와 개체 간의 관계를 이해하기 쉽게 다이어그램으로 도식화하는 방법입니다. 원래의 방식대로라면 데이터베이스를 설계해 구현하기 위해 개념적데이터 모델링 단계에서 작성하지만 데이터를 활용해야 하는 입장에서는 역으로 데이터베이스 구조를 쉽게 이해하기 위해 ERD(Entity Relationship Diagram)를 그리기도 합니다.

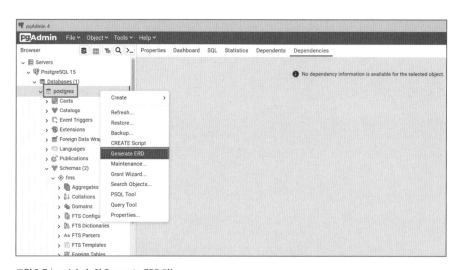

그림 9-7 | pgAdmin의 Generate ERD 기능

pgAdmin에서는 ERD를 생성하는 기능을 제공합니다. fms 스키마의 ERD를 그려보도록 하겠습니다. pgAdmin에서는 데이터베이스 수준에서 ERD 생성 기능을 제공하기 때문에 그림 9-7과 같이 postgres 데이터베이스에서 마우스를 우클릭한 후 Generate ERD를 선택합니다. 그림 9-8과 같이 ERD가 자동으로 생성됩니다.

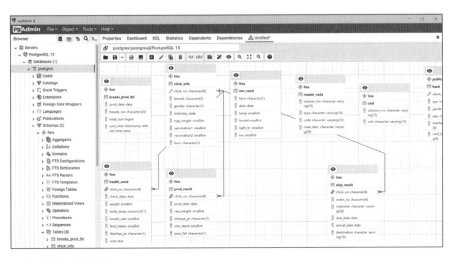

그림 9-8 | ERD 생성 결과

postgres 데이터베이스의 모든 테이블(개체)을 기준으로 ERD가 생성되었기 때문에 드래그&드롭을 통해 개체의 배치를 조정해 그림 9-9와 같이 보기 좋게 정렬합니다. 그런 다음 그림이 그려진 아이콘을 클릭하면 이미지 파일(png)로 현재 보여지는 화면을 다운로드받을 수 있습니다. 클릭해 다운로드받아 보겠습니다.

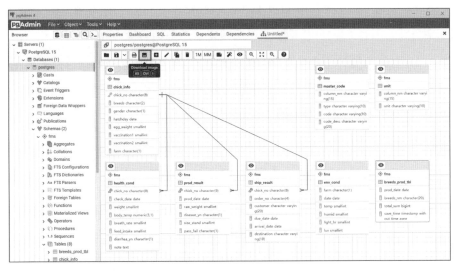

그림 9-9 | ERD 생성 후 배치 재정렬

다운로드받은 png 파일은 그림 9-10과 같이 화면에서 보던 것과 동일합니다. 이 파일을 편집해 문서를 작성할 때 활용하면 됩니다.

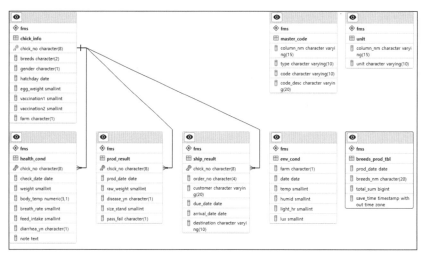

그림 9-10 | fms 스키마 ERD 작성 후 이미지 파일로 저장한 결과

2-2 테이블 명세서 조회

데이터 활용을 위해 처음보는 데이터베이스를 마주했을 때 테이블 구조를 파악하기 위해서는 데이터베이스 시스템의 검수보고서를 확인해야 합니다. 하지만 검수보고서 내용이 빈약하거나 잦은 테이블 수정이 이루어졌다면 과거의 검수보고서는 활용하기가 어려울 수 있습니다. 이때 ERD를 그려서 테이블(개체) 간의 관계를 파악하고, 쿼리를 이용해 테이블 명세서를 조회해 확인한다면 처음보는 데이터베이스라도 빨리 구조를 파악할 수 있습니다.

2장에서 간단히 테이블 명세서에 대해서 알아보았습니다. 2장에서는 테이블 생성을 위해 문서화된 형태의 테이블 명세서였지만 기존에 테이블이 존재하고 있는 상태라면 쿼리를 이용해 테이블 명세서를 작성해 조회할 수 있습니다. 참조할 테이블 정보는 표 9-3과 같습니다.

Catalogs	Table 또는 View	참조 대상
information_schema	columns	테이블 이름, 열 타입, 열 길이, NULL 허용 여부
	tables	테이블 종류
	table_constraints	열 제약 조건 종류
	constraint_column_usage	열 이름, 열 제약 조건 이름
pg_catalog	pg_class	테이블 코멘트
	pg_namespace	스키마명
	pg_description	열 코멘트
	pg_attribute	열 이름
-	pg_stat_all_tables	스키마명, 테이블명

표 9-3 | 테이블 명세서 작성을 위한 참조 테이블

Catalogs의 information_schema와 pg_catalog는 postgres의 Catalogs 밑에 그림 9-11과
같이 위치해 있습니다.

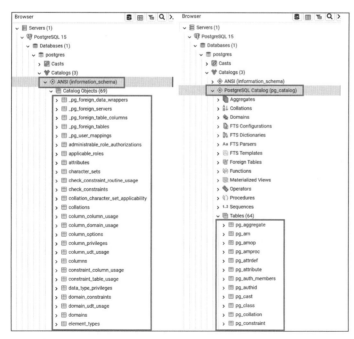

그림 9-11 | Catalogs의 information_schema와 pg_catalog

앞의 테이블 또는 뷰를 이용해 그림 9-12와 같이 테이블 명세서가 출력되도록 SQL문을 작성해 보겠습니다.

	table_type character varying	table_name name	table_comment text	column_name name	column_comment text	column_type name	length integer	is_nullable character varying (3)	constraint_type character varying
1	BASE TABLE	breeds_pro...	품종별생산실적	prod_date	생산일자	date	[null]	YES	[null]
2	BASE TABLE	breeds_pro...	품종별생산실적	breeds_nm	품종명	bpchar	20	YES	[null]
3	BASE TABLE	breeds_pro...	품종별생산실적	total_sum	생산량합계	int8	64	YES	[null]
4	BASE TABLE	breeds_pro...	품종별생산실적	save_time	저장일시	timestamp	[null]	YES	[null]
5	BASE TABLE	chick_info	육계정보	chick_no	닭번호	bpchar	8	NO	PRIMARY KEY
6	BASE TABLE	chick_info	육계정보	breeds	품종	bpchar	2	NO	[null]
7	BASE TABLE	chick_info	육계정보	gender	성별	bpchar	1	NO	[null]
8	BASE TABLE	chick_info	육계정보	hatchday	부화일자	date	[null]	NO	[null]
9	BASE TABLE	chick_info	육계정보	egg_weight	종란무게	int2	16	NO	[null]
10	BASE TABLE	chick_info	육계정보	vaccination1	예방접종1	int2	16	NO	[null]
11	BASE TABLE	chick_info	육계정보	vaccination2	예방접종2	int2	16	YES	[null]
12	BASE TABLE	chick_info	육계정보	farm	사육장	bpchar	1	NO	[null]
13	BASE TABLE	env_cond	사육환경	farm	사육장	bpchar	1	NO	[null]

그림 9-12 | 테이블 명세서 예시

쿼리가 다소 길고 복잡해 보이지만 찬찬히 살펴보면 그렇게 어렵지 않습니다. JOIN 부분만 유의해 보면 이해가 될 것입니다. 해당 쿼리는 필자의 블로그(https://datawithnosense.tistory.com/)에 게시해 놓았으니 작성이 어려우면 해당 쿼리를 복사해 사용해도 됩니다.

```
SELECT
 tt.table_type
 ,isc.table_name
 ,tc.table_comment
 ,isc.column_name
 ,cc.column_comment
 ,isc.udt_name AS column_type
 ,CASE WHEN isc.character_maximum_length IS NULL THEN isc.numeric_precision
 ELSE isc.character_maximum_length END AS length
 ,isc.is_nullable
 ,ct.constraint_type
 FROM
 (
```

```
information_schema.columns isc
LEFT OUTER JOIN --table_type(tt) join
(
            SELECT
             table_schema
            ,table_name
            ,table_type
            FROM information_schema.tables
) tt
ON isc.table_schema = tt.table_schema
AND isc.table_name = tt.table_name
LEFT OUTER JOIN --table_comment(tc) join
(
            SELECT
             pn.nspname AS schema_name
            ,pc.relname AS table_name
            ,OBJ_DESCRIPTION(pc.oid) AS table_comment
            FROM pg_catalog.pg_class pc
            INNER JOIN pg_catalog.pg_namespace pn
            ON pc.relnamespace = pn.oid
            WHERE pc.relkind = 'r'
) tc
ON isc.table_schema = tc.schema_name
AND isc.table_name = tc.table_name
LEFT OUTER JOIN --column_comment(cc) join
(
            SELECT
             ps.schemaname AS schema_name
            ,ps.relname AS table_name
            ,pa.attname AS column_name
            ,pd.description AS column_comment
            FROM
```

```
                    pg_stat_all_tables ps,
                    pg_catalog.pg_description pd,
                    pg_catalog.pg_attribute pa
                    WHERE ps.relid = pd.objoid
                    AND pd.objsubid != 0
                    AND pd.objoid = pa.attrelid
                    AND pd.objsubid = pa.attnum
                    ORDER BY ps.relname, pd.objsubid
          ) cc
          ON isc.table_schema = cc.schema_name
          AND isc.table_name = cc.table_name
          AND isc.column_name = cc.column_name
          LEFT OUTER JOIN --constraint_type(ct) join
          (
                    SELECT
                     isccu.table_schema
                    ,istc.table_name
                    ,isccu.column_name
                    ,istc.constraint_type
                    ,isccu.constraint_name
                    FROM
                    information_schema.table_constraints istc,
                    information_schema.constraint_column_usage isccu
                    WHERE istc.table_catalog = isccu.table_catalog
                    AND istc.table_schema = isccu.table_schema
                    AND istc.constraint_name = isccu.constraint_name
          ) ct
          ON isc.table_schema = ct.table_schema
          AND isc.table_name = ct.table_name
          AND isc.column_name = ct.column_name
)
WHERE isc.table_schema = 'fms'
ORDER BY tt.table_type, isc.table_name, isc.ordinal_position;
```

| 핵 | 심 | 요 | 약 |

1 데이터 모델링

- 개념적(Conceptual) 데이터 모델링 : 업무 분석 및 ERD 도식화
- 논리적(Logical) 데이터 모델링 : 데이터베이스 설계
- 물리적(Physical) 데이터 모델링 : 데이터베이스 생성

2 개체와 속성

- 개체(Entity)는 저장되고 관리되어야 하는 데이터
- 속성(Attribute)은 인스턴스(Instance)에서 관리하고자 하는 의미상으로 더 이상 분리되지 않는 최소의 데이터 단위

3 관계

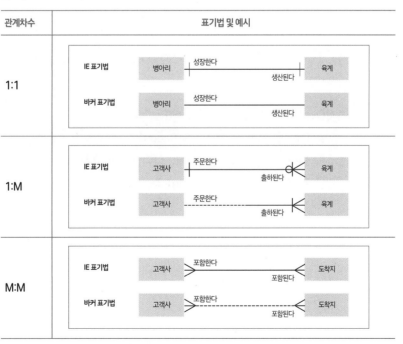

관계차수	표기법 및 예시
1:1	IE 표기법 — 병아리 / 성장한다 / 생산된다 / 육계 바커 표기법 — 병아리 / 성장한다 / 생산된다 / 육계
1:M	IE 표기법 — 고객사 / 주문한다 / 출하된다 / 육계 바커 표기법 — 고객사 / 주문한다 / 출하된다 / 육계
M:M	IE 표기법 — 고객사 / 포함한다 / 포함된다 / 도착지 바커 표기법 — 고객사 / 포함한다 / 포함된다 / 도착지

| 연 | 습 | 문 | 제 |

1 다음 중 데이터 모델링의 순서로 옳은 것은 무엇인가요?

① 개념적 모델링 → 논리적 모델링 → 물리적 모델링

② 논리적 모델링 → 개념적 모델링 → 물리적 모델링

③ 개념적 모델링 → 물리적 모델링 → 논리적 모델링

④ 개념적 모델링 → 추상적 모델링 → 물리적 모델링

2 다음 중 개체(Entity)의 특징이 <u>아닌</u> 것은 무엇인가요?

① 2개 이상의 인스턴스(Instance)가 존재해야 함

② 반드시 속성(Attribute)을 가지고 있어야 함

③ 유일한 식별자(Identifier)에 의해 식별이 가능해야 함

④ 다른 개체와 최소 2개 이상의 관계(Relationship)가 있어야 함

3 개체(Entity)와 속성(Attribute), 인스턴스(Instance)를 각각 순서대로 바르게 연결한 것은 무엇인가요?

① 튜플(Tuples), 릴레이션(Relation), 행(Rows)

② 테이블(Table), 열(Column), 레코드(Records)

③ 릴레이션(Relation), 레코드(Records), 카디널리티(Cardinality)

④ 카디널리티(Cardinality), 열(Column), 레코드(Records)

4 개체와 개체 간의 관계를 이해하기 쉽게 주로 IE(Information Engineering) 표기법과 바커 표기법(notation)으로 그리는 다이어그램은 무엇인가요?

5 쿼리를 이용한 테이블 명세서 작성 시 열(Column)의 코멘트(Comment)를 가져올 수 있는 테이블은 무엇인가요?

10

- **psql**을 이용해 쿼리를 작성할 수 있습니다.

- 파이썬과 **R** 언어에서 PostgreSQL에 접근할 수 있습니다.

- 시각화 도구인 태블로에서 PostgreSQL에 접근할 수 있습니다.

- 다양한 **DBMS**에 접속할 수 있는 범용 도구를 사용할 수 있습니다.

참고할 만한
내용들

CLI 기반의 psql 사용법 및 데이터 분석을 위해 가장 널리 사용되는 파이썬과 R, 태블로(Tableau)에서

PostgreSQL로 연결하는 방법에 대해서 알아보고, PostgreSQL 외에도 다양한 DBMS에

접속 가능한 범용 도구인 DBeaver 사용법에 대해서도 알아보겠습니다.

Structured Query Language

01 SQL Shell(psql)

1-1 psql이란?

이제까지 실습에서는 윈도우 OS 기반 환경에서 pgAdmin이라는 GUI(Graphic User Interface) 기반의 도구로 쉽게 테이블을 생성하고 쿼리를 작성했습니다. 하지만 리눅스 서버에 PostgreSQL이 설치되어 있고, 해당 서버로 클라이언트가 접속해 pgAdmin이 없는 상태에서 쿼리를 작성해야 한다면 SQL Shell(이하 psql)을 이용해야 합니다. psql은 그림 10-1과 같이 오라클의 SQL*Plus와 거의 동일한 CLI(Command Line Interface) 기반의 클라이언트 도구입니다.

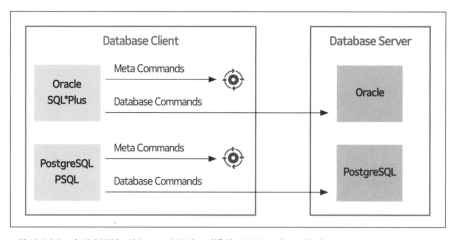

그림 10-1 | Oracle의 SQL*Plus와 PostgreSQL의 psql(출처 : AWS Database Blog)

psql은 pgAdmin과 마찬가지로 PostgreSQL 설치 시 기본적으로 설치됩니다. 그림 10-2와 같이 윈도우 시작에서 PostgreSQL 15 폴더 밑의 SQL Shell(psql)을 선택해 보겠습니다.

그림 10-3과 같이 마치 윈도우의 명령 프롬프트(CMD) 창처럼 검정 바탕에 하얀색 글씨의 화면이 나옵니다. 여기에 PostgreSQL 접속 정보를 하나씩 입력하면 데이터베이스에 접속할 수 있습니다.

그림 10-2 | 윈도우 시작의 PostgreSQL 설치 폴더 밑의 SQL Shell(psql)

그림 10-3 | psql 활용 데이터베이스 접속

실습 환경에서는 PostgreSQL 서버가 동일한 PC에서 구동되고 있기 때문에 Server 부분에 "localhost"를 입력하고, 원격에 위치하고 있다면 해당 서버 IP 주소를 입력하면 됩니다. Enter 를 누르면 Database 입력으로 넘어갑니다. 여기에는 접속하고자 하는 데이터베이스 명칭을 입력하면 되는데 기본 데이터베이스를 기준으로 실습하고 있기 때문에 "postgres"를 입력하고 Enter 를 누릅니다. Port 번호 입력 부분에 PostgreSQL 설치 시 지정한 포트 번호를 입력합니다. 실습에서는 포트 번호를 변경하지 않았기 때문에 "5432"를 그대로 입력합니다. 다만, 실제 업무 환경에서는 기본 포트를 그대로 활용하게 되면 포트 번호를 알고 있는 사람이 많기

때문에 보안에 취약하므로 바꿔주는 것이 좋습니다. Port 번호까지 입력했으면 Username과 암호만 입력하면 됩니다. Username의 경우 기본으로 생성된 "postgres"를 입력해 주고, 암호는 실습에서 쭉 사용하고 있는 "1111"을 입력하면 접속이 완료됩니다. 정상적으로 접속되었다면 사용자 계정 다음에 "=#" 표시가 나타납니다.

Shell이란?

Shell(셸)은 운영체제제상에서 다양한 운영체제 기능과 서비스를 구현하는 인터페이스를 제공하는 프로그램입니다. 셸은 사용자와 운영체제 내부(Kernel) 사이의 인터페이스를 감싸는 층이기 때문에 조개 껍데기를 뜻하는 영어 단어로 이름이 붙었습니다.

(출처 : 위키피디아)

1-2 psql을 이용한 쿼리 실습

psql을 이용해 쿼리 작성을 해보도록 하겠습니다. 먼저 도움말부터 확인해 보겠습니다. help 라고 입력하면 그림 10-4와 같이 사용법이 출력됩니다.

그림 10-4 | psql의 도움말 기능

"\?" 명령어를 입력해 psql 명령 도움말을 살펴보겠습니다.

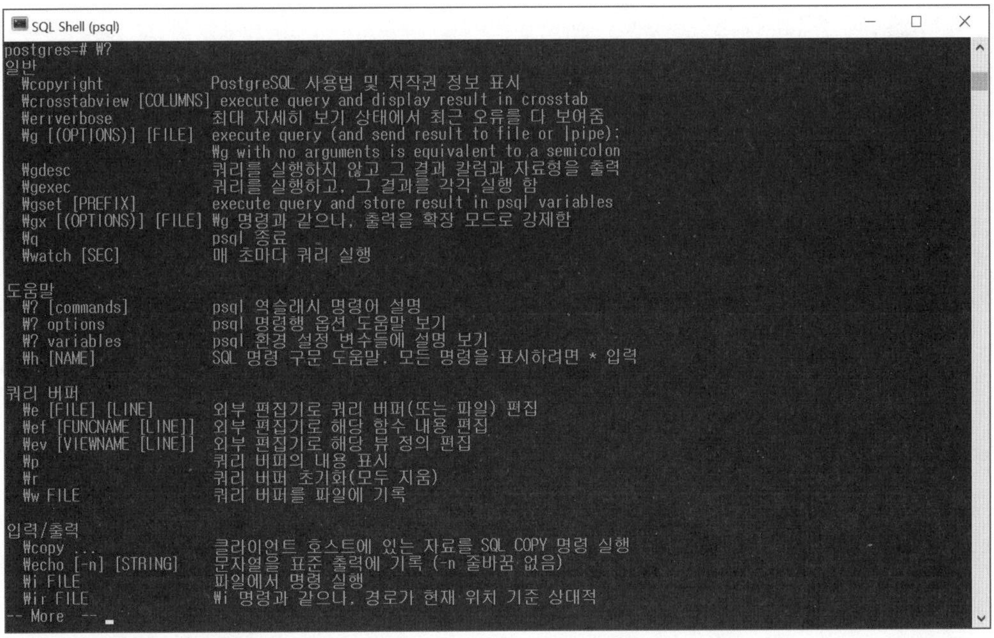

그림 10-5 | psql 명령 도움말 실행 결과

그림 10-5와 같이 다양한 영역에서 쓸 수 있는 명령어가 출력되고, 정보가 많기 때문에 아래에 "--More--"로 표시됩니다. 이때 Enter 를 누르면 표시되지 않은 정보들이 하나씩 차례대로 보여지게 됩니다. 수많은 psql 명령어 중 유용한 일부 명령어만 알아보도록 하겠습니다.

1 데이터베이스, 스키마, 테이블, 뷰 목록 조회

pgAdmin에서는 Browser가 좌측에 위치해 있으므로 데이터베이스부터 테이블까지 계층 구조를 볼 수 있어 데이터베이스에 어떤 스키마가 존재하고, 어떤 테이블이 존재하는지 알 수 있지만 psql은 CLI 기반이기 때문에 기존의 데이터베이스 구조를 모르고 있으면 쿼리를 작성하기가 쉽지 않습니다. 그래서 기본적인 데이터베이스 구조를 조회할 수 있는 명령어를 알아 두면 큰 도움이 됩니다. 명령어는 표 10-1과 같습니다.

psql 명령어	기능	예시
₩l	데이터베이스 목록 조회	
₩c 데이터베이스명	해당 데이터베이스에 접속	₩c postgres
₩dn	스키마 목록 조회	
₩dt	public 스키마의 테이블 목록 조회	
₩dt 스키마명.*	해당 스키마의 테이블 목록 조회	₩dt fms.*
₩dv 스키마명.*	해당 스키마의 뷰 목록 조회	₩dv fms.*

표 10-1 | psql 데이터베이스, 스키마, 테이블, 뷰 목록 조회 명령어

데이터베이스 접속 정보만 알고 있으면 psql 명령어를 이용해 스키마 목록을 조회하고, 해당되는 스키마의 테이블 목록을 조회해 기본적인 계층 구조를 파악할 수 있습니다.

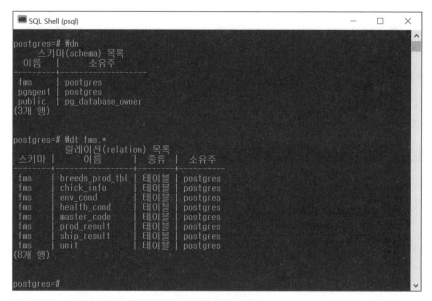

그림 10-6 | psql 명령어를 이용해 스키마와 테이블 목록 조회 결과

실습 환경을 기준으로 "₩dn" 명령어를 입력해 스키마 목록을 확인해 농장관리시스템 "fms" 스키마를 찾고, "₩dt fms.*" 명령어를 실행해 fms 스키마에 포함된 전체 테이블 리스트를 조회해 볼 수 있습니다.

❷ SQL 명령어 실행

psql에서 SQL 명령어는 pgAdmin의 Query Tool에서 입력하는 것과 마찬가지로 작성하면
됩니다. 다만, 쿼리 마지막에 반드시 세미콜론(;)을 입력해 쿼리가 종료되었음을 알려주어야
쿼리가 정상적으로 실행됩니다. SELECT문을 이용해 fms 스키마의 chick_info 테이블에 있
는 모든 데이터를 조회해 보도록 하겠습니다.

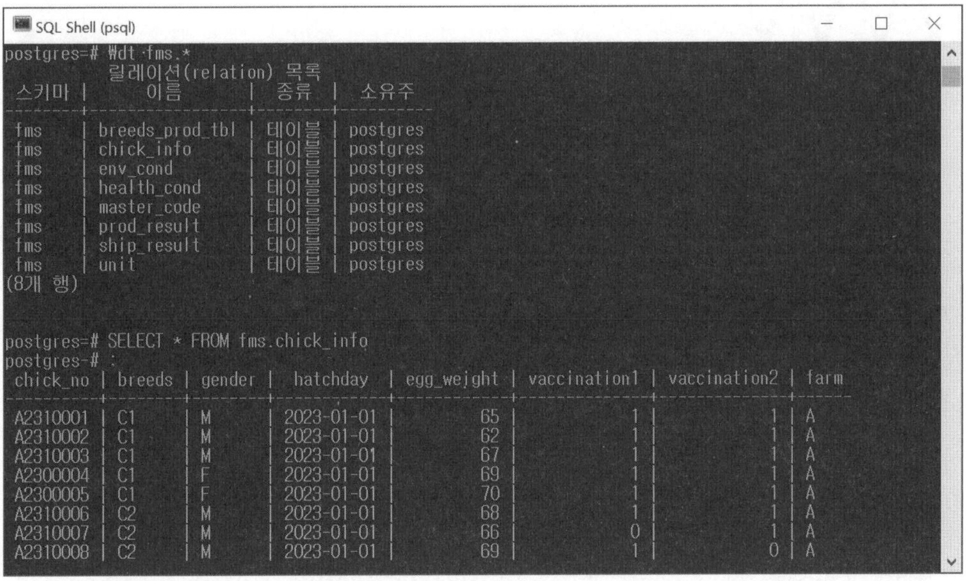

그림 10-7 | psql에서 SELECT문 쿼리 실행 결과

pgAdmin에서는 "SELECT * FROM fms.chick_info"라고 쿼리를 입력하고 실행하면 실행이
되지만 psql에서는 그림 10-7과 같이 줄바꿈이 생깁니다. 여기에 ";"을 입력하고 Enter 를 누르
면 쿼리가 정상적으로 실행되어 결과가 출력됩니다. psql을 종료하기 위해서는 "₩q" 명령어
를 실행하면 됩니다.

02 파이썬과 데이터베이스 연결하기

2-1 파이썬이란?

파이썬(Python)은 1991년 네덜란드 출신 프로그래머인 귀도 반 로섬(Guido van Rossum)이 발표한 고급 프로그래밍 언어로 플랫폼에 독립적이며 인터프리터식, 객체지향적, 동적 타이핑 대화형 언어입니다. Pandas, Scikit-learn(sklearn), Keras-TensorFlow 등의 패키지(package) 덕분에 R과 함께 데이터 과학 분야에서 가장 널리 쓰이고 있습니다.

그림 10-8 | 파이썬 로고

파이썬은 https://www.python.org 사이트에서 다운로드받아 설치할 수 있으며, 필수적인 패키지와 주피터 노트북(Jupyter Notebook)을 한꺼번에 사용할 수 있는 툴킷(toolkit)인 아나콘다 (Anaconda)를 다운로드받아 설치해 사용할 수도 있습니다. 다만, 아나콘다의 경우 개인은 무료이지만 상업적인 용도로 사용할 때에는 비용을 지불해야 합니다.

2-2 파이썬에서 데이터베이스 접속하기

파이썬(version 3.8.5)을 설치하고, 주피터 노트북을 활용할 수 있는 환경이라는 가정하에 실습을 진행하겠습니다. 주피터 노트북을 실행한 후 다음과 같이 PostgreSQL 데이터베이스에 접속할 수 있게 도와주는 psycopg2 패키지를 설치하고 불러오겠습니다.

```
In [1]    # postgresql db 연동용 패키지 설치
          !pip install psycopg2
In [2]    # 패키지 불러오기
          import psycopg2
```

DB에 연결하는 conn이라는 객체를 만들어 보겠습니다. connect() 함수를 이용하며 옵션으로 host(DB 서버 주소, 본인 PC의 경우 localhost로 입력해도 무방함), port(DB 서버 포트), dbname, user(DB 계정명), password(DB 해당 계정 비밀번호)를 입력해 줍니다. postgres 계정으로 접속하며 정상적으로 연결되면 에러가 발생하지 않습니다.

```
In [3]    # db 연동 객체 만들기
          conn = psycopg2.connect(host='localhost', port = 5432,
          dbname='postgres', user='postgres', password=1111)
In [4]    # 연결된 db에 sql 처리를 위한 cursor() 메서드 호출
          cur = conn.cursor()
```

DB에 SQL을 전달하기 위해서는 cursor() 메서드가 필요하기 때문에 cur 변수를 만들어 집어넣었습니다.

2-3 파이썬에서 쿼리 실행하기

1 SELECT문

SQL을 작성하고, execute() 메서드를 이용해 DB의 public 스키마에 위치한 user_info 테이블을 조회(SELECT)해 보도록 하겠습니다. "SELECT * FROM public.user_info;"이라고 작성한 쿼리(qry_s)를 execute() 메서드로 실행하고, fetchall() 메서드까지 실행해야 데이터가 조회됩니다.

> **코딩 실습**
>
> ```
> In [5]    # DB iris 테이블에 전체 데이터 조회하기(SELECT)
>           qry_s = "SELECT * FROM public.user_info;"
> In [6]    # 쿼리 실행
>           cur.execute(qry_s)
> In [7]    # 쿼리 실행 결과 데이터 전체 조회해 row에 저장
>           row = cur.fetchall()
> ```

row 변수를 확인해 보면 리스트 타입으로 데이터가 4개 행까지 들어 있음을 확인할 수 있습니다. 추가적으로 row 데이터 셋을 데이터프레임(dataframe)으로 변경해 보겠습니다.

> **코딩 실습**
>
>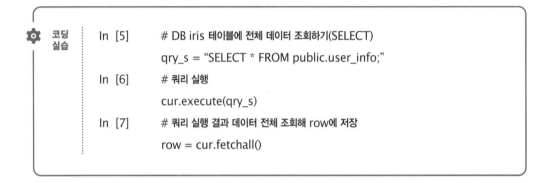
>
> ```
> In [8]    row
> Out [8]   [('ahnej01', '안유진', '0309014000001', 'SK', '01011111111'),
>            ('jangwy02', '장원영', '0408314000002', 'KT', '01022222222'),
>            ('fall03', '가을', '0209244000003', 'LG', '01033333333'),
>            ('liz04', '리즈', '0411214000004', 'SK', '01044444444')]
> In [9]    # row 데이터 행 수 확인
>           len(row)
> Out [9]   4
> In [10]   # pandas 패키지 불러오기
>           import pandas as pd
>           # row 데이터 셋을 데이터프레임으로 변환
> ```

```
              db_user = pd.DataFrame(data = row, columns = ('user_
              id','user_name','res_reg_no','tel_co','tel_no'))
In  [11]      # db에서 조회해 저장한 결과 확인
              db_user
Out [11]      user_id      user_name    res_reg_no          tel_co  tel_no
         0    ahnej01      안유진         0309014000001  SK      01011111111
         1    jangwy02     장원영         0408314000002  KT      01022222222
         2    fall03       가을           0209244000003  LG      01033333333
         3    liz04        리즈           0411214000004  SK      01044444444
```

만일 파이썬에서 만든 예측 모델을 DB 테이블의 데이터를 이용해 학습시킨다면 위와 같이 데이터 셋을 별도로 만들어서 이용하면 됩니다.

2 INSERT문

DB 테이블에 데이터를 직접 입력해 보겠습니다. 데이터를 입력하는 user_info 테이블에 다음과 같이 데이터를 입력하는 INSERT문을 작성해 실행해 보겠습니다.

"INSERT INTO public.user_info VALUES ('rei05','레이','0402034000005','KT','01055555555');"

코딩
실습

```
In  [12]      # DB user_info 테이블에 데이터 삽입하기(INSERT)
              qry_i = "INSERT INTO public.user_info VALUES ('rei05','레이','04
              02034000005','KT','01055555555');"
In  [13]      # 쿼리 실행
              cur.execute(qry_i)
In  [14]      # 쿼리 결과 확정
              conn.commit()
```

SELECT문과 다르게 마지막에 commit() 메서드를 이용했습니다. pgAdmin은 Auto commit이 기본값이기 때문에 별도로 commit하지 않았지만 파이썬에서 연결해 데이터를 입력하거

나 삭제할 때에는 commit을 해주어야 합니다. pgAdmin을 이용해 user_info 테이블을 직접 확인한 결과, 그림 10-9와 같이 5번째 행에 추가한 데이터가 정상적으로 입력되었습니다.

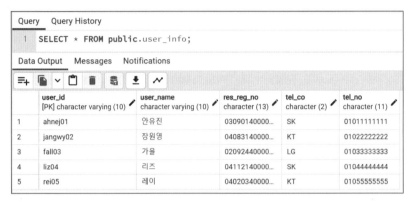

그림 10-9 | user_id rei05 데이터가 입력된 user_info 테이블

DELETE문도 INSERT문과 마찬가지로 쿼리 작성 후 실행하고, commit() 메서드로 쿼리를 확정하면 반영됩니다.

DB 연결 해제는 close() 메서드를 이용합니다. 다음과 같이 cursor를 먼저 종료하고, DB 연동 객체를 종료하면 됩니다.

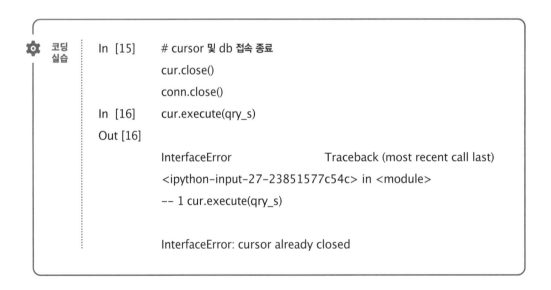

execute() 메서드를 실행해 본 결과, cursor가 이미 종료되었다고 나옵니다. 정상적으로 DB 연결 해제가 되었습니다.

03 R과 데이터베이스 연결하기

3-1 R이란?

R은 통계 계산과 그래픽을 위한 프로그래밍 언어이자 무료 소프트웨어입니다. 뉴질랜드 오클랜드 대학의 로버트 젠틀맨(Robert Gentleman)과 로스 이하카(Ross Ihaka)에 의해 시작되었으며, 통계 소프트웨어 개발과 데이터 분석에 널리 사용되고 있습니다.
R은 https://cran.r-project.org/ 사이트에서 다운로드받아 설

그림 10-10 | R 로고

치할 수 있는데 파이썬의 주피터 노트북처럼 R을 좀 더 편리하게 사용할 수 있는 도구인 RStudio를 함께 설치해 사용하기를 추천합니다.

3-2 R에서 데이터베이스 접속하기

R(version 4.1.3)과 RStudio를 사용할 수 있는 환경이라는 가정하에 실습을 진행하겠습니다. RStudio를 관리자 권한으로 실행한 후 DB 접속 및 SQL 사용에 필요한 패키지를 설치하고 라이브러리를 불러오겠습니다.

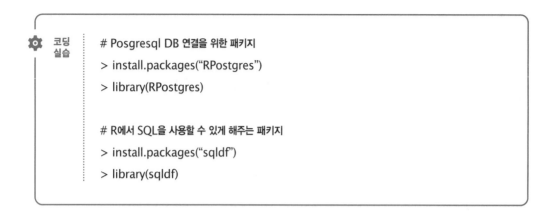

```
# Posgresql DB 연결을 위한 패키지
> install.packages("RPostgres")
> library(RPostgres)


# R에서 SQL을 사용할 수 있게 해주는 패키지
> install.packages("sqldf")
> library(sqldf)
```

이제 데이터베이스에 연결하는 conn이라는 객체를 만들어 보겠습니다. dbConnect() 함수를 이용하며 옵션으로 dbDriver, dbname, host(DB 서버 주소, 본인 PC의 경우 localhost로 입력해도 무방함), port(DB 서버 포트), user(DB 계정명), password(DB 해당 계정 비밀번호)를 입력해 줍니다. postgres 계정으로 접속하겠습니다.

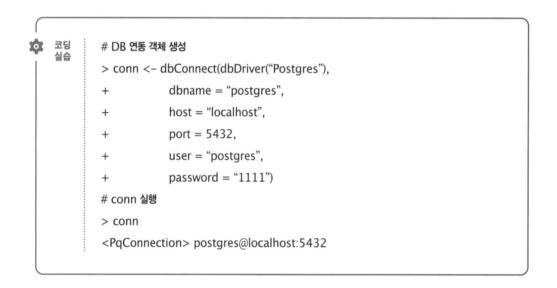

```
# DB 연동 객체 생성
> conn <- dbConnect(dbDriver("Postgres"),
+            dbname = "postgres",
+            host = "localhost",
+            port = 5432,
+            user = "postgres",
+            password = "1111")
# conn 실행
> conn
<PqConnection> postgres@localhost:5432
```

정상적으로 연결되면 위와 같이 표시됩니다.

3-3 R에서 쿼리 실행하기

1 SELECT문

sqldf() 함수를 이용해 public 스키마의 user_info 테이블을 조회(SELECT)해 보도록 하겠습니다. "SELECT * FROM public.user_info;"이라고 작성한 SQL문을 qry_s라는 변수에 집어넣고, sqldf() 함수를 이용해 연결해서 실행하면 됩니다.

```
# DB user_info 테이블에 전체 데이터 조회하기(SELECT)
> qry_s <- "SELECT * FROM public.user_info;"
> sqldf(qry_s, connection = con)
  user_id   user_name   res_reg_no      tel_co   tel_no
1 ahnej01   안유진       0309014000001   SK       01011111111
2 jangwy02  장원영       0408314000002   KT       01022222222
3 fall03    가을         0209244000003   LG       01033333333
4 liz04     리즈         0411214000004   SK       01044444444
5 rei05     레이         0402034000005   KT       01055555555
```

데이터가 정상적으로 잘 조회되었습니다. (5번째 행의 경우 '파이썬에서 쿼리 실행하기' 실습을 했으면 보이고, 하지 않았으면 4번째 행까지 출력됩니다.)

2 INSERT문

DB 테이블에 데이터를 직접 입력해 보겠습니다. 데이터를 입력하는 user_info 테이블에 다음과 같이 데이터를 입력하는 INSERT문을 작성해 실행해 보겠습니다.

"INSERT INTO public.user_info VALUES ('leeseo06','이서','0702214000006','LG', '01066666666');"

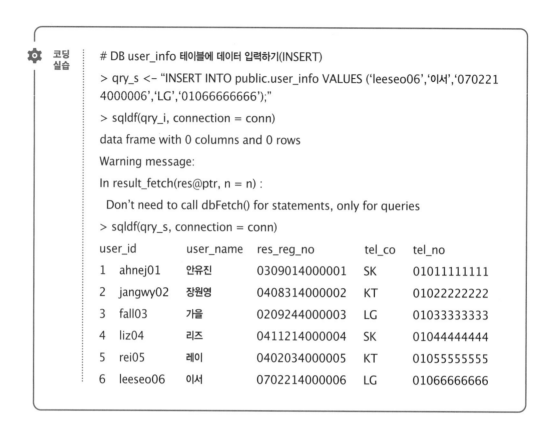

```
# DB user_info 테이블에 데이터 입력하기(INSERT)
> qry_s <- "INSERT INTO public.user_info VALUES ('leeseo06','이서','070221
4000006','LG','01066666666');"
> sqldf(qry_i, connection = conn)
data frame with 0 columns and 0 rows
Warning message:
In result_fetch(res@ptr, n = n) :
  Don't need to call dbFetch() for statements, only for queries
> sqldf(qry_s, connection = conn)
  user_id    user_name    res_reg_no      tel_co    tel_no
1 ahnej01    안유진        0309014000001   SK        01011111111
2 jangwy02   장원영        0408314000002   KT        01022222222
3 fall03     가을          0209244000003   LG        01033333333
4 liz04      리즈          0411214000004   SK        01044444444
5 rei05      레이          0402034000005   KT        01055555555
6 leeseo06   이서          0702214000006   LG        01066666666
```

위와 같이 경고 메시지가 일부 나타나지만 실제 INSERT문은 정상적으로 실행되었습니다. 앞서 작성한 데이터 조회 쿼리(qry_s)를 실행해 user_info 테이블의 데이터를 조회해 본 결과, 그림 10-11과 같이 6번째 행에 추가한 데이터가 정상적으로 입력되었음을 확인할 수 있습니다. pgAdmin을 이용해 데이터를 조회해 본 결과도 동일합니다.

	Query	Query History			
1	SELECT * FROM public.user_info;				

Data Output   Messages   Notifications

	user_id [PK] character varying (10)	user_name character varying (10)	res_reg_no character (13)	tel_co character (2)	tel_no character (11)
1	ahnej01	안유진	03090140000...	SK	01011111111
2	jangwy02	장원영	04083140000...	KT	01022222222
3	fall03	가을	02092440000...	LG	01033333333
4	liz04	리즈	04112140000...	SK	01044444444
5	rei05	레이	04020340000...	KT	01055555555
6	leeseo06	이서	07022140000...	LG	01066666666

그림 10-11 | user_id leeseo06 데이터가 입력된 user_info 테이블

R에서 DB 연결 해제는 다음과 같이 dbDisconnect() 함수를 이용합니다.

코딩
실습

```
# 데이터베이스 연결 해제
> dbDisconnect(conn)
> conn
에러: Invalid connection
```

conn 객체를 실행해 본 결과, Invalid connection이라는 메시지가 나타났습니다. 정상적으로 DB 연결 해제가 되었습니다.

04 태블로와 데이터베이스 연결하기

4-1 태블로란?

태블로(Tableau)는 세계에서 가장 인기 있는 BI(Business Intelligence) 도구로 Microsoft의 Power BI와 함께 전 세계 분석 및 BI 플랫폼 시장을 이끌어 가고 있습니다.

그림 10-12 | 분석 및 BI 플랫폼 시장 분석(출처 : Gartner)

BI는 기업에서 데이터를 수집, 정리, 분석하고 활용해 효율적인 의사결정을 할 수 있게 하는 방법으로 그림 10-12와 같은 다양한 플랫폼을 이용해 의사결정에 참고할 수 있는 리포트나 대시보드(dashboard)를 만들어서 서비스하는 데 사용됩니다.

태블로는 유료 프로그램으로 최근에는 Cloud 형태로도 라이선스를 운영하고 있습니다. 실습에서는 데스크톱(Desktop) 버전을 설치해 PostgreSQL DB와 연동시키고, 간단한 대시보드도 만들어 보도록 하겠습니다.

4-2 태블로에서 데이터베이스 접속하기

데스크톱 버전을 설치하기에 앞서 PostgreSQL DB 연동을 위해 JDBC 드라이버가 필요하기 때문에 자바(Java)를 먼저 설치하겠습니다. 자바는 https://www.java.com/ko/download/ 사이트에서 다운로드받을 수 있습니다. 현재 기준으로 가장 최신 버전(Java 8)을 다운로드받겠습니다.

그림 10-13 | 자바(Java) 다운로드 페이지

다운로드가 완료된 설치 파일(jre-8u361-windows-x64.exe)을 실행해 자바 설치를 진행합니다. 자바 설치가 완료되었습니다.

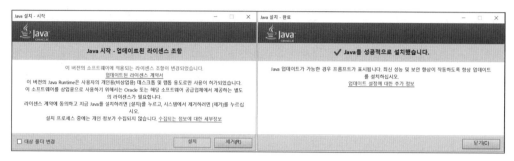

그림 10-14 | 자바 설치 시작 및 완료 화면

이제 태블로 데스크톱 버전을 설치하겠습니다. 태블로 데스크톱 버전은 https://www. tableau.com/products/desktop 사이트에서 다운로드받을 수 있으며, 몇 가지 개인 정보를 제공하면 14일간 무료로 사용할 수 있습니다.

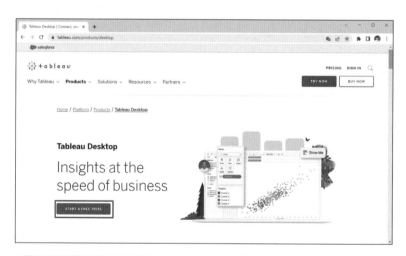

그림 10-15 | 태블로 공식 사이트의 Tableau Desktop 웹 페이지

다운로드받은 설치 파일(TableauDesktop-64bit-2022-4-1.exe)을 실행하면 설치는 어렵지 않습니다. (집필 시점 기준으로 2022.4.1 버전을 설치했습니다.)

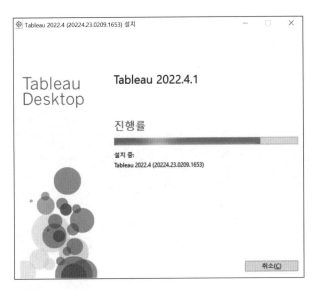

그림 10-16 | 태블로(2022. 4.1) 설치 화면

설치가 완료되면 자동으로 프로그램이 실행되는데 "지금 평가판 시작"을 선택합니다.

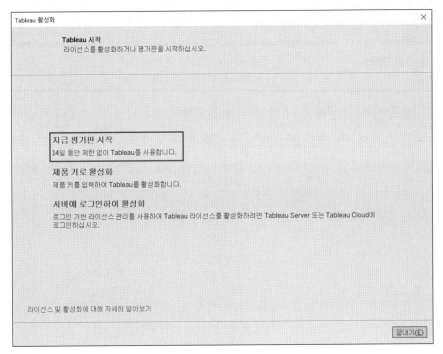

그림 10-17 | 태블로 데스크톱 최초 실행 시 라이선스 활성화 화면

이메일 주소에 본인의 이메일 주소를 입력하면 등록이 완료되고, 평가판을 14일간 사용할 수 있는 상태가 됩니다. 태블로 데스크톱의 시작 화면은 그림 10-18과 같습니다.

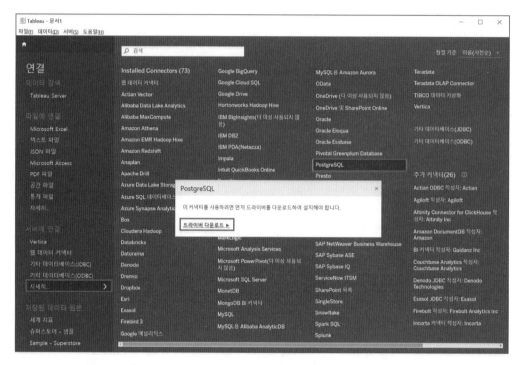

그림 10-18 | 태블로 데스크톱 시작 화면

좌측 하단의 "서버에 연결" 부분에서 "자세히…"를 선택하면 우측에 연결 가능한 다양한 DBMS 목록이 나옵니다. 여기서 "PostgreSQL"을 클릭하면 "이 커넥터를 사용하려면 드라이버를 다운로드하여 설치해야 합니다." 라는 팝업 창이 나타납니다. "드라이버 다운로드 ▶"를 클릭하면 태블로 사이트에서 드라이버를 다운로드받을 수 있는 페이지로 연결됩니다.

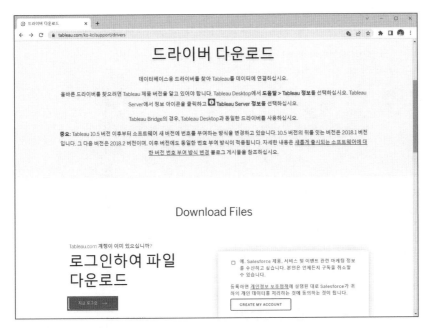

그림 10-19 | 태블로 드라이버 다운로드 페이지

로그인을 해야 드라이버를 다운로드받을 수 있으므로 계정을 생성(CREATE MY ACCOUNT)한 후 로그인을 해 그림 10-20과 같이 "데이터 원본"과 "운영 체제", "비트 버전"을 현재 태블로를 설치한 환경에 맞게 선택합니다.

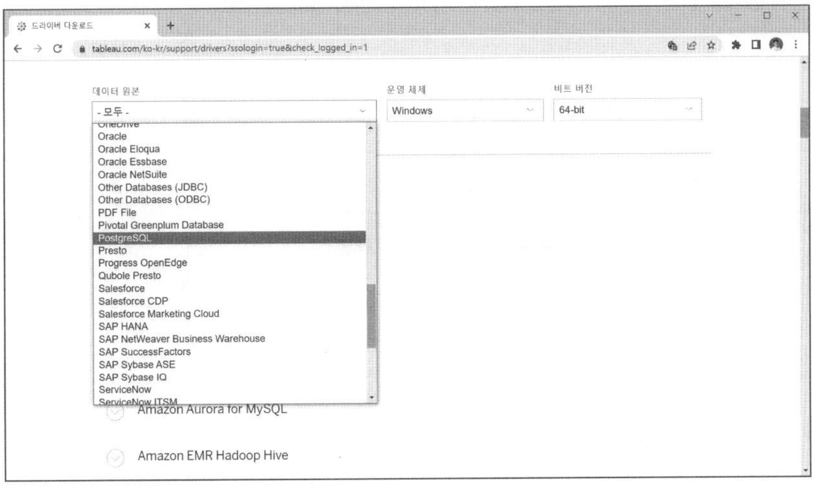

그림 10-20 | 로그인 후 드라이버 다운로드 페이지

PostgreSQL에 해당되는 드라이버 목록이 나오면 여기서 설치한 태블로 데스크톱 버전 (2022.4.1)에 해당되는 드라이버(Tableau Desktop 2022.4)를 다운로드받습니다.

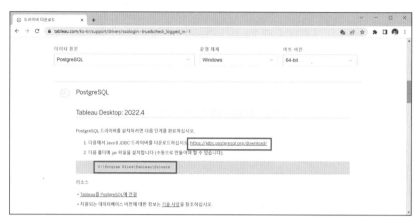

그림 10-21 | Tableau Desktop 2022.4 PostgreSQL JDBC 드라이버 페이지

PostgreSQL 연결용 Java 8 JDBC 드라이버를 다운로드받을 수 있는 링크(https://jdbc. postgresql.org/download/)를 클릭해 드라이버를 다운로드받습니다.

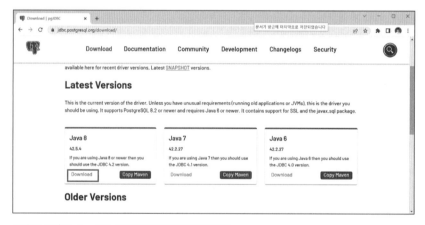

그림 10-22 | PostgreSQL JDBC 드라이버 다운로드 페이지

다운로드받은 드라이버 파일(postgresql-42.5.4.jar)을 태블로 드라이버 폴더(C:₩Program Files₩ Tableau₩Drivers)로 옮깁니다.

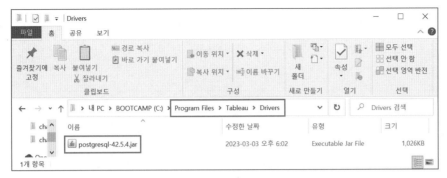

그림 10-23 | 태블로 드라이버 폴더에 PostgreSQL JDBC 드라이버 설치

태블로 데스크톱을 종료한 후 다시 실행해 좌측 하단의 "서버에 연결" 부분에서 "자세히…"를
선택한 다음 "PostgreSQL"을 클릭하면 그림 10-24와 같이 서버 접속 정보를 입력하는 팝업
창이 나타납니다. 서버에 127.0.0.1을 입력해도 되고, localhost라고 입력해도 무방합니다.
여기에 접속 정보를 모두 입력하고 "로그인"을 클릭하면 PostgreSQL DB와 연결됩니다. 혹
시나 연결이 되지 않는다면 PostgreSQL DB 서버가 켜진 상태가 맞는지 확인할 필요가 있습
니다.

그림 10-24 | PostgreSQL DB 서버 접속 정보 입력 화면

서버에 정상적으로 접속되면 그림 10-25와 같이 좌측에 테이블 목록이 출력됩니다. 이 테이블을 우측으로 끌어오면 해당 데이터를 자유자재로 사용해 시각화를 할 수 있습니다.

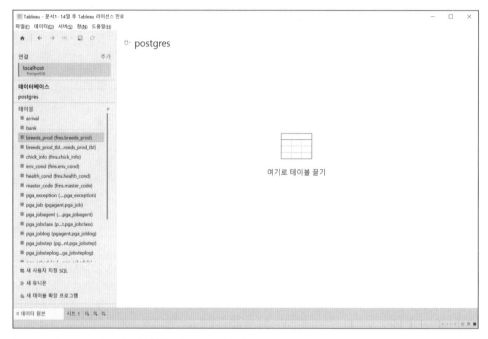

그림 10-25 | postgres 데이터베이스에 정상적으로 접속된 화면

4-3 태블로에서 데이터 시각화하기

7장에서 생성한 total_result 뷰 테이블을 이용해 간단한 데이터를 시각화해 보겠습니다. 데이터베이스에 연결된 상태에서 좌측의 테이블에서 total_result를 더블 클릭하거나 우측으로 드래그하면 그림 10-26과 같이 테이블의 형태와 데이터가 출력됩니다. 참고로 우측 하단의 데이터는 "지금 업데이트"를 클릭하면 표시됩니다.

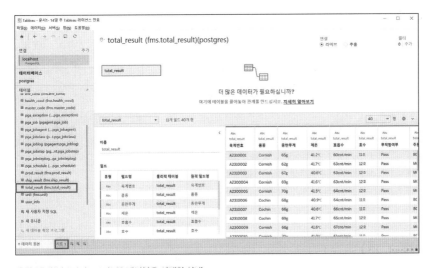

그림 10-26 | total_result 뷰 테이블을 선택한 상태

이제 하단의 "시트 1"을 클릭해 시트로 넘어가겠습니다. 시트는 엑셀의 시트와 거의 유사한 개념입니다.

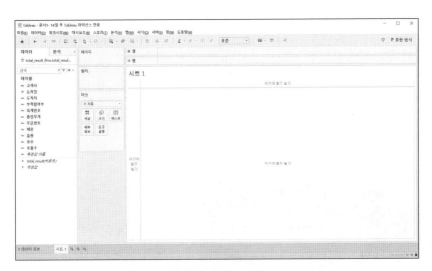

그림 10-27 | total_result 뷰 테이블의 데이터를 불러온 시트 1 화면

좌측에는 데이터라는 탭으로 테이블의 열 이름이 위치하고, 우측에는 시트가 위치합니다. 기본적인 사용법은 마치 엑셀의 피벗 테이블처럼 원하는 기준에 따라 시각화하고 싶은 대상을 행이나 열로 드래그하면 됩니다.

실습으로 고객사별 납품 현황을 트리맵(treemap)으로 만들어 보겠습니다. 테이블에 위치한 열 이름 "고객사"를 더블 클릭하면 자동으로 시트의 "행"에 위치하게 됩니다. 그리고 "total_result(카운트)"를 더블 클릭하면 그림 10-28과 같이 자동으로 고객사에 따른 납품 마릿수 현황 테이블이 생성됩니다.

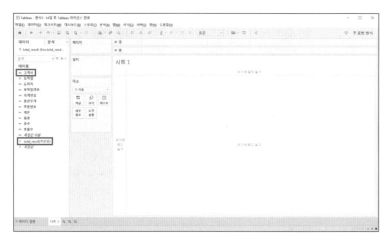

그림 10-28 | 고객사에 따른 납품 마릿수 현황 트리맵 제작 과정 1

이제 우측 상단에 위치한 "표현 방식"을 클릭하면 그림 10-29와 같이 표현 가능한 다양한 차트가 표시됩니다. 여기서 "트리맵"을 클릭하면 기존의 테이블이 자동으로 트리맵으로 바뀝니다.

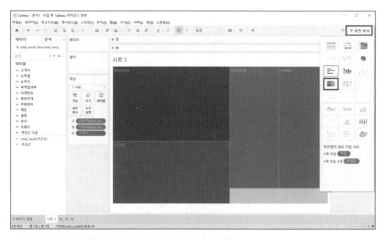

그림 10-29 | 고객사에 따른 납품 마릿수 현황 트리맵 제작 과정 2

트리맵은 상자의 크기로 그룹에 속하는 대상의 비율을 표기하는 방법으로 파이차트와 목적이 동일한 차트입니다. 이 트리맵을 보면 MAXCANA에 납품하는 비율이 전체에서 가장 많으며, 대략 25%가 넘는다는 것을 확인할 수 있습니다. 여기서 마릿수나 비율을 추가적으로 표시하려면 좌측의 "total_result(카운트)"를 드래그해 마크의 "레이블"에 놓으면 트리맵에 해당 값이 보여집니다.

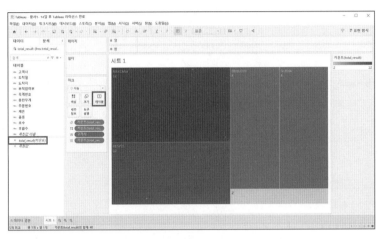

그림 10-30 | 고객사에 따른 납품 마릿수 현황 트리맵 제작 과정 3

마릿수가 아닌 비율로 표기하려면 마크에 위치한 "카운트(total_result)" 위에서 마우스를 우클릭한 후 "퀵 테이블 계산"의 "구성 비율"을 선택하면 자동으로 비율이 계산되어 값이 마릿수에서 구성 비율로 바뀌게 됩니다.

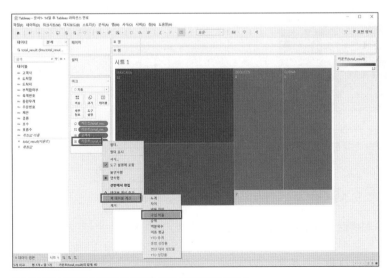

그림 10-31 | 고객사에 따른 납품 마릿수 현황 트리맵 제작 과정 4

최종적으로 부적합 처리된 대상을 제외하기 위해 "부적합여부"를 드래그해 "필터"에 놓으면
필터 팝업 창이 나타납니다. 여기서 "Pass" 앞의 체크 박스에 체크하면 필터링이 완료됩니다.

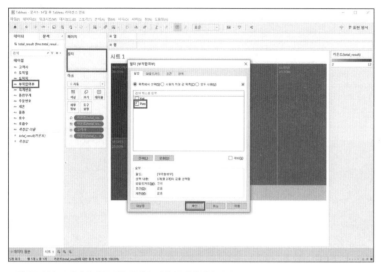

그림 10-32 | 고객사에 따른 납품 마릿수 현황 트리맵 제작 과정 5

이 모든 과정을 마친 트리맵은 그림 10-33과 같습니다.

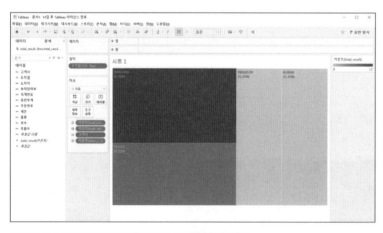

그림 10-33 | 고객사에 따른 납품 마릿수 현황 트리맵이 완성된 모습

이처럼 태블로는 데이터를 이용해 원하는 차트나 대시보드를 손쉽게 만들 수 있는 BI 도구로
데이터를 다루는 경우 꼭 사용해 보기를 추천합니다.

05 범용 접속 도구(DBeaver) 사용하기

5-1 DBeaver란?

다양한 시스템을 운영하고 있는 기업이나 연구기관, 학교는 하나의 DBMS만 쓰는 경우는 거의 없습니다. 주로 Oracle을 메인으로 두고, MS-SQL, PostgreSQL 등 다양한 DBMS를 사용합니다. 이런 경우에는 각각의 DBMS에 접속하기 위해 여러 프로그램을 사용하는 대신 DBeaver와 같은 범용 관리 도구를 사용하는 것이 편리합니다.

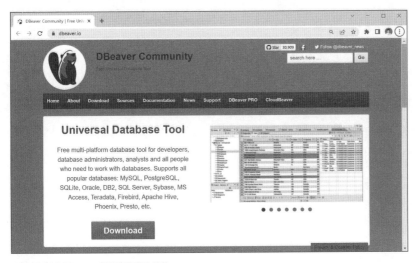

그림 10-34 | DBeaver 홈페이지 메인 화면

5-2 DBeaver 설치하기

DBeaver는 https://dbeaver.io/ 사이트에서 다운로드받을 수 있습니다. Community 버전은 무료로 사용할 수 있고, PRO 버전은 유료입니다. 홈페이지 메인 화면에서 "Download" 버튼을 클릭하면 그림 10-35와 같이 다운로드 페이지로 넘어갑니다.

그림 10-35 | Community 버전 Windows (Installer) 다운로드

Community 버전에서 Windows (Installer)를 클릭해 다운로드받습니다. 다운로드된 파일 (dbeaver-ce-23.0.0-x86_64-setup.exe, 시기에 따라 버전은 달라질 수 있음)을 실행시켜 설치를 시작합니다. 그림 10-36과 같이 Installer의 언어를 "한국어"로 선택한 후 "OK" 버튼을 클릭하면 본격적인 설치 화면으로 넘어갑니다.

그림 10-36 | DBeaver Installer 언어 설정

설치 시작 화면에서 "다음" 버튼을 클릭한 후 사용권 계약에서 "동의함"을 클릭해 줍니다.

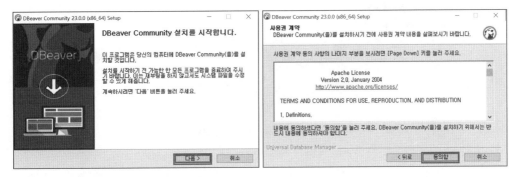

그림 10-37 | DBeaver 설치 1

사용자를 선택하는 화면에서는 해당 윈도우 로그인 계정을 선택해도 되고, 모든 사용자가 쓸
수 있도록 1번째 항목을 선택해도 무방합니다. 그런 다음 다음 화면에서 설치할 구성 요소를
선택합니다. DBeaver Community와 Include Java 앞의 체크 박스가 기본적으로 선택되어
있습니다. Java가 이미 설치되어 있다면 Include Java의 체크 박스를 해제하고, 그렇지 않다
면 그냥 다음으로 넘어가면 됩니다.

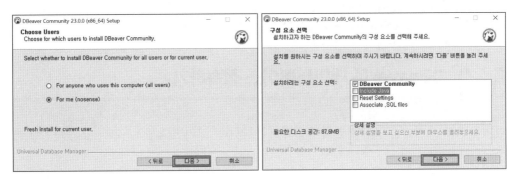

그림 10-38 | DBeaver 설치 2

기본 설치 위치는 사용자 계정 폴더 아래 AppData의 Local 폴더로 AppData 폴더는 숨겨진 폴더입니다. "다음" 버튼을 클릭한 후 시작 메뉴 폴더 선택 부분에서 "설치" 버튼을 클릭하면 설치가 진행됩니다.

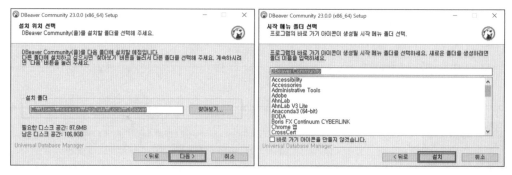

그림 10-39 | DBeaver 설치 3

설치가 완료되면 사용자의 편의에 맞게 바탕화면에 바로가기를 만들어 줄지 선택한 후 "마침" 버튼을 클릭합니다.

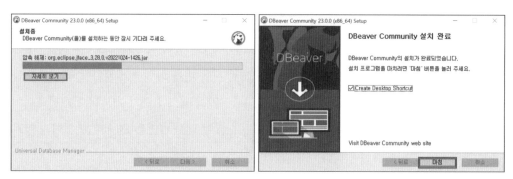

그림 10-40 | DBeaver 설치 4

5-3 DBeaver로 데이터베이스 접속하기

이제 DBeaver 아이콘을 더블 클릭해 실행시켜 줍니다. 그러면 그림 10-41과 같은 화면이 출력됩니다.

sample database를 생성할 것인지 묻는 창에서 "아니오"를 선택합니다.

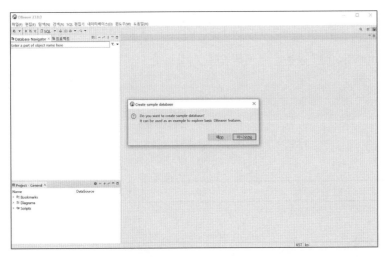

그림 10-41 | DBeaver 최초 실행 화면

그러면 그림 10-42와 같이 바로 연결할 데이터베이스를 선택하는 화면이 나타납니다. DBeaver는 관계형 데이터베이스 외에도 NoSQL과 Hadoop까지 지원합니다. PostgreSQL 을 선택하고 "다음" 버튼을 클릭합니다.

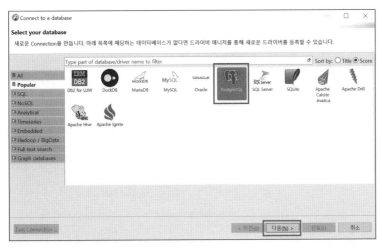

그림 10-42 | DBeaver 데이터베이스 선택 화면

Host와 Port에 접속할 데이터베이스 서버의 IP와 Port 번호를 입력합니다. 실습에서는 본인 PC에 설치된 PostgreSQL에 접속하기 때문에 Host에 localhost를 입력했습니다. Database 에는 postgres를 입력하고, Username과 Password를 각각 입력해 줍니다. 그런 다음 좌측 하단에 위치한 "Test Connection..." 버튼을 클릭해 연결 테스트를 실시합니다.

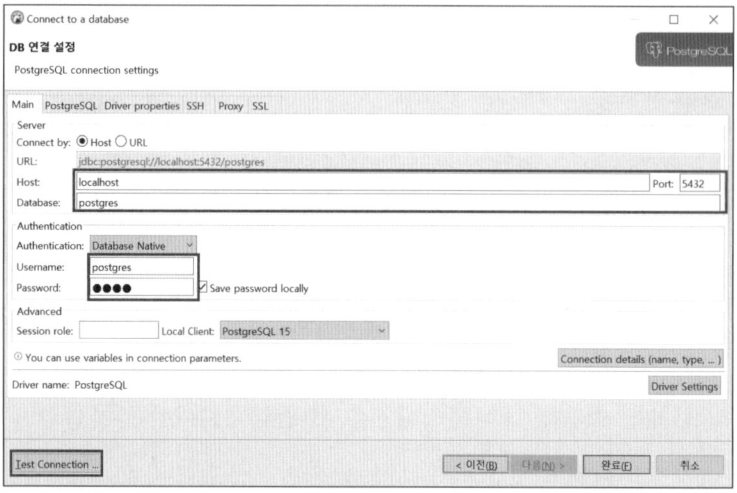

그림 10-43 | DBeaver 데이터베이스 접속 정보 입력 화면

그림 10-44와 같이 팝업 창이 하나 열리면서 인터넷이 연결된 환경일 경우에는 자동으로 해당 데이터베이스 연결에 요구되는 드라이버 파일들의 목록이 나타납니다. "Download" 버 튼을 클릭해 필요한 드라이버 파일을 다운로 드받습니다.

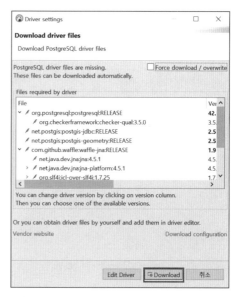

그림 10-44 | DBeaver 데이터베이스 연결용 드라이버 다운 로드 화면

다운로드한 후 설치가 완료되면 연결 테스트 결과가 출력됩니다.

PostgreSQL 서버가 실행 중이고, 연결 정보가 잘못되지 않았다면 그림 10-45와 같이 연결되었다는 메시지가 표시됩니다. "확인" 버튼을 클릭한 후 "완료" 버튼을 클릭하면 데이터베이스에 접속됩니다.

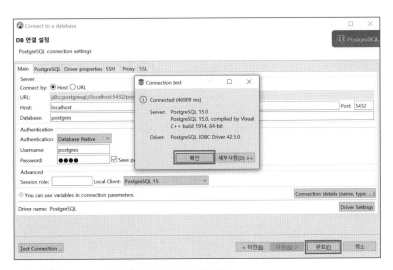

그림 10-45 | DBeaver 데이터베이스 연결 테스트 성공 화면

참고로 PostgreSQL 서버는 윈도우 시작과 동시에 자동으로 실행되며 윈도우 작업 관리자의 "서비스" 탭에서 그림 10-46과 같이 확인 가능합니다.

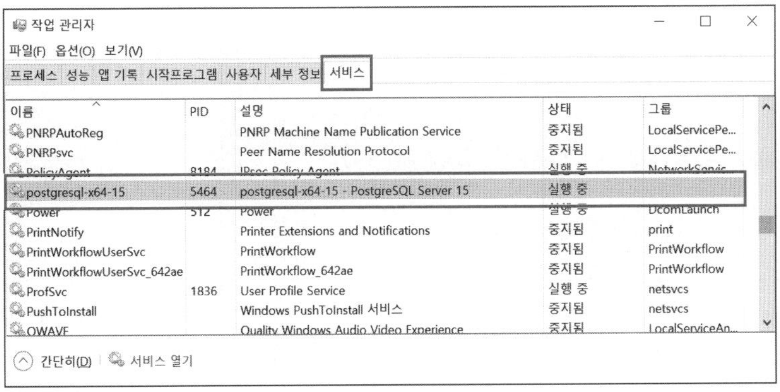

그림 10-46 | 작업 관리자 서비스 탭의 PostgreSQL 서버 실행 상태

pgAdmin과 유사하게 좌측에는 브라우저가 계층 구조로 표시됩니다. 우측 상단 메뉴에서 "SQL 편집기"를 선택하면 SQL문을 입력할 수 있는 스크립트(Script) 화면이 출력됩니다.

그림 10-47 | DBeaver 데이터베이스 연결 후 화면

SQL 편집기에서 육계정보(fms.chick_info) 테이블의 모든 데이터를 불러와 보겠습니다. 그림 10-48과 같이 SELECT문을 작성하고 실행해 보겠습니다. 쿼리 실행의 단축키는 Ctrl + Enter 입니다.

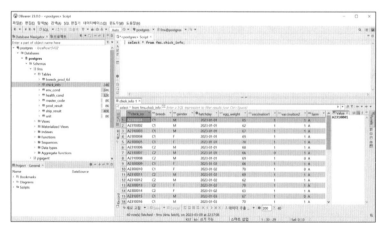

그림 10-48 | DBeaver 활용 쿼리 실행 화면

육계정보 테이블의 모든 데이터가 잘 조회되었습니다. 추가 기능을 좀 더 살펴보겠습니다. 그림 10-49와 같이 육계정보 테이블 위에서 마우스를 우클릭하면 "다이어그램 보기"라는 기능이 나타납니다. 클릭해 보겠습니다.

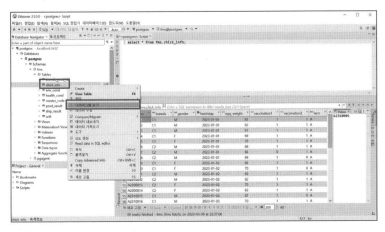

그림 10-49 | DBeaver 다이어그램 보기

DBeaver에서도 pgAdmin과 마찬가지로 개체(Entity) 간의 관계를 다이어그램으로 쉽게 나타낼 수 있습니다.

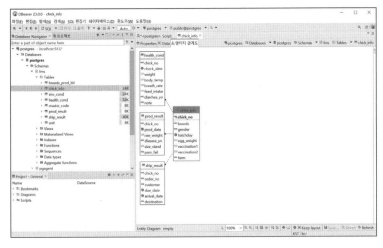

그림 10-50 | DBeaver 다이어그램 보기 결과

"엔티티 관계도" 옆의 "Properties" 탭을 클릭하면 선택된 테이블의 열 정보, 제약 조건, 외래 키, 인덱스 등 다양한 정보를 탭을 통해 확인할 수 있습니다.

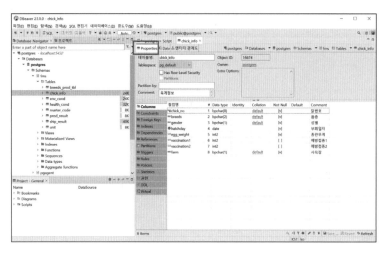

그림 10-51 | DBeaver 테이블의 Properties 탭

이외에도 기본적인 SQL문 생성, 테이블의 데이터 내보내기 및 가져오기 등 다양한 기능을 제공하기 때문에 많은 사람들이 DBeaver를 사용하고 있습니다.

06 실습 사이트 소개

6-1 프로그래머스 스쿨

프로그래밍 언어를 배울 때 실제로 코딩을 해보는 것만큼 실력을 향상시키는 방법은 없습니다. 그래서 SQL을 마음껏 실습해 볼 수 있는 사이트를 소개하고자 합니다.

프로그래머스 스쿨(https://school.programmers.co.kr)은 우리나라에서 네카라쿠배당토(네이버, 카카오, 라인, 쿠팡, 배달의 민족, 당근마켓, 토스) 같은 IT 기업의 코딩 테스트 준비를 위해 많은 사람들이 애용하는 사이트입니다. 이런 코딩 테스트 사이트가 많이 생겨나는 추세이지만 SQL까지 다루는 곳은 거의 없습니다.

프로그래머스 스쿨 홈페이지 상단 메뉴의 "코딩테스트 연습"에서 "SQL 고득점 Kit"에 들어가면 그림 10-52와 같이 종류에 따라 다양한 SQL문 작성을 연습해 볼 수 있습니다.

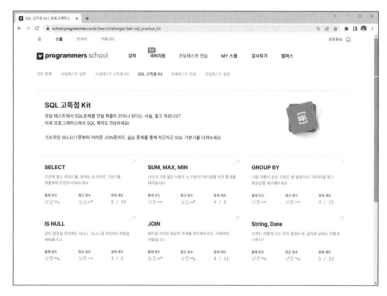

그림 10-52 | 프로그래머스 스쿨 SQL 고득점 Kit 화면

예를 들어, 가장 기본적인 SELECT를 선택했다면 그림 10-53과 같이 SELECT절로 실습할 수 있는 다양한 사례가 표시됩니다.

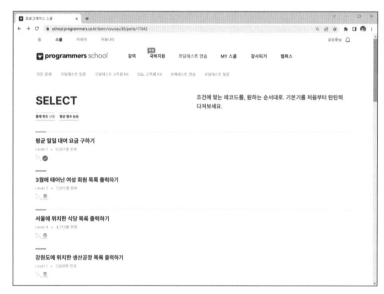

그림 10-53 | 프로그래머스 스쿨 SQL 고득점 Kit 화면 – SELECT

이 중에서 연습하고자 하는 대상을 클릭하면 그림 10-54와 같이 좌측에는 문제가 출력되고, 우측에는 SQL문을 입력할 수 있는 화면이 나타납니다.

그림 10-54 | 프로그래머스 스쿨 SQL 고득점 Kit 화면 - SELECT 문제 예시

Oracle과 MySQL DBMS를 지원하므로 주어진 문제를 보고 SQL문을 작성해 코드 실행을 통해 정답을 맞추어 보면서 SQL 실력을 향상시켜 나갈 수 있습니다.

6-2 solvesql

solvesql(https://solvesql.com/problems/)은 SQL 연습만을 위한 학습 사이트입니다. 그림 10-55와 같이 다양한 유형의 문제가 주어지는데 유료 강의를 들으면 더 많은 사례를 학습할 수 있습니다.

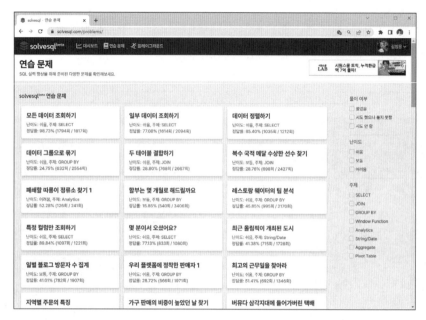

그림 10-55 | solvesql 연습 문제 목록 화면

연습 문제를 클릭하면 프로그래머스 스쿨 사이트와 마찬가지로 좌측에는 문제 및 문제에 대한 설명이 출력되고, 우측에서는 SQL문을 작성해 제출할 수 있습니다. solvesql 사이트는 SQLite DBMS만 지원합니다.

그림 10-56 | solvesql 연습 문제 예시

6-3 SQLZOO

SQLZOO(https://sqlzoo.net/wiki/SQL_Tutorial)는 SQL 실습과 퀴즈를 통한 문제 풀이를 해볼 수 있는 해외 사이트로 간편한 UI가 특징입니다.

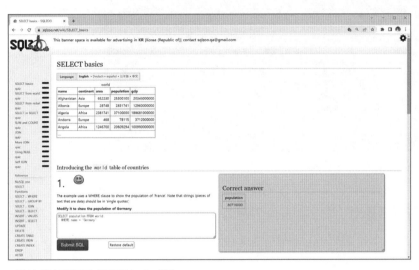

그림 10-57 | SQLZOO SELECT basics 화면

6-4 HackerRank

HackerRank(https://www.hackerrank.com)는 코딩 테스트 분야에서 세계적으로 유명한 사이트입니다. 개발자(For Developers)로 회원가입(sign up) 및 로그인을 하고, 상단의 PREPARE 메뉴를 클릭하면 원하는 주제(Topics)를 선택해 코딩 연습을 해볼 수 있습니다. SQL을 선택하면 그림 10-58과 같이 SQL 문제 목록이 출력됩니다.

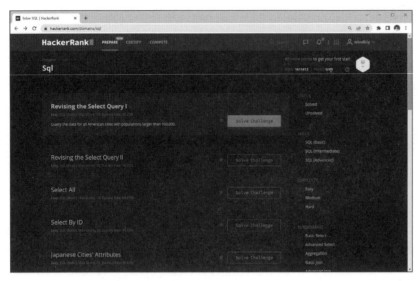

그림 10-58 | HackerRank PREPARE SQL 문제 목록 화면

목록 중 연습해 볼 문제를 선택하면 그림 10-59와 같이 앞서 소개한 사이트와 유사한 형태로 SQL문을 연습해 볼 수 있는 화면이 나타납니다. HackerRank 사이트는 Oracle, MySQL, MS-SQL, DB2 DBMS를 지원합니다.

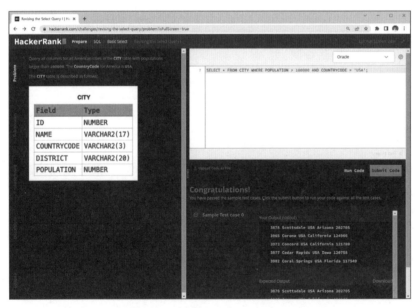

그림 10-59 | HackerRank PREPARE SQL 문제 예시

이외에도 LeetCode(https://leetcode.com/), Codecademy(https://www.codecademy.com/), Codewars(https://www.codewars.com/) 등 다양한 학습 사이트가 존재하니 실력 향상을 위해 최대한 많은 실습을 해보기를 추천합니다.

Chapter 1 | 38쪽 ··

1 반정형 데이터   2 데이터는 순수한 수치나 기호를 의미하고, 정보는 데이터를 가공해 의미를 부여한 데이터다.
3 ④ Value(3V로 창출해야 할 대상)   4 다양한 IT 기기와 인터넷의 발달, 클라우드 컴퓨팅, 저장장치 비용의 하락 등
5 데이터 엔지니어   6 ① 행과 열로 구성되어 있음, ④ 고유한 값을 이용해 테이블과 테이블을 연결할 수 있음
7 ② mongoDB(대표적인 NoSQL DBMS)

Chapter 2 | 101쪽 ··

1 ③ SQL Developer(Oracle 기본 접속 도구)   2 ① PostgreSQL – 5432   3 ③ html   4 ④ Include
5 참조 무결성(Referential Integrity)

Chapter 3 | 136쪽 ··

1 ② HH → 13(01로 표시됨)   2 ③ average() : 평균(avg)
3 4곳(YESYES, BBQUEEN, MAXCANA, GUBNA)

```
SELECT DISTINCT(customer) FROM fms.ship_result;
```

4
```
SELECT chick_no, prod_date, raw_weight, disease_yn
FROM fms.prod_result
WHERE disease_yn = 'N'
ORDER BY raw_weight DESC LIMIT 5;
```

5
```
SELECT size_stand, round(avg(raw_weight),2), sum(raw_weight)
FROM fms.prod_result
WHERE TO_CHAR(prod_date,'MM') = '02'
GROUP BY size_stand
ORDER BY size_stand;
```

1
```
SELECT
a.chick_no,
a.gender,
b.code_desc AS gender_nm
FROM
fms.chick_info a
INNER JOIN fms.master_code b
ON a.gender = b.code
WHERE
b.column_nm = 'gender';
```

2
```
SELECT
a.chick_no,
a.gender,
(
                SELECT m.code_desc "gender_nm"
                FROM fms.master_code m
                WHERE m.column_nm = 'gender'
                AND m.code = a.gender
),
a.vaccination1,
(
                SELECT m.code_desc "vac1_yn"
                FROM fms.master_code m
                WHERE m.column_nm = 'vaccination1'
                AND TO_NUMBER(m.code,'9') = a.vaccination1
)
FROM
fms.chick_info a;
```

3
```
SELECT
a.prod_date,
sum(CASE WHEN a.size_stand = 10 THEN a.cnt ELSE 0 END) "10",
sum(CASE WHEN a.size_stand = 11 THEN a.cnt ELSE 0 END) "11",
sum(CASE WHEN a.size_stand = 12 THEN a.cnt ELSE 0 END) "12"
FROM
(
                SELECT prod_date, size_stand, count(chick_no) AS cnt
                FROM fms.prod_result
                GROUP BY prod_date, size_stand
                ORDER BY prod_date, size_stand
) a
GROUP BY a.prod_date;
```

Chapter 5 | 183쪽

1 ① SELECT   2 ③ Primary Key   3 ④ DROP TABLE   4 ROLLBACK   5 Auto commit

Chapter 6 | 204쪽

1 ② PL/C++   2 ④ Python libraries   3 ① 매년 추석 09시 00분(추석은 음력으로 매년 변하기 때문에 지정이 어려움)
4 user='user01' password = 'fms01' host = '192.168.1.2' port = '6432' dbname = 'chicken'

Chapter 8 | 262쪽

1 ④ libnodejs   2 ② Parser → Analyzer → Rewriter → Planner → Executor   3 ④ 클라이언트의 성능
4 ① FROM → JOIN → WHERE → GROUP BY → SELECT'   5 Background Writer
6 6.0(seq_page_cost + cpu_tuple_cost = (5*1.0) + (1000*0.001) = 6)   7 btree(balanced tree)

Chapter 9 | 280쪽

1 ① 개념적 모델링 → 논리적 모델링 → 물리적 모델링   2 ④ 다른 개체와 최소 2개 이상의 관계(Relationship)가 있어야
함(1개 이상)   3 ② 테이블(Table), 열(Column), 레코드(Records)   4 ERD(Entity Relationship Diagram)
5 pg_catalog.pg_description